真理

哈佛大学
与
美国经验

［美］安德鲁·施莱辛格 著

Andrew Schlesinger

谢秉强 译

上海译文出版社

献给我的父母阿瑟与玛丽安
以及我的儿子休
深切缅怀我的姐姐凯瑟琳

目　录

主义者。柯克兰校长温和的领导风格提升了哈佛的声誉。
优秀学生爱德华·埃弗里特。

冷战孕育了麦卡锡主义。

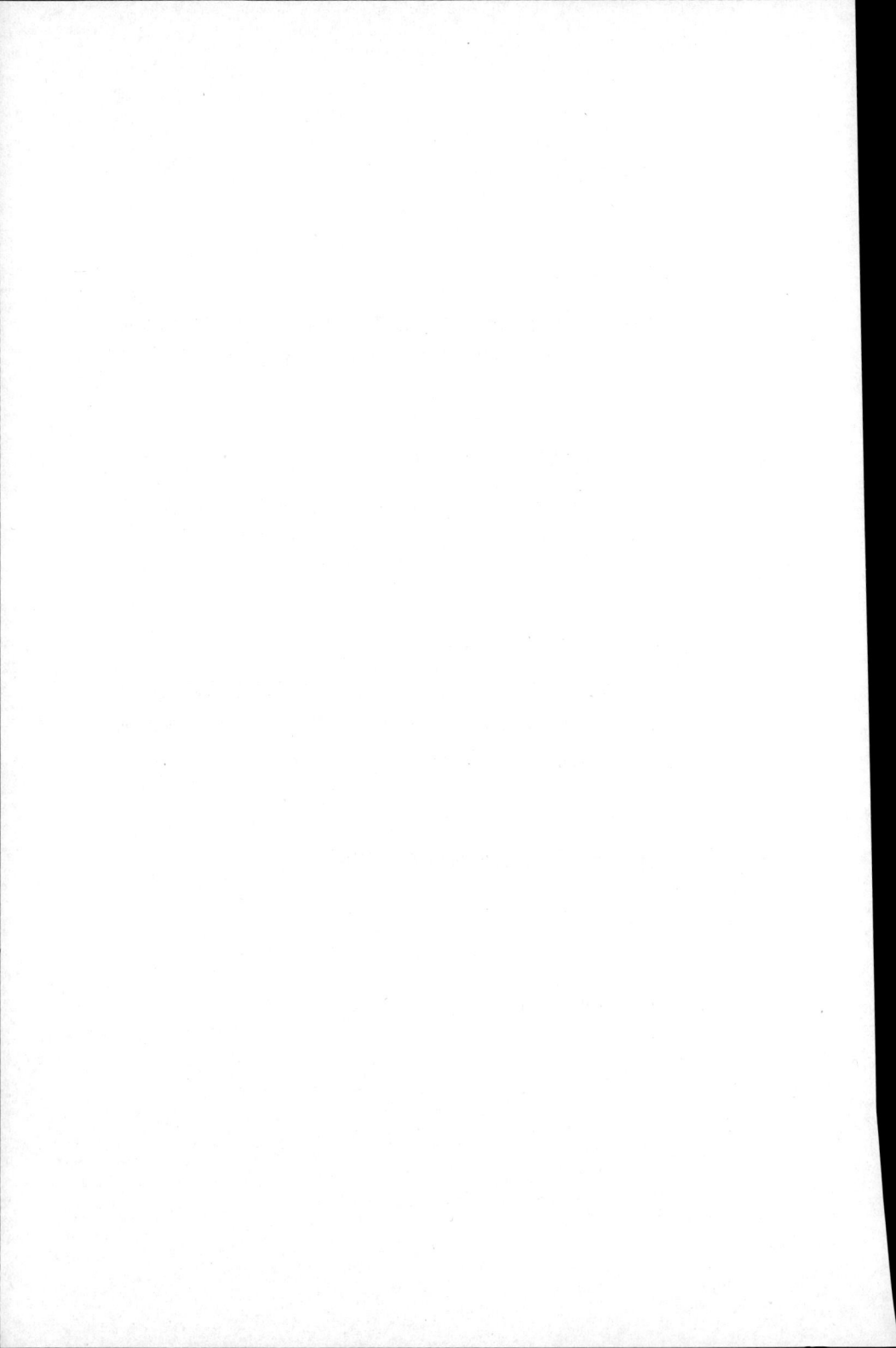

前　言

1836 年，约西亚·昆西校长举办了哈佛大学建校 200 周年庆典，随后他撰写了权威的两卷本《哈佛大学史》（*The History of Harvard University*），出版于 1840 年。在书中，他追溯了这所大学开端于中世纪的萌芽，并描述了它在追求智性上的真理时，如何破除那些"旧规训的束缚"。他写道，当初建立起这所学院①，是英勇而果敢的行为，将"人们的思想从教会宗派和政府党派的附庸状态中拯救出来"。昆西校长发现了 1643 年版本的学院校徽图案，上面绘有一面盾牌、三本打开的书以及拉丁语单词"VERITAS"②的字母组合，于是说服学校董事会将"VERITAS"与 1650 年就成为校训并刻上校徽的"In Christi Gloriam"③，并列作为校训。然而继任的校长爱德华·埃弗里特却强烈反对这"荒诞的、反基督教的真理校徽"，并重新启用了 1693 年版的旧校徽。直到 1885 年，"VERITAS"字样才重又被加入校徽。

本书将追溯哈佛大学校史中真理的力量与诸多惯性力量之间的冲突——后者妨害了真理，它们是党派主义、国家主义、贵族政治、种族主义、性别歧视、种族中心主义等"旧规训的束缚"。本书也将探讨从清教徒时期到现代这 370 余年间校长和董事会所做出的一些重要举措和决定。比如，在无论做何选择都会分裂社区的时候，任命谁为宗教学教授？学生在食堂闹事，打破了所有的盘碟，该如何惩罚？是否同意黑人学生与白人学生共住宿舍？是否接收女

学生？是否允许同性恋人士当教师？教授们会不会因为秉持不受欢
迎的政治见解而遭解雇？在捐赠基金数额不断增加的同时，如何公
正地投资数十亿美元？怎样在迅速扩张的全球市场中保持领先
地位？

真理的使命，在于保持开放，令思想自由、观点碰撞，解决争
端，以及说出真相。"哪儿有学习的要求，哪儿就必然有诸多争
论、笔战和意见。因为善良人们的意见，就是形成中的知识。"尼
尔·鲁登斯坦校长引用了约翰·弥尔顿在《论出版自由》
(Areopagitica) 中的一句话。而学生们也在情感上推动了对真理的
探寻。每四年都是全新的一代，崭新的开始。变革的压力会促其不
断自我更新。"如果你问教育的益处是什么，答案很简单：教育塑
造好人，而好人能高尚地行事。"德里克·博克校长援引了柏拉图
的这一评论。

🖎 这是哈佛大学作为一家美国教育机构的故事。以下是许多耳熟
能详的名字：科顿·马瑟，约翰·亚当斯和约翰·昆西·亚当斯，
约翰·汉考克，约西亚·昆西，拉尔夫·沃尔多·爱默生，詹姆
斯·拉塞尔·洛厄尔，路易·阿加西，罗伯特·古尔德·肖，查尔
斯·威·埃利奥特，伊丽莎白·卡里·阿加西，亨利·亚当斯，威
廉·詹姆斯，西奥多·罗斯福和富兰克林·罗斯福，威·爱·布·
杜波依斯，埃达·路易丝·科姆斯托克，詹姆斯·科南特，约翰·

---

① 哈佛大学于 1636 年成立时，原名为"新学院"，1639 年改名为"哈佛
学院"，1780 年改名为"哈佛大学"。之后，"哈佛学院"一般指其本科学院，
全书在不同语境中，将酌情使用"学院"或"大学"之称。（本书脚注若无特别
说明，均为译者注。）

② 拉丁语，真理。

③ 拉丁语，荣耀归于耶稣。

肯尼迪，内森·普西，德里克·博克，尼尔·鲁登斯坦，劳伦斯·萨默斯，黛安娜·埃克等。

书中讲了 1670 年入学的乔治·伯勒斯的故事，他被当作巫师审判，1692 年被吊死在塞勒姆的绞架山上；讲了曾有那么一段时间，新英格兰居民将学校毕业典礼当作夏日佳节来庆祝，那时哈佛校长也曾拥有奴隶；讲了"黄油叛乱"和"烂卷心菜叛乱"事件，其中有一些让人倒胃口的细节；讲了这所大学如何被亲英分子和爱国者两大阵营惨痛地撕裂；讲了约瑟夫·威拉德校长曾收到查尔斯河大桥收费站的一袋硬币，以此作为他的工资；讲了学校决定授予安德鲁·杰克逊总统荣誉学位，但约翰·昆西·亚当斯对此勃然大怒；讲了罗伯特·古尔德·肖、罗尼·李和罗伯特·林肯在如今纪念堂所在的三角地打橄榄球，诡异地期盼着即将到来的战争。

书里还讲了泰迪·罗斯福①在坡斯廉俱乐部的入会仪式上被灌醉；讲了威·爱·布·杜波依斯题为《杰斐逊·戴维斯作为文明的一种代表》的毕业典礼发言是如何地轰动一时；讲了阿·劳伦斯·洛厄尔校长在校园生活中积极排斥黑人、犹太人、女人和同性恋者的同时，还大言不惭地谈论民主和思想自由的高尚理念；讲了一名纳粹高官在 1934 年庆祝他毕业 25 周年返校的故事；讲了 1939 年的一个共产主义小组，其成员包括未来的国会图书馆馆长；讲了科南特校长在国家广播电台上呼吁支援盟军，却遭学生鄙视的故事；也讲了这位校长如何见证 1945 年新墨西哥州沙漠中原子弹的首次爆炸。

书里还讲了参议员乔·麦卡锡在哈佛的横行霸道；讲了健康大师安德鲁·托·韦尔博士如何装扮成一名本科生，密谋将蒂莫西·

①　西奥多·罗斯福的昵称。

利里和理查德·阿尔珀特赶出哈佛大学；讲了约翰·肯尼迪最后一次访问剑桥的情景；讲了"文化革命"、越南战争，以及普西校长的下台；讲了本杰明·沙茨如何协助建立哈佛同性恋学生协会；讲了被赋权不久的女学生们如何与"终极俱乐部"斗争；讲了2001年，学生为哈佛职工的最低生活工资而游行示威；也讲了萨默斯校长如何被绊倒在科学界女性问题的言论上。

xii　　　　哈佛的毕业生们，常常是优秀的作家、演说家、传道者、记者、历史学家，也是文笔出众的书信、日记和回忆录作者，为其描述的事增色不少。而对于任何一所有其自身使命和矛盾的大学来说，哈佛的历史也是他们的历史。

A. S.

马萨诸塞州剑桥市

2005 年 2 月

第一章　清教教会国家中的学院

　　上帝将我们安全送抵新英格兰，让我们造起了房子，给我们提供日常用品，建了适宜崇拜祂的场所，并成立了文官政府；我们接下来渴望和关心的一件事，就是推进学术发展，并使其永久繁荣；我们现在的牧师将来总会化为尘土，我们担心教堂中继任的牧师会目不识丁、头脑空虚。①

　　在马萨诸塞湾殖民地②生活的人不超过一万，他们身处荒野的边缘，周遭都是咆哮的野兽和呜呜呼喊的"未开化的人"，但这些居民中间也有100多人是剑桥大学和牛津大学的毕业生。1636年，阿贝拉号抵达这片新土地仅6年之后，殖民地大议会③通过了一项法案，将提供400英镑来成立一间"学校或学院"，并于次年成立12人的监事会，这12人中包括殖民地总督约翰·温思罗普（John Winthrop）、约翰·科顿牧师（John Cotton）、托马斯·谢泼德（Thomas Shepard）牧师等。该委员会所建立的学院，就在纽敦镇奶牛园街的佩恩翠楼（Peyntree House）那里，此地位于波士顿几英里外的查尔斯河河畔，旁边就是谢泼德牧师的家。这里环境宜人，

4

处于一片广阔平原的尽头，人们说它"更像玩地滚球的绿地，而非荒野"。这个城镇被改名为剑桥。

约翰·哈佛（John Harvard），一位年轻的牧师，毕业于剑桥大学伊曼纽尔学院，1637 年来到新英格兰，第二年却因结核病死于查尔斯敦④。他为这间新生的学院留下了他一半的财产——大概 400 英镑——以及 329 本藏书。1639 年大议会决定以他的姓氏命名这所学院。学院收到的其他捐赠包括一群羊、大量的羊毛布料、一柄锡铅合金的酒壶、一只果盘、一把糖匙、一把顶部饰银的水壶，以及 5 先令遗产。1640 年，大议会将查尔斯敦和波士顿之间轮渡的收入划归学院。

学院的首任校长，29 岁的纳撒尼尔·伊顿（Nathaniel Eaton），毕业于剑桥大学三一学院，出人意料是个施虐狂，会用鞭子狠狠惩罚学生。按他的规矩来说，得让学生意志屈服，才能"矫正"其品行。"他更适合去宗教异端裁判所管事，或者当行为矫正所的班头，而不是担任基督教青年的导师。"一位学生回忆道。1639 年 9 月，伊顿用一根胡桃木做的粗短棍子打了他的助手纳撒尼尔·布里斯科（Nathaniel Briscoe），根据温思罗普总督的说法："殴打持续了将近两个小时（期间短暂地停了两三次），直到谢泼德先生和城里其他人被惨叫声吸引过来才住手。"听闻学生要在大议会上控告

---

① 摘自 1643 年出版于伦敦的一本小册子《新英格兰的首批成果》，它旨在宣传移居新英格兰的好处。——原注

② Massachusetts Bay Colony，成立于 1628 年，管理的领土包括许多今日新英格兰核心地区。

③ Massachusetts General Court，北美殖民地时期兼行使司法权和立法权的机构，为马萨诸塞湾殖民地首创，在新英格兰地区实行，下简称"大议会"。

④ Charlestown，美国马萨诸塞州城市波士顿最早的街区之一，有别于南卡罗来纳州的查尔斯顿（Charleston）。

马萨诸塞的剑桥，约 1638 年

他，伊顿逃到了弗吉尼亚①，给学校留下了 1 000 英镑的债务，最后又回到了英国。学院在 1639—1640 学年关闭了，在建的新楼也因此停工。[1]

1640 年 8 月初，从英格兰来了一位 30 岁的牧师，名为亨利·邓斯特（Henry Dunster），他抵达波士顿，随时准备服务上帝。这位不信奉国教的兰开夏郡神职人员，毕业于剑桥大学抹大拉学院，他很快就因鄙视英国教会的"腐败"，给清教徒长老和地方行政官们留下深刻印象，之后他在 8 月 27 日被推举为该校校长。这是个恰当的人选：他博学、正直且勤勉。他亲自指导艺术、哲学和东方语言学专业的学生，同时以一种有条不紊的老派作风来编写学院规章、入学制度，以及获取学位的要求。学院里唯一可使用的语言是拉丁语。"学生若能读懂图利②及其他古典拉丁语作家，能用拉丁语进行即席演说，无论是韵文还是散文……并能完美背出古希腊词语的变格或变位，他便可以进入学院学习。"邓斯特这般规定。

邓斯特牧师娶了剑桥一位富有的寡妇——伊丽莎白·格洛弗（Elisabeth Glover）女士，她拥有一台印刷机。1638 年，她丈夫将这台印刷机运往波士顿时，不幸在海上遇难。邓斯特在校长宅邸的一个房间中安装好这台机器，使之成为英国殖民地中第一台印刷机。

学院的首届毕业典礼，于 1642 年 9 月 23 日在新楼宽敞的厅堂中举行，这座建筑以楔形护墙板覆盖，共两层楼，并附有一座塔

①　时为弗吉尼亚殖民地（Colony of Virginia），是英国在北美大陆上设立的第一个殖民地，其范围比现在的弗吉尼亚州大许多。
②　Tully，即古罗马著名政治家、演说家马库斯·图利乌斯·西塞罗，英文中常称他为图利。

楼，有人认为它"在荒野中似乎显得太过豪奢，而对于一所学院，从各方面来说又太过寒碜"。毕业典礼包含几场拉丁语和古希腊语的演讲，一堂对《旧约·诗篇》的"希伯来文语法、逻辑和修辞学的分析"之讲解，一轮拉丁语辩论，以及丰盛的晚宴。学校向 9 位"被寄以厚望"的年轻人授予文学学士学位。数年中，邓斯特在英国大学中维持哈佛学位的认同度不坠。他将哈佛看作一个世界性机构，它接收来自"其他殖民地、岛屿和国家的学生，无论他们是英国人还是外国人"。这所学院成为"有形王国"的灯塔，在这个王国中，学生们得到"坦率的指导，热切的教育……他们将基督放在内心深处，作为所有健全的知识和学问的唯一一根基"。

　　但那是个贫乏的年代。英国内战①终结了大规模海外移民，物价下跌了，硬通货变得稀少。学院接受小麦、麦芽、玉米、大麦、黑麦、苹果、欧防风②，以及黄油、牛肉、猪、牛犊、羊、鸡、木柴和蜂蜜之类的充当学费。邓斯特向新英格兰联合殖民地（New England Confederation）呼吁，希望有余裕的家庭每年能拿出四分之一蒲式耳③的小麦，"为学院里的可怜学生提供伙食"。新英格兰联合殖民地是马萨诸塞湾、新普利茅斯、纽黑文和康涅狄格河地区组成的殖民地联盟。这种"学院口粮"维系了该机构的早期发展。邓斯特同样恳求新英格兰联合殖民地为购买合适的书本提供资助，"特别是法律、物理、哲学和数学方面的书籍"，来鼓励学生发展各自的研究爱好。[2]

7

8

----

　　①　1642 年至 1651 年发生在英国议会派（"圆颅党"）与保皇派（"骑士党"）之间的一系列武装冲突及政治斗争。
　　②　Parsnip，为伞形科欧防风属的植物，分布在欧洲等地，民间俗称"芹菜萝卜"，又称防风草。
　　③　Bushel，英美计量谷物类等干量体积的单位，旧称"唰"，1 英蒲式耳 ≈ 36.37 升；1 美蒲式耳 ≈ 35.24 升。

1643 年学院管理人员会议记录部分复印件

　　邓斯特说服大议会通过《1650 年特许状》(*Charter of 1650*)，使学院成为法人团体，确认其基本权利和特权，以保障它能"促进文学、艺术与科学的发展"。这份特许状建立了学校董事会管理制度，董事会共有 7 名成员，包括邓斯特校长本人在内，其决议将决定学院的命运。

　　但培育幼苗成长的邓斯特，几年后却因其异教立场（即拒绝为新生儿洗礼）而被迫辞职。邓斯特认为洗礼应当是为"明显的悔罪信众"而非新生儿举行的，《圣经》也为此提供了论据。邓斯特反抗来自社区的压力，不愿在第一教堂为自己新出生的孩子施洗。人们认为他发疯了，而这一举动也很危险，被视为对清教政体的一种威胁，因为这个政体的基础正是教会成员占据有利地位，包括具有选举地方行政官的权利。约翰·科顿牧师甚至在布道时对公众说："拒绝婴儿受洗，将会颠覆一切，这是可判死刑的罪行。所以这样做的人就是灵魂谋杀者。"邓斯特的朋友劝告他改变主意，或者至少不要在公开场合发表自己的观点。但 1654 年 7 月，他当场中断周日礼拜仪式，并公然维护自己的异说。

　　"他不幸纠缠于再洗礼派①教义的罗网，这让学校监事们忧心忡忡，唯恐学生因为校长的言行被卷入此事。"科顿·马瑟（1678 年届②）在他的哈佛史著作中写道。邓斯特在 1654 年 10 月辞职。他因"蔑视上帝的教导和信使"而遭到大陪审团起诉，继而被县法院定罪，在讲道日当天，于教堂会众前横遭指责。1659 年他在锡楚埃特③去世。[3]

　　✑ 而在 1629 年的英国，来自韦尔镇、曾任剑桥大学三一学院希伯来文和希腊文教授的查尔斯·昌西（Charles Chauncy）牧师，被高级专员公署④质询，他此前曾说英国国教会"畸形"，据传还指责"有太多无神论、天主教学说、亚美尼亚教会学说和各种异端，钻进了国教会的缝隙"。高级专员公署命他顺从于伦敦的主教，他确实这样做了，之后又后悔自己过于突然的屈服。此后，他又因反对在圣餐桌旁安装新栏杆（用来在跪拜时支撑前臂），并拒绝下跪领

　　①　Anabaptism，是 16 世纪出现的一种激进清教教派主张，认为有信仰的成年人才能接受洗礼，拒绝接受承认婴孩的受浸礼。
　　②　美国大学新生入学时，会以其预期毕业年份分类，年份前加上"class of"，相当于中文的"届"。后文若不对毕业院校另作说明，则默认为哈佛毕业生。
　　③　Scituate，马萨诸塞州普利茅斯县的一个海边小镇。
　　④　High Commission，英国的外交机构，设于英联邦国家中。

取圣餐，惹来了麻烦。他被控蔑视教会当局，遭到监禁。但昌西在公开审判时宣布放弃此前的立场，并保证永远不说或不做有悖英国国教会的言行，因而获释。获释之后他又宣布他之前的放弃立场说法无效。[4]

到了 1638 年，他 48 岁时，同一群朝圣者前往新英格兰寻求庇护，并被选为普利茅斯的教长。但他坚持婴儿应在洗礼中被完全沉浸①，与信众不睦，之后他便搬去了锡楚埃特。在他的再授圣职典礼上，他念诵《箴言》："智慧差派了几个使女。"②然后落泪忏悔说，"可惜了，基督徒们！我不是她的使女。我的心灵被错误的信仰污损。而我主耶稣基督的自由恩典是多么神奇，我当仍侧身于智慧的使女之间！"但他认为圣餐礼应当只在晚间举行③，这使他饱受批评。

1654 年，在昌西准备携带家眷返回英格兰时，恰逢邓斯特被解职，学院的监事便提名他当校长，并承诺提供 100 英镑的年薪，只要他答应不传播或公开宣称"完全沉浸洗礼，以及晚间举行圣餐礼的任何教义，也不要反对那些大家广泛接受的教条"。他接受了这一条件，并在 1654 年 11 月 27 日就职。[5]

昌西校长敬畏上帝，害怕自己的道德堕落。他凌晨四点就起床，花一个小时祈祷，然后和学院里的学生们一起祈祷，之后由一名学希伯来语的学生大声朗诵《旧约》中的章节，再由他来作详细

---

①　浸礼宗（Baptists）反对给婴儿行浸礼，主张得救的信徒方可受浸，且受浸者须全身浸入水中，称为"浸礼"，故名。其主张独立自主、政教分离，反对英国国教和政府对地方教会的干涉。

②　《旧约·箴言》第 9 章第 3 节。

③　圣餐是基督徒的重要礼仪，为纪念耶稣及其门徒"最后的晚餐"，在基督教会建立之后，举办圣餐礼逐渐制度化。1570 年，教皇庇护五世禁止中午之后举行圣餐礼，此后这一仪式多在早晨举行，直至 20 世纪 50 年代教皇庇护十二世的礼仪改革。

论述。接下来，他会和家人一同作早祷并讲解经文。正午一小时前，他开始四十五分钟的私人祈祷，下午四点时再祷告一次。在晚上的仪式中，他先让一名学古希腊语的学生大声朗诵《新约》中的章节，详细论述后，再与他家人一道祈祷。晚上九点的钟声响过之后，他又单独祈祷一小时。他用日记记下每日所行的罪与慈爱，还在 1659 年发表了 26 篇关于称义的布道。正如昌西校长在遗嘱中说的，他绝不原谅自己"充满罪恶地屈服于可耻的人为歪曲、私意崇拜①和来自地狱的迷信"。[6]

凭借对不完美人性的敏锐洞察力，以及丰富的知识和经验，昌西与学生们意气相投，并对他们产生了积极影响，同时他也是学院的坚定支持者。他指责新英格兰人未能意识到自己多么有福气，能拥有这么一座牧歌田园，并批评他们对它不公。他们会"拒绝或阻止养护［学校］……甚至会说：'拆毁它们，夷平它们！'"他在 1662 年宣讲道。"有些人更激烈，甚至说我们的教长是反基督教的教长，学校是传授罗马天主教教义的地方，课堂是习得这个国家的邪恶和慵懒作风的所在。"他有处处掣肘之感，尽管被许诺可以"自由发挥"，他仍被迫求人施以恩惠。他曾两次请求大议会提供紧急必需物资支援，但都遭拒绝。然而，当朋友们催他退休时，他回答说："Oportet Imperatorem Stantem mori。"这句拉丁语意为"皇帝应该站着死"。[7]

1655 年，印第安学院在哈佛园②建成，这是一座两层砖砌建筑，有 20 名学生可用的教室，由英国伦敦传播福音社团资助。但是，许多美国原住民学生表示不满，灰心失意地离开了学校；而少

①　《新约·歌罗西书》第 2 章第 23 节："这些规条使人徒有智慧之名，用私意崇拜，自表谦卑，苦待己身，其实在克制肉体的情欲上，是毫无功效。"
②　Harvard Yard，是哈佛校园中最古老的部分之一。

数学勤业精的学生却死于疾病。1665年，英国王政复辟时期的皇家委员会成员们造访了该学院，称只看到一个印第安人，并补充说："如果不能及时阻止的话，我们有理由担心该学院会给教会带来深刻的裂痕，校董们也会培育出大量反叛国王的人，就像他们从前做的那样。"1665年毕业生凯莱布·契沙道穆克（Caleb Cheeshahteaumuck），原为马萨葡萄园岛①的原住民，是这些年来唯一毕业的印第安人。他在1666年死于肺结核。

1650年启用的第二版校徽

印第安学院成为学校放置印刷机的地方，并被用作宿舍。那时候，旧哈佛学院"处于一种毁灭性的，几乎无法修复的状态"，因此校董给新建筑提供了一笔捐款。但"皇帝"昌西在1672年去世，享年81岁，未能看到建筑破土动工。[8]

此后便开始了牧师伦纳德·霍尔博士（Leonard Hoar，1650届）短暂而激进的管理，他先前旅居英格兰长达20年。1674年，学校董事会裁定大四学生托马斯·萨金特（Thomas Sargeant）言论亵渎圣灵。霍尔让当地的狱警当着所有学生的面，野蛮鞭打萨金特。萨金特最终被剥夺了学位，被迫独自用餐，不准戴帽。但这极严厉的惩罚让学生们转而激烈反对霍尔。"幼苗长成了杂草，霍尔此后无论说什么做什么，都会遭到学生的嘲弄，他们进而刺激霍尔做出令人不快的行为，使他变得愈加可憎。"1674年时只有11岁的新生科

---

　　①　Martha's Vineyard，常被简称为"葡萄园岛"，位于美国马萨诸塞州外海。

顿·马瑟（Cotton Mather）后来回忆说。

　　霍尔校长让整个社区人心疏离。大议会遂以学校"缺少活力、衰败不堪的现状"谴责他。1672 年没有任何学生得到学士学位，1673 年只有四人获得学士学位，1674 年两人，1676 年三人。董事会四位成员辞职，哈佛园里学生开始逐渐减少。霍尔于 1675 年 3 月辞职，并于次年死于结核病。[9]

　　接下来发生了印第安人起义，人称"菲利普国王战争"，酿成惨重伤亡。起义中十多个新英格兰城镇遭焚毁，数千名殖民者被杀。菲利普是普利茅斯殖民地官员给万帕诺亚格部落①酋长梅塔科姆取的名字。一些受过哈佛教育但幻想破灭的印第安人协助并教唆了他。菲利普于 1676 年 8 月被杀，身首异处，脑袋插在长矛上被带至普利茅斯。妻儿被卖为奴隶。

　　✍ 1676 年 10 月，爱德华·伦道夫②向英王报告说："这所新学院有赖公众资助，在建一幢相当漂亮的砖瓦楼，但由于近来印第安人战争的影响，尚未完工……它包含二十间双人寝室，一间用作学院礼拜堂的大堂，大堂边有个近便的图书室，书架上有一些古代教父和学校神职人员的著作。"这座哈佛楼在科顿·马瑟 1678 年 6 月毕业时及时完工。"下一位，名叫科顿努斯·马瑟鲁斯③。这是个很有趣的名字！哦，说错了！应该说，很有趣的两个名字④！"尤里安·奥克斯校长（Urian Oakes，1649 届）用拉丁语宣布道，并将学

13

　　① Wampanoags，马萨诸塞州东南部美国印第安人的一个部落联盟。
　　② Edward Randolph（1632—1703），英国政治家，以促成英国北美殖民地在 17 世纪后期的重大结构变化而闻名。
　　③ Cottonus Matherus，科顿·马瑟名字的拉丁文转写。
　　④ 科顿·马瑟的祖父和外祖父分别是著名的清教徒牧师理查德·马瑟和约翰·科顿，"科顿"这个名字便是为了纪念他的外祖父而取。

位授予该男生。①

科顿是移居新英格兰的家族第三代。他的祖父是牧师理查德·马瑟（Richard Mather），曾与他的妻子以及四个儿子穿越"新英格兰海岸的凶猛飓风"而幸存，并于 1635 年 8 月抵达波士顿。

哈佛楼，建于十七世纪七十年代，1764 年毁于火灾

14

　　理查德·马瑟在多切斯特②的讲坛上安顿下来，科顿的父亲英克里斯（Increase）1639 年出生于此地。英克里斯 12 岁时进入哈佛，1656 年毕业，并在都柏林的三一学院获得文学硕士学位。

---

　　①　1680 年 7 月的某个周二，两名荷兰人来哈佛楼参观，在这空荡的建筑中看到八到十名年轻人坐在一个房间里，不停地抽烟吵闹。"整幢房子闻起来都是那味儿，以至于我走上楼梯时，就说：'这肯定是个小酒馆。'"其中之一的贾斯珀·丹克泽茨后来说："我们连声道歉，因为只会说一点英语，而他们又不懂荷兰语或法语。"荷兰人和学生们都无法理解对方的拉丁语，但葡萄酒一端出来，对话就通畅了。——原注

　　②　Dorchester，位于马萨诸塞州波士顿市，最初是清教徒创立的一个城镇。

1661 年，他返回马萨诸塞，并与约翰·科顿牧师的女儿玛丽亚结婚。他们的第一个儿子科顿·马瑟出生于 1662 年 12 月，三天后受洗。英克里斯安家于波士顿的北部教堂。他是哈佛的董事会成员。[10]

1681 年，霍尔之后的校长尤里安·奥克斯死于恶性高烧，享年 50 岁，校董提名英克里斯当校长，北部教堂不让他离开，但允许他代管学校，直到合适的校长人选出现。此后，约翰·罗杰斯牧师（John Rogers，1649 届）在 1683 年 8 月就职，却于次年 7 月去世。学校董事再次请求英克里斯"对学院的管理事务多加照管，并代理校长，直到将来有了合适的安排"。英克里斯同意了，条件是他继续保持与北部教堂的联系，并住在靠近渡口的波士顿宅中。学院为他提供了一匹马，可以从查尔斯敦去剑桥，整个行程大约需要两个小时。与此同时，他的儿子科顿·马瑟于 1685 年被任命为北部教堂的牧师。[11]

英克里斯坚决抵制英国国王要求放弃《马萨诸塞自由宪章》的命令，因而赢得了人们的拥护。他在公开会议上宣布，放弃宪章乃至其他古老的权利，是冒犯上帝的罪行。但该宪章于 1684 年 10 月被废除，而地方政府落入英王任命的一群贪婪的流氓手中。皇家总督埃德蒙·安德罗斯（Edmund Andros）爵士竟在安息日强占了南部教堂的礼拜堂半天，好让英国圣公会牧师布道。新统治者对土地所有权提出异议，并在未经人民许可的情况下征税。亲英分子约瑟夫·达德利（Joseph Dudley，1665 届）还嘲笑说："你们没有什么特权，除了不被当成奴隶买卖。"英国国王派出 60 名英国士兵维护法律和秩序。[12]

1687 年 7 月，皇家总督和皇家委员会成员作为马瑟校长和董事会邀请的贵宾出席了毕业典礼。安德罗斯总督头戴一顶假发，身穿一件猩红色饰有花边的外套，拉特克利夫牧师穿着他的英国国教长袍。然而第二年年初，马瑟校长感到自己有被逮捕的危险，便伪装成平民，逃到了英国，准备在詹姆斯国王面前陈述殖民地人民的不满。他抵达伦敦时，恰好目睹了身为罗马天主教徒的詹姆斯国王被奥兰治的威廉三世这个新教徒废黜。新英格兰继而发生了一场不流血的政变，安德罗斯和海关总长爱德华·伦道夫被逮捕并遭监禁。①

安德罗斯总督未能伤害到这所学院，在约翰·莱弗里特（John Leverett）和威廉·布拉特尔（William Brattle）这两位1680年毕业生的出色管理下，学院蓬勃发展。在伦敦，英克里斯晋见了威廉国王和玛丽王后，并就马萨诸塞殖民地的新宪章进行了谈判，这一新宪章旨在保证人民的自由以及他们的土地所有权。自由民将选出众议院成员，众议院控制公共财政，并选举总督理事会成员。但是，英克里斯做出了许多新英格兰人无法接受的让步，即赞同国王有任命总督、副总督及大臣的权力，同时国王对殖民地立法有否决权。宪章还将投票权扩大到财产所有者，从而结束教会的政治垄断。

在1692年1月3日同威廉三世的最后一次对话中，英克里斯谦逊地为学院陈告，据他自己的说法，当时他说："我们在新英格兰有一所学校，准确地说，它是所本科学院……许多优秀的新教牧师都在那里接受教育。"国王说："我知道它。"英克里斯说："陛下如若眷顾这间学院，它将更加繁荣昌盛。"国王说："我愿意这样做。"[13]

---

① 1688年11月5日，威廉三世废黜詹姆斯二世及七世而赢得了英格兰。威廉和妻子玛丽二世此后共治不列颠群岛，直到玛丽于1694年12月18日去世，二人共治时期通常被称为"威廉和玛丽"。

✍ 1670 年毕业的乔治·伯勒斯（George Burroughs）是个可怜人！　16
在他安顿于缅因卡斯科湾的法尔茅斯教堂后不久，瓦巴纳基人①来
到这里，烧毁了城镇。那是在 1676 年菲利普国王战争期间。伯勒
斯和他的家人于是迁往埃塞克斯县，他在索尔兹伯里那儿传教，后
来又搬到塞勒姆村，1683 年回到已被收复的法尔茅斯。几年后，他
又搬到沿海的韦尔斯。但是印第安人又起事了。安德罗斯总督组织
了一支近千人的军队，于 1688 年冬季向边境进军，但印第安人早
已四散逃走，军中不少士兵死于疾病。1690 年 5 月，法尔茅斯遭到
袭击，200 人被捕或被杀。瓦巴纳基人埋伏在韦尔斯周围，袭击那
些胆敢到野外去的人。伯勒斯写信给总督和理事会说，瓦巴纳基人
造成"令人痛苦的灾难……我们需要加强卫戍"，他要求兵力
增援。[14]

1693 年 1 月，佩诺布斯科特人②洗劫了韦尔斯附近的约克镇。
"看到烟柱四起，无情的火焰肆虐，异教徒敌人到处侵犯，用箭射
击，用斧劈砍，（全然不顾男人、女人和孩子们的哀求，他们无比
卑微地失声尖叫、泪流满面，）并拖走其他人，（没人上前帮忙，）
那是最让人震惊的。"伯勒斯报告说，"上帝仍在宣示他对这块土
地的不悦，上帝先前向我们伸出援手，如今却写下攻击我们的愤懑
文字。"[15]

与此同时，在波士顿以北二十英里（约 32 公里）的塞勒姆发
现了"一撮可怕的女巫"。1693 年 4 月，14 岁的阿比盖尔·霍布斯
（Abigail Hobbs）承认四年前在缅因的卡斯科湾附近与魔鬼立约，
并在他的本子上签了名。她指认几个当地女性为女巫，并说自己在

---

① 　Wabanakis，缅因州和魁北克南部的美洲印第安人。
② 　Penobscot，缅因州佩诺布斯科特流域的美洲印第安人。

塞勒姆村"帕里斯先生的牧场"中参加了一场"很棒的聚会"，在那里她"吃了红面包，喝了红葡萄酒"。12 岁的安·帕特南（Ann Putnam）作证说，她当时亲眼目睹了"一位牧师显现，她吓得要命，并大声喊道：'太可怕了，这儿来了个牧师！'"那鬼影说："他的名字叫乔治·伯勒斯，有过三任妻子，他还对前两任妻子施了魔法，要了她们的命……他在东区曾给许多士兵施魔法，让他们死去，当时埃德蒙爵士也在那里。他把阿比盖尔·霍布斯变成了女巫。此后又多了几名女巫……他还告诉我，他位列众巫师之上，因为他是招魂人。"阿比盖尔·霍布斯的继母作证说，她曾在牧场上参加过女巫们的集会，伯勒斯"要求她们在村子里对所有人施魔法，并告诉她们应该循序渐进，而不是一次就施完全部的魔法，他相信她们一定会成功"。[16]

1692 年 4 月 30 日，殖民地当局发出逮捕令，在缅因逮捕了伯勒斯，并将他带到塞勒姆接受地方法官的审讯。5 月 9 日，他被带到受苦的姑娘们面前。据记载，这些女性陷入沉闷可怕的痉挛之中，"被看不见的手折磨"。在接受质询时，伯勒斯说："这是匪夷所思的天意，使人不得不恭顺服从，但他对此一无所知。"

与此同时，英克里斯·马瑟正带着新宪章，陪同新近获命上任的皇家总督威廉·菲普斯（William Phips）爵士，从英国无双宫启程，乘船于 5 月 14 日抵达波士顿港。菲普斯正式任命威廉·斯托顿（William Stoughton，1650 届）为审判巫术案件的特别法庭首席法官。这个法庭共有 9 名法官，其中包括塞缪尔·休厄尔（Samuel Sewall，1671 届）和纳撒尼尔·索顿斯托尔（Nathaniel Saltonstall，1659 届）。斯托顿认为，恶灵不会附身于无辜的人，但即便当时，这也是一个备受质疑的命题。他满怀热情，行动果断，首名被定罪的女巫在 6 月 10 日星期五时就被绞死。索顿斯托尔失望地辞去法官一职，但审判和处决仍在继续。[17]

1692 年 8 月 5 日，科顿·马瑟写信给他的堂兄约翰·科顿说："我们的上帝创造了奇迹。最近有 5 名女巫被处死，她们无耻地要求上帝显示神迹，来证明她们是无辜的。听了这话，我们的上帝奇迹般地送来了 5 名安多弗村①女巫，她们对自己的恶行作了详尽而令人惊愕的供述，并声称刚刚被处死的 5 名女巫是和她们一伙的。更多女巫被发现了，所有人都说伯勒斯是她们的班头。"[18]

据马瑟的说法，在审判伯勒斯时，被施了魔法的女孩们"全身痉挛，说不出话来"。斯托顿法官问伯勒斯是谁阻碍了她们作证，伯勒斯说他认为是魔鬼。审判长对他说："既然如此，魔鬼为什么不愿意为你作辩护呢？"这让伯勒斯非常困惑。几个被施了魔法的女孩说，伯勒斯前两任妻子的鬼魂在他周围游荡，呼喊着要复仇。这引起了一阵骚动。有证据表明，他虽是"非常弱小的人"，却能将右手食指塞进枪口，将那支管长 7 英尺（约 2.1 米）的枪平举起来。[19]

8 月 19 日，伯勒斯和另外 4 名被判有罪的女巫被架上一辆马车，穿过塞勒姆的街道，来到绞刑架山。科顿·马瑟和一大群人在那里等着他们。据说，在被绞死之前，伯勒斯完美地背诵了主祷文，这是任何巫师都不可能做到的事。"通过演讲、祈祷，以及声明自己的清白无辜，伯勒斯感动了很多没脑子的人，但这些人的话不能改变他被处决的结果。"休厄尔法官在他的日记中写道，"马瑟先生说，他们都死于正义的判决。"[20]

英克里斯·马瑟曾公开反对滥用幽灵证据，但他为法庭辩护说，他也会判伯勒斯有罪。不过在 1692 年 10 月出版的一本名为

———————————

① Andover，塞勒姆邻近的村庄，女巫审判始于塞勒姆村，然后传播到安多弗和韦尔斯，蔓延到整个缅因。

18

《关于恶灵化身为人的良心话》（*Cases of Conscience Concerning Evil Spirits Personating Men*）的引人注目的书中，他写道："我宣布并作证，有人若仅因被施了魔法或被幽灵恶魔附身，就被审判而剥夺性命，这样将会为这片土地带来无辜人血的罪恶……让十个女巫嫌疑犯逃脱，好过于判一个无辜的人有罪。"他的辩论说服了菲普斯总督，后者要求停止起诉此类嫌犯。休厄尔法官在哈佛读书时就认识伯勒斯，后者死后 4 年，休厄尔公开表示后悔，但后来成为副总督的斯托顿从未表示过一丝遗憾。在他 1701 年去世之前，他捐了 1 000 英镑给这所大学，用于修建斯托顿楼，一幢四层红砖砌成的宿舍。[21]

    马瑟校长日益感到外界的压力，要求他住在剑桥，但他扛住了。他向一位朋友透露："我是否应该停止向 1 500 个灵魂布道……而只向四五十名孩子讲解，但他们中很少有人能通过操练得以教化？"他虔诚地向上帝祈祷，希望大议会能派他去英格兰谈判一项新的大学章程，但上帝显然有理由不满足他的愿望。1700 年至 1701 年，他试着在剑桥住了几个月，其结果正如他写给副总督的信中所说的："我在这个世界上生活了 61 年，而这是我过得最不舒服的 3 个月……剑桥的空气或饮食都不适合我。"

1701 年，大议会通过了一项命令："非剑桥居民不得担任哈佛校长。"马瑟一家把该命令视为针对其个人的。英克里斯于 9 月辞职，由波士顿南部教堂的塞缪尔·威拉德牧师（Samuel Willard，1659 届）接替。官方名义上，威拉德只是副校长，他却被允许住在波士顿，这进一步激怒了马瑟一家。[22]

威拉德牧师曾在女巫审判事件中扮演了一个英勇的角色，他宣称："恶魔可能会报复一个无辜者，说得更准确些，一个做了坏事但仍敬畏上帝的人。"这与首席法官（也是他的教友）的理论相矛盾。"不要相信魔鬼，"威拉德在讲坛上喊道，"连蒙上帝挑选的人，他甚至也能迷惑。"他平时温文尔雅、不摆架子，为学院做出了令人钦佩的贡献，直到 1707 年去世。[23]

　　在他之后，学校董事会任命之前的学校导师约翰·莱弗里特为新校长。莱弗里特此前曾在立法机关和总督理事会任职，并被任命为法官。这一人事安排激怒了科顿·马瑟，他抗议说："让一名在神学研究上没有任何造诣的律师，来一所培养神学士的学校担任校长，这太荒唐！真是史无前例！"事实上，哈佛学院的毕业生中既有牧师，也有学者、法官、医生、士兵、商人和普通农场主，莱弗里特为此而感到骄傲。剑桥第一教堂的牧师纳撒尼尔·阿普尔顿（Nathaniel Appleton，1712 届）说："他不是用特别的敬拜形式对待宗教，而是把它放在有关福音，即正义、信仰和慈善等重大的实质性事务中。"

　　在一位鞭刑受害者的父亲谴责这是"驯马用的"惩罚之后，莱弗里特校长终结了鞭刑，那位父亲还写道，他希望他的儿子被当作人而不是一头被虐的野兽。当校中一名老师打了学生耳光，莱弗里特便斥责他说："你认为打学生耳光是区区小事吗？"学生数量的增长造成了住宿危机，1720 年马萨诸塞楼（Massachusetts Hall）建成后解决了这个问题，它可供 60 人住宿，费用由殖民地政府支付。1721 年有 37 名年轻人毕业。[24]

　　❦ 1718 年，伦敦商人、浸礼宗教徒托马斯·霍利斯（Thomas Hollis）赠送学院一只装满书籍的箱子，连带 300 英镑的捐款，用于"为教会培养那些贫困而虔诚的学生"。霍利斯此举是出于本杰明·科尔曼（Benjamin Colman，1692 届）的劝说，后者是布拉特尔

建于 1700 年的斯托顿学院，1780 年被拆除

街教堂的牧师，也是学院的董事。他认为校董对诸事的看法是开明
的，至少与世界上其他大学相比是如此。几年后，霍利斯又提供了
700 英镑的奖学金，并提出设立神学教授职位的想法，条件是"任
何一位候选人都不应因其信仰和实践成人洗礼而被拒绝"。洗礼的
问题在最终的协议中被绕开了，它宣称将该教职职位授予"在神学
方面有扎实学识、有着健全和正统原则的人；他有教书的天赋，过
着严肃而虔诚的生活，谈吐庄重"。莱弗里特、科尔曼和其他董事
正式接受了这份礼物，他们推选牧师爱德华·威格尔斯沃思博士
（Edward Wigglesworth，1710 届）为首位霍利斯神学教授①，这之后
才把这份赠予提交监事会审议，考虑到很多监事认为浸礼宗是异
端，这是相当冒险的作法。[25]

马瑟一家拒绝出席监事会议，除非莱弗里特不再当校长。而休

----

① 美国大学在很长一段历史时期中没有大学教授职位一说，哈佛设立的最
早的教授职位即 1721 年开始的霍利斯神学教授。另需说明的是，美国早期大学
教育以英国大学为样板，院校员工多由年轻的导师（tutor）组成，而如今 tutor
一词多指"助教"一类的角色，但本书依当时情况译为"导师"。

厄尔法官和其他老派清教徒要求对霍利斯神学教授人选进行宗教测试，并起草了一份文件，名为"威格尔斯沃思教授的信条"，以确认他极为熟知加尔文主义信仰，也就是三位一体的教义、耶稣的神性、得救预定论、特别有效的恩典①，以及婴儿洗礼的神圣权利等。莱弗里特不情愿地接受了这些条件，威格尔斯沃思也签了名。霍利斯本人从来不知道还有这些附属条件，而威格尔斯沃思在接下来的 43 年中，通过对这些教义的松散建构，慢慢破坏了这些附属条件，为"理性的基督教"打开了大门。威格尔斯沃思的儿子爱德华（Edward，1749 届）成为第二任霍利斯神学教授，又继续完成了 30 年的出色工作。[26]

附带说一下，1701 年康涅狄格的清教徒神学家在基林斯沃思建立了一所"住宿性质的学校"②。12 位创始人中有 11 位毕业于哈佛大学。1716 年该学院迁往纽黑文。两年后，科顿·马瑟鼓动商人伊莱休·耶鲁（Elihu Yale）为"这所康涅狄格新诞生的学院"慷慨捐款，并建议学院以耶鲁本人的名字命名。耶鲁捐赠了 9 包货物、417 本书和一幅乔治一世肖像画，后者被学院以 560 英镑的价格售出。马瑟喜欢称自己为"这个备受喜爱的婴儿的教父"。

❧ 在哈佛楼一楼的食堂外面是学校小卖部，学生在那里赊购葡萄酒、烈酒、蛋糕、杂货、文具和其他物品。管事的是一名毕业不久的大学生，他领着薪水，做按按门铃、扫扫房间之类的事。他还将那些年轻人登记在册，把他们的名字和级别用花体字写在小卖部墙

---

① Efficacious grace，又称为"不可抗拒的恩典"（Irresistible grace），来自加尔文主义《预选说》的第四点，即天选之人不可能拒绝上帝的救恩，上帝的恩典，不可能因为人的原因而被阻挠，因为神恩强势，无法拒绝。

② Collegiate School，当时为避免殖民地政府过度干涉校政，耶鲁的前身取了这样谦逊的校名。

右为马萨诸塞楼，建于1720年。左为哈佛楼，斯托顿学院位于中央，前有庭院

上挂着的四卷卷轴上。名单根据学生的社会地位、家庭等级以及诸如虔诚程度和脑力水平等无形因素进行排序。最高序列依次是总督、副总督、总督理事会成员、法官和治安法官①之子，他们被分配到最好的宿舍，并在餐厅中优先得到服务。然后是往届毕业生的儿子，他们按父亲的年级排列。最后是农场主、店主、商人和其他没有社会地位的人的儿子。在背诵队列、食堂和礼拜堂中，每个青年都依照自己的位次行事。在名单中被"降级"是一种可怕的惩罚。如果你被罚暂时停学，或被打发回乡村，你的名字就会被从墙上取下。[27]

　　这所学院的地位变得越来越显赫，使其成为讽刺作家抨击的目标。16岁的本·富兰克林（Ben Franklin），以"无名好汉"这一笔名写了漂亮文章。他在《波士顿报》（*Boston Courant*）上讽刺："那

_____

①　Justice of the Peace，也译作"太平绅士"，源于英国，一种由政府委任民间人士担任维持社区安宁、防止非法刑罚及处理一些较简单的法律程序的职衔。

些极端愚蠢的父母，他们没有意识到自家孩子的鲁钝，不知道他们的脑袋如此顽固，因为这些父母认为只要钱包可以负担，就得送他们去学习的殿堂，但因为天资不足，这些人到了那里只学会如何打扮得漂漂亮亮，彬彬有礼地走进房间（就像在舞蹈学校里学到的那样），在遭受大量烦恼，并损失巨额费用之后，他们又从那里回来了，还是和从前一样的大傻瓜，只是变得更加骄傲和自负。"富兰克林没有上大学，而是去了费城。[28]

　　莱弗里特校长 1724 年去世，享年 62 岁，死前已经破产，负债 2 000 英镑。他没能讨得大议会的欢心，而校长的工资得由它批准。他要求增加工资和补偿金的请求被搁置一边。他的孩子们被迫卖掉祖产来还债。为了接替他，董事会推举了约瑟夫·休厄尔牧师（Joseph Sewall，1707 届），他是南部教堂的牧师，一位备受加尔文派教徒敬重的人，但他的教会拒绝让他离开。校董事会接下来选了霍利斯的朋友本杰明·科尔曼（Benjamin Colman）博士，他来自波士顿偏自由派的布拉特尔街教堂，但是众议院拒绝投票为他核定薪资，导致提名失败。董事会随后选举了本杰明·沃兹沃思牧师（Benjamin Wadsworth，1690 届），他是波士顿第一教堂的牧师，才能一般，不过担任校长几乎所有人都能接受。

　　只有才能杰出的科顿·马瑟很生气。他在日记中写道："我们这可怜的学院董事会，再次（当新机会来临时）用他们惯有的恶意羞辱我。我早就猜中董事会的这两桩事：首先，如果他们有可能避开我，他们就会这样做；其次，如果他们有可能做出蠢事，他们也会这样做。我为天国写的文章在他们那引起了无尽的嫉妒，他们害怕撒旦会因为我在学院里痛打他的跟班而对我产生恐惧，这使我得出了第一个结论。而学院里的事都做得那么轻率，真是不可思议，这就把我引向了后一个结论。"4 年后他也去世了，享年 62 岁。[29]

24

第二章　抑或是重生

　　哈佛的毕业典礼在整个殖民省①被当作节日来庆祝，它吸引了波士顿和剑桥附近的许多居民来向这所院校致敬，并借此享受仲夏的快乐。一群内蒂克印第安人通常一周前就出现在剑桥公园中，架起棚屋，敲起鼓来。然后是流动的黑人小提琴手，"他们在驻扎期间没完没了地乱拉小提琴"。鼓声一响，意味着帐篷升起、摊位摆出，预示着充足的食物、饮料和娱乐活动。快活的小贩、杂耍演员、唱歌的侏儒、跳舞的熊、卖朗姆酒的生意人、赌徒以及那些不道德的估客都做好了准备。路上挤满了跋涉走向剑桥公园的人：学童、农民、工匠、商人、用人、奴隶、乞丐、盲人、跛脚的人、印第安人、疯疯癫癫的人、带着婴儿的女人……贵族和大庄园主坐在马车里飞驰而过，驾车的马夫携着垂地的肥大鞍囊扬起尘埃。[1]

　　典礼结束后，毕业生在自己的宿舍楼里为家人和朋友举办派对，畅饮葡萄酒，享用含有大量酒精的梅子蛋糕。但是时任校长的马瑟希望"改变这些过分行为"，在毕业典礼周期间他屈尊待在学校，以"防止混乱和亵渎事件发生"。1693 年，董事会禁止供应梅子蛋糕。1722 年，除再次禁止梅子蛋糕外，还禁了"烈酒"，违者每季度的账单上要追加 20 先令的罚款。1727 年，董事会决定毕业典礼的日期不应事前固定，只在举办当天才发简短通知，以打消公众的兴趣。此后典礼通常选在周五，"这样一周中花在嬉闹上的时间就会少一些"。这不明智的政策在 1736 年被废除了，因为那时起，治安法官们同意在未来的毕业典礼上设立一名警员，配上六名男子在学院周围巡逻。

1724 年，牧师本杰明·沃兹沃思听从了上帝"清晰响亮"的召唤，接受校长一职。除了薪水外，大议会还额外给了学院 1 000 英镑来建造校长住宅。沃兹沃思牧师 1669 年出生于米尔顿②，是家中第七个儿子，父亲塞缪尔·沃兹沃思（Samuel Wadsworth）上尉是曾对印第安人作战的老兵，在菲利普国王战争中阵亡。沃兹沃思牧师写了一部长达 900 页的讲述神学思辨的书，名为《神学大全》（*A Compleat Body of Divinity*）。1726 年 11 月，他和家人以及"一个黑人丫头"（人们认为她还不到 20 岁）搬进了校长新宅。这个黑人丫头是他不久前从波士顿的船帆制造商布尔芬奇先生手中买下的。沃兹沃思还拥有一个名叫泰特斯的男奴。[2]

沃兹沃思每周都要向聚集在学院礼拜堂里的学生们乏味地讲解八九次《圣经》经文。在学习古希腊语和拉丁语的同时，高年级的男生们还接受了胡达·莫尼斯（Judah Monis）的希伯来文指导。莫尼斯本是塞法迪犹太人③，后于 1722 年在学校礼堂的公共仪式中皈

---

① 这里指当时的马萨诸塞湾省（Province of Massachusetts Bay），1691—1707 年为英国在北美的直辖殖民地，包括马萨诸塞湾殖民地、普利茅斯殖民地、缅因省、马萨葡萄园岛、南塔克特、新斯科舍省及新不伦瑞克省；1707—1776 年为自治领；1776 年起成为美国最初的 13 个州之一。

② Milton，今美国马萨诸塞州诺福克县的一个小镇。

③ Sephardic Jew，犹太人的一个分支，现在占犹太人总数 15%—20%。

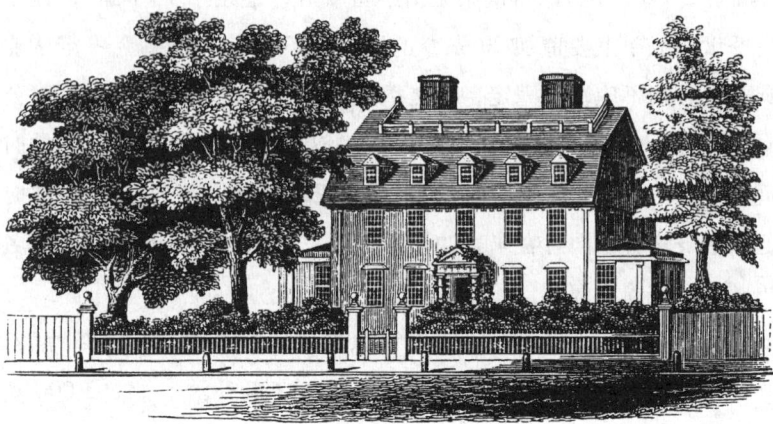

校长宅邸，建于 1726 年

依基督教。人们都说莫尼斯很无趣，但他精通古代语言，甚至懂阿拉米语和迦勒底语，这等本事对阅读《圣经》必不可少。1727 年，托马斯·霍利斯再次捐赠了一个教席，来拯救苦恼不已的学生，这是数学和自然哲学教席，它牢牢确立了科学在课程设置中的地位。霍利斯还送来一个长达 24 英尺（约 7.3 米）的望远镜，一套实验器材，几箱有价值的书，以及一批希伯来文和古希腊文书籍。

沃兹沃思校长在 1737 年初去世，享年 68 岁。马布尔黑德①的牧师爱德华·霍利奥克（Edward Holyoke，1705 届）随后当选校长。他温文尔雅、举止威严，体重 235 磅（约 106.6 公斤）。他的父亲是波士顿商人，曾在众议院任职。爱德华 12 岁进入哈佛，在 1701 年入学的 11 名学生中排名第 3。根据大学档案管理员克利福德·凯·希普顿（Clifford K. Shipton，1926 届）的说法，在那个年代，没有哪个学生像他这样，名字上有如此之多代表违纪扣分的黑

———————————

① Marblehead，今马萨诸塞州埃塞克斯县的沿海小镇。

色记号。爱德华的诸多违纪让他支付了 51 先令罚款，金额超过一年的学费。他对数学和天文感兴趣，曾计算日食、制作历书。他做了几年学生导师，最后还成为校董事会一员。一位同龄人说，他是"和其他人一样正统的加尔文主义者"，但行事太不绅士了，甚至会"把自己的原则硬塞到别人的喉咙里"。1737 年 9 月，他就任校长。[3]

的确，新英格兰加尔文教派的严格要求变得日益苛刻、脱离实际。哈佛新生们对基督的体验不再是过去的清教徒那样：乘坐小船横渡大西洋，征服广袤的荒野，冒着一切危险来履行他们与上帝的契约。有必要提醒新一代的人，人是可怜的罪人，他堕落、腐坏，在上帝眼中十分可憎。然而亘古传下的宗教如今已成"一具虔诚的尸体"。宣扬原罪的教义在私下场合遭到质疑。亚当的子孙们因为其先祖一次叛逆的行为，就遭受无尽的苦难，这合理吗？上帝既已将善恶的知识赐给世人，在拯救问题上却又任意妄为，这合理吗？[4]

❧ 1737 年，在校长还未选出的情况下，亨利·弗林特（Henry Flynt，1693 届）导师主持了当年的毕业典礼，整个过程相当雅正。弗林特多才多艺，他能布道，能用拉丁语演讲，也能当场检验学生是否合乎录取标准。在位于旧哈佛楼二楼的办公室里，他接待了正式访问学院的皇家总督。这位导师矮小壮实，胡子刮得很干净，鼻子匀称，上嘴唇很薄，下巴结实。他穿着黑色的衣服，看上去很像十七世纪的牧师，虽然他并非牧师。他手指上戴着一枚刻有他家族纹章的戒指。他喜欢品质上乘的葡萄酒、朗姆酒、白兰地和新英格兰苹果酒，并把这些酒藏在地窖中的那些 23 加仑（约 87 升）容量的酒桶里。他抽烟斗，一年用掉 14 磅（约 6.4 公斤）烟草。他有一把绿色的安乐椅，书架上有 570 本书。[5]

他不是一位光芒四射的老师。"他的学问并不短浅；考虑到他的优点，如果不是太懒惰的话，他可能会在教学方面做得更出色。"查尔斯·昌西博士（Charles Chauncy, 1721 届）①观察到。但弗林特管起人来很温和。他喜欢讲某学生在他办公室背诵经文的故事，当时这个学生站在他身后，从桌上端起一小桶的葡萄酒，就着桶口直接喝了下去。"我面前就有一面镜子，"他对听众说，"我想我不该在人喝酒的时候打断他，所以等他喝完，我就转过身来告诉他，出于礼貌他得请别人也喝上一杯。"弗林特还曾说过一句名言："野驹常能成为良马。"[6]

弗林特导师塑造了几代哈佛人的道德与精神气质；同时，他仔细审视自己的灵魂状态，记录想法的日记就厚达千页。正如他对许多屡教不改的年轻人宣讲的那样："人们不断犯罪，最大的原因是缺乏考量。他们若想从自己的污秽中得洁净，就必反复思考这些事。"他斥问他的学生为什么"有些罪人不知悔改"。在满怀理想主义的时刻，弗林特会把自己看作是上帝的工具，将上帝的恩典赐予大学里那些尚未得救的年轻人。[7]

1740 年 9 月，弗林特开始了作为导师的第 41 个年头，有 134 名青年同他们的家人和仆人来到剑桥，把这个沉寂的村庄变成了熙熙攘攘的活动中心。老哈佛顶住了大量新生的压力，这些学生被二年级的学生们召集到图书馆上方的长厅里，以了解学院的习俗。弗林特在某生的房间里发现了一碗潘趣酒②，并在 9 月 12 日的会议上向董事会通报了此事。这名男生被处以 5 先令的罚款。

----

① Charles Chauncy（1705—1787），美国公理会神学家，与前文的昌西校长（1592—1672）同名。

② 一种用酒、果汁、牛奶等调和的饮料。

9 月 24 日周三，远近闻名的乔治·怀特菲尔德（George Whitefield）牧师出现在哈佛广场，在第一教堂发表了热情洋溢的布道，主题围绕"我们不像许多人那样，用神的话语来做生意"①这句神圣的话，布道特别针对哈佛的学生和导师们。这位 26 岁的英国传教士在佐治亚、南卡罗来纳、宾夕法尼亚、新泽西和纽约都引发了宗教复兴，并吸引了 1.5 万人来到波士顿公园②。他喜欢说："词语比双刃剑还要锋利，新诞生的教义则行如闪电。"但是他言语间暗指学生们精神状态低下，把老弗林特激怒了，弗林特进而反感他的演讲风格，因为它赤裸裸地诉诸情感，忽视理性和判断力。[8]

"他有许多动作，比如传道和祷告时举起手并伸出去，这些动作很好地配合了他的热情。"弗林特在日记中不带感情地写道。他进一步观察到，怀特菲尔德具有"新英格兰老派人士和清教徒般的思维方式，只通过信仰本身及原罪等来讲解重生、皈依和称义这些问题。"然而，怀特菲尔德忽略了《圣经》经文，让弗林特对"他武断且过于自信的表达方式"感到诧异。日记最后，弗林特谴责怀特菲尔德是一个"狂热的人"，认为他把自己的思维方式与神圣感化混为一谈，这近乎异端邪说。[9]

弗林特和怀特菲尔德就一位基督教作家交谈过几句，那位作家的书就放在大学图书馆里。怀特菲尔德说："我认为，蒂洛森博士现在正因为他的异端邪说待在地狱里。"弗林特回答说："我觉得你在那里见不到他。"许多学生称赞弗林特的机智回应，但也有些人被怀特菲尔德这位福音传播者的布道打动，突然开始关心他们的

① 《新约·哥林多后书》第 2 章第 17 节。
② Boston Common，波士顿市中心的一个公园，创建于 1634 年，与查尔斯河北岸的哈佛大学相隔约 5 公里。

灵魂和永恒财产。这些年轻人开始聚众祈祷，唱赞美诗，谈论宗教直到深夜。然后丹尼尔·罗杰斯导师（Daniel Rogers，1725 届）离开学院与怀特菲尔德同行，在 1740 年 10 月 15 日从伍斯特①写信给霍利奥克校长，说："对于和怀特菲尔德先生一同旅行会引发的担忧，我一点儿也不吃惊——这是我所预期的，我知道这担忧来自何处。这就更坚定了我的信心，上帝所赐的灵领我出来，我要往哪里去，只有上帝知道。"[10]

一直保持警惕的弗林特发现了 30 名被极度煽动的学生。有一个叫约瑟夫·罗比的大三学生，说自己"看到地狱之门洞开，他本人和别人都掉进去了"。大二学生塞缪尔·费耶韦瑟看到"魔鬼以熊的样貌来到他的床边"。二年级学生约翰·卡恩斯担心他的父亲并未真正皈依，因为"他的祈祷太流于形式、太过平淡"。两名男生在谈论末日审判的时候突然失声大笑，他们将此行为归咎于魔鬼的诱惑。弗林特在日记中写道："我们这里的管理者，应该警惕这一事件可能会引发的堕落，警惕撒旦的诡计，为我们自己和学生们祈祷，这样才能蒙有真正的恩典。"[11]

然而，在整个新英格兰，教堂和集会场所挤满了赞美上帝或因自己处于迷失之中而哭泣的人，这就是怀特菲尔德短暂来访的影响。许多监事支持复兴宗教，甚至建议弗林特鼓励和推广"这等好事"。1741 年 3 月，在怀特菲尔德访问校园不到六个月后，他的著作《日志·第七编》（*Seventh Journal*）就出现在书店里，上面写着他对新英格兰牧师和哈佛的谴责。怀特菲尔德写道："在这里，大多数牧师谈论的是一位让人感到陌生的、没有知觉

---

① Worcester，位于今马萨诸塞州中部，新英格兰地区第二大城市，仅次于波士顿。

的基督。会众如此麻木，因为向他们传道的都是冷漠之人。"关于哈佛和耶鲁，他说："我觉得可以这么说，它们的光明变成了黑暗。最虔诚的牧师感觉到了这种黑暗，抱怨了起来。"关于哈佛的教育："导师轻视与学生一同祈祷，也不去检视他们的内心。少有人修持戒律，坏书正在他们中间流行。"但实际上，正如本杰明·富兰克林曾经说过的，怀特菲尔德的著作"给他的论敌带来了巨大的好处"。[12]

　　许多人奋起为学校辩护。威廉·布拉特尔少校（William Brattle，1722 届）给《波士顿公报》写了一封信，为弗林特辩护："导师会在必要的场合跟学生谈论他们的灵魂。我上大学时受过弗林特先生的教导，据我所知，他对此事极其虔诚。"另一些人则试图通过在学校里宣传"宗教的新面孔"来支持哈佛。科尔曼博士谈到了学院的"甜蜜工作"，说"祈祷和赞美之声"充满了校园。"现在许多学生真正地重生了，他们中的一些人乐于让自己的同伴改变信仰。"他写信给怀特菲尔德这样说道。省务卿约西亚·威拉德（Josiah Willard，1698 届）声称"绅士的儿子们，本只是为了接受礼仪教育而被送往哈佛，现在对基督的事业和对灵魂的爱充满热情，把自己完全献给了神学研究"。监事们为"上帝在许多学生心灵中的事业"设立了一个感恩日。[13]

　　然而，弗林特却暗自对自己精神上的不足感到绝望。"我遍体鳞伤，又长了毒疮，"他在 1741 年 4 月 23 日写道，"啊，我的罪该受谴责。哦，主啊，求你使我越发认识到罪业和过失，刺穿我的内心，让我恳切地、充满感情地呼喊：我该做些什么来获取拯救呢？"他又诉求说："啊，把这颗石头般的心拿走，给我一颗肉做的心。"他不信任"经验上的宗教"，因为它感情用事、不合理性、可悲地渴望"重生并成为新的受造物"，仿佛自由意志或理性思维都没有作用！[14]

33　✍ 1741 年 5 月，在波士顿举行的公理会牧师年度大会上，霍利奥克校长准备的布道主题是"福音牧师的职责"。作为谨慎避免公开表态的人，他沉着地处理了当时微妙的局势。在布道一开始他就承认，宗教的力量已经"严重衰落"，他大为感谢"那两位虔诚而有价值的上帝之人的贡献，他们一直在我们中间辛勤劳作"，两人即指怀特菲尔德和吉尔伯特·坦南特（Gilbert Tennent）牧师，但校长没有提他们的名字。他接着说："毫无疑问，很多人已经迷途知返，更多的人也已悔罪，而所有人都以不同方式从昏睡中醒来。"但他随后也提醒牧师们，不要假装"管辖着他人的良心"。最后，他幽默地表达了他十分困惑于"近来对先知学校①的诸多诽谤"，宣称学院发展得相当不错，并为批评者的无知而道歉。[15]

这的确是一场精彩的演讲，涵盖了所有问题，但对日益高涨的宗教热情几乎没有作用。怀特菲尔德的仿效者继续煽动民众，扰乱社区，分裂教会。位于长岛绍斯霍尔德地区的詹姆斯·达文波特牧师（James Davenport，耶鲁 1732 届）曾遍游新英格兰，"揭发"那些并未真正改宗的牧师。接着，劝勉者②——那些出身卑贱、未受过教育的人——蜂拥而来，宣讲上帝的道，照弗林特的说法，他们迷失在"幻梦和错误的雾霭和迷宫中"。[16]

1741 年 9 月，在一个欢乐的日子里，新上任的皇家总督威廉·雪利（William Shirley）在 40 人陪同下参观了学院，并与弗林特、

---

① 早期的美国公理会和长老会教会，寄希望于哈佛和耶鲁大学中在教义上和精神上都合格的神职人员，因此承认这两所学校都是"先知学校"。

② 即平信徒传道者，"平信徒"指基督宗教中除了圣职人员及教会所认可的修会人员之外所有的基督信徒。

霍利奥克和其他校董共进晚餐。总督发表了一通拉丁语演讲，承诺将促进学院的"学术和宗教发展"。总督在校长带领下参观了"教授办公室中的一套实验器材"，然后总督拜访了"弗林特先生的办公室，一直待到晚饭时间才走"，他无疑品尝了弗林特收藏的美味马德拉酒。晚饭后，总督"参观了大学里的一些教室，然后同他的随从离开了，这些绅士前后大约待了5个小时"。[17]

但是第二年年初，另一位煽动者、来自康涅狄格殖民地格罗顿市的安德鲁·克罗斯韦尔牧师（Andrew Croswell，1728届），在普利茅斯的第一教堂作了两周的布道，再次导致教堂会众分裂。约西亚·科顿（Josiah Cotton，1698届）法官描述道："对于教众因痛苦和欢乐发出的呼喊，无论真实或虚假，那些牧师们都既不劝导也不祈祷，而克罗斯韦尔先生会在人们聚集的教堂中踱来踱去，大喊：'哎呀！哎呀！哎呀！'"科顿和其他不喜欢克罗斯韦尔的人被迫离开了教堂。克罗斯韦尔继续前往查尔斯敦，向狂热的群众布道。弗林特从他的住所中观察到："他似乎是一个很无耻的人，他呼唤狂野与热情，虽然明显的是，他不具备一个有良心的人所应有的求真态度，而不断评判某某该下地狱的话，让他饱受争议。从普利茅斯到查尔斯敦，他对这所学院及其管理者，以及大部分牧师和波士顿一些人士大加抨击。"克罗斯韦尔接下来还试图招募弗林特的一名学生，让他拿到学位后就登上他的讲坛。[18]

1742年7月，昌西博士发表布道反对狂热言论，动摇了波士顿社会。他对会众说："有些人，是在圣灵前极力伪饰，随自己的想象被勾引去了。许多人幻想以为得到了上天的直接命令，实则做出最恶劣的事。"狂热，"确切地说，是一种疾病，一种疯癫……一种宗教狂乱"。然而相互攻击并未停止。北安普顿的牧师乔纳森·爱德华兹（Jonathan Edwards，耶鲁1720届）宣布，送孩子到哈佛会招致"道德感染"的危险。新伦敦①的分离主义者在镇上的码头燃起篝火，焚烧斗篷、长袍、假发和书籍，其中包括昌西的《反对狂热言论布道》和弗林特的《二十篇布道书》。弗林特在他的日记中写道："人们宁愿接受那些奇特古怪的观念和说话、讲道、劝诫以及行为方式，而不想脱离罪恶、皈依上帝……啊，上帝将他的忿怒倾倒在这民众身上，又为他们预备了灾祸，这是可畏惧的。"但随后狂热便盛极而衰了。[19]

学院于1744年12月28日发表了一份官方报告。怀特菲尔德随后被称为"宗教狂热者，吹毛求疵、没有仁爱之心的人，人民的骗子"，这与弗林特最初的观点相呼应。怀特菲尔德是"罪魁祸首，他引发宗教方面的所有争吵，而现在各教堂都在作这番争吵"。他的想法"如果没有危及这些基督教堂的根本存在的话，至少也与它们的和平与秩序全不相容"。在为佐治亚孤儿院筹集资金的问题上，他的诚信遭到了质疑。

霍利奥克校长还罕见地发表了个人意见。"毫无疑问，除我之外的许多人，如果此话当讲的话，都不幸被欺骗了。而且无论他此前做过什么好事，都被这种邪恶压倒了。在许多地方，人民狂热的激情被他点燃，以至于宗教的核心都被焚毁。"他动情地写道。[20]

1744年毕业的杰出青年中有一位叫做乔纳森·梅休（Jonathan Mayhew），他是居住于奇尔马克②的梅休夫妇之子，父母分别叫伊克斯皮安斯和瑞闵珀尔③。他的家族于1640年定居在马萨葡萄园

---

① New London，今美国康涅狄格州的一个城市。
② Chilmark，马萨葡萄园岛上的一个小镇。
③ 分别为英文 Experience（体验）和 Remember（回忆）。

岛，并希望通过几代人的努力来教导当地的印第安人。乔纳森被怀特菲尔德迷住了，在他大二时去约克参加了一次宗教复兴活动。但他的信念逐渐演进，此后开始怀疑三位一体和耶稣的神性。他认为哈佛学院培养的牧师大多数是伪君子，这些人心里全然明白自己所信奉的教义之荒谬。1747 年，他获得了文学硕士学位，并以"理性应与信仰相配"为主题布道。奇怪的是，在获得学位时，除了 4 英镑学费外，他还多交给霍利奥克校长 2.5 便士的小费，校方若不接受小费，他便固执地拒付学费。他此后在波士顿西教堂担任牧师。1749 年，他出版了一本收录 7 篇布道文的书，这是他收获声誉的众多书籍中的第一本。[21]

36

狂热渐退。曾经是异端邪说的思想在校园中被公开讨论。维护旧清教徒信念的人逃到了位于纽黑文的耶鲁。耶鲁董事会在 1753 年决定，学生应该按照正统的加尔文主义原则接受教育，同时校长、教授、导师和研究人员都得通过宗教考试。同年，阿普尔顿博士在他的剑桥讲坛上举起双手，宣称调和加尔文主义的教义教条"远非人类有限的、微弱的能力可及"。[22]

智识上的回报来得很快。1755 年，新英格兰震惊于葡萄牙那场令成千上万人死亡的地震，从余震中恢复过来一周后，霍利斯数学和自然哲学教席教授约翰·温斯罗普（John Winthrop，1732 届），在他的演讲中大胆把地震完全归因于自然界的物理因素。地震就如风和重力，不是"万能的主制造的灾祸"。这背离了正统说法，当时不为耶鲁所容。1756 年，埃兹拉·斯泰尔斯（Ezra Stiles，耶鲁 1746 届）①拜访温斯罗普时，伟大的科学家问这位未来的耶鲁校长，里斯

---

① Ezra Stiles（1727—1795），美国著名教育家、学者。他是耶鲁大学第七任校长，也是布朗大学的创始人之一。

本的居民是否比伦敦的居民更有罪。"我不怀疑它（地震）旨在回答自然界中非常有价值的问题。"温斯罗普说，并有礼貌地承认了这种"可怕的现象"可能会在人类中激起"对上帝的敬畏"。[23]

❦ 还有美国第二任总统约翰·亚当斯（John Adams）的故事。1638年，他的父辈从英国萨默塞特郡来到了布伦特里。亚当斯的父亲是名农场主，也是市镇管理委员会成员、教会的执事，他祈祷自己的长子能被哈佛学院录取，并在毕业后成为一名公理会牧师。这名 15岁的男孩在一所私立寄宿学校准备入学考试，这所学校很凑巧离家特别近，只需穿过两扇门就到，他的导师是约瑟夫·马什（Joseph Marsh，1728 届）。"我上了这间学校，大家对我很好，我便埋头学习，"许多年后亚当斯回忆道，"父亲很快注意到我对猎枪的热情有所减少，而对书本的注意力日益增加。"经过一年的努力，马什老师宣布他可以考大学了。[24]

亚当斯在 1803 年的一篇文章中继续写道："赶赴剑桥考试的那天（1753 年 6 月 12 日），我骑上马去找马什先生，他本要和我一同去。马什先生却说他不舒服，不愿出门。所以我得一个人走了。这个不曾预期的失望像闪电一样击中了我，想到我要向学校董事那些伟大的人物介绍自己，我就怕得想回家。但是一想到父亲会难过，而且不仅会对我生气，还会对我深爱的老师生气，我便打起精神来，下定决心继续赶路。"

这是一次"非常忧郁的旅程"，亚当斯沿着普利茅斯和波士顿的破旧道路走了大约 12 英里（近 20 公里），越过米尔顿山，穿过罗克斯伯里，走过布莱顿桥。"到了剑桥后，我按照指引，接受了校长霍利奥克先生和弗林特、汉考克、梅休和马什等导师的例行考试。"这几人分别是亨利·弗林特，贝尔彻·汉考克（Belcher

Hancock，1727 届），约瑟夫·梅休（Joseph Mayhew，1730 届），他是上文乔纳森·梅休的堂兄，最后是托马斯·马什（Thomas Marsh，1731 届）。梅休递给亚当斯一段英文，要求他译成拉丁文，男孩看到单词时充满恐惧，"我脑子里想不出对应的拉丁文"。然后马什给了他一本字典、语法书、纸、笔和墨水。于是一切变得很顺利。"我离家时心情有多沉重，回家时就有多轻盈，"他回忆道，"我的老师很高兴，父母也很高兴。"他获得了霍利斯学者奖学金，在 27 名男生中排名第 14。

很少有学生像约翰·亚当斯那样享受到"学院生活的乐趣"。他发现了"比自己更优秀的同学"，渴望与他们一样优秀。他"总是争论不休，但幽默风趣"。他在温斯罗普教授的专业指导下学习数学和科学，并用霍利斯的望远镜从老哈佛楼屋顶上凝视木星的卫星。他甚至喜欢食堂的餐饮，称牛肉派、羊肉派，以及"随意喝的苹果酒、适量饮用的葡萄酒和烈酒"对健康有益。在儿子被学院录取时，老亚当斯写信给他说："你现在是地方行政官员和牧师、立法者和英雄、大使和将军中的一员，我的意思是，你将生活在扮演所有这些角色的人当中……你现在在呼吸在科学和文学的氛围中，这些漂浮的微粒将与你的整个血液乃至体液混合。每次你去教师办公室或学生书房，都能学到一些东西。"[25]

在 1755 年的毕业典礼上，伍斯特的一位牧师延请亚当斯去当地担任校长，他接受了这个邀约，因为尽管他父亲对他寄予厚望，但他对自己的未来仍犹豫不决。他丝毫不能认同加尔文主义的悲观教义，并认为这些教义问题会产生无休止的争论："这对我的同胞们没有任何好处。"1756 年 2 月 18 日，他在日记中草草写道："福音书中哪里可以找到教会会议所要求的训诫、集会、法令、信条、告解、宣誓和捐献？还有那些我们如今看到的，一车又一车的其他花哨无用的东西，它们遍布于这宗教之中。"然而，他也花了大量时间抄录蒂洛森主教的著作节选。蒂洛森正是那位怀特菲尔德所鄙视的自由派神学家。"身为未来的牧师，抄写蒂洛森博士的作品会是枉费精力吗？"2月24日，他问自己。[26]

在教室里，亚当斯坐在讲台前，手中握笔，"对一切都心不在焉，"他以前的一名学生回忆说，"他让学生去教学生，以此来维持学校的运转。"1756年8月，他终于下定决心，在继续教书的同时，去伍斯特的詹姆斯·帕特南（James Putnam，1746届）那里学习两年法律。这是一个历史性的决定，他承认了新英格兰教会的衰落和世俗机构的强势。亚当斯写道："我必须下定决心，但又想，我性本爱布道。然而，这又是行不通的。我下了坚定的决心，绝不在法律实践中做出任何卑鄙或不公的事。我确信，学习和实践法律并不等于卸下了道德或宗教的义务。"[27]

🖎 亨利·弗林特于1754年辞去导师一职，但他继续为董事会服务，直到1760年去世。"宗教，那不掺杂任何迷信的宗教，是他生命的主要恩典与光彩。"他从前的一位学生评价道。弗林特和霍利奥克、阿普尔顿、温斯罗普以及两位威格尔斯沃思一起，都是长时间服务哈佛的人，他们在十八世纪领导着学院，为此后的革命和共和国的建立准备人员。而教会渐渐失去了对公民社会的控制权。

第三章　革命时代

1762 年，由于近 100 名学生被迫寄宿私人家中，学校董事会向政府当局成功求得一幢新的宿舍楼。这座宽敞的红砖建筑落成于 1764 年 1 月 13 日星期五，它有 4 层楼高，带有 32 间寝室和 64 间书房，造价 4 813 英镑。皇家总督和大议会成员们个个头顶扑粉假发，穿戴着镶金边的外套和帽子，着银色长筒袜，皮鞋上饰有银扣，盛装莅临新楼落成典礼。霍利奥克校长对伯纳德总督说："我请求阁下为大楼命名。"伯纳德回答说："我给这座新建筑起名叫霍利斯楼。"晚宴的时候，霍利奥克校长向总督、大议会和乔治三世国王陛下表达了学校董事和监事们的感激之情。三天后，波士顿有七八户人家出现天花感染，伯纳德便把大议会移往剑桥。总督会议在哈佛图书馆举行，议院设在礼拜堂。学生们当时恰逢假期。[1]

1 月 24 日星期二的晚上，根据霍利奥克校长的描述，那是"一个狂暴的夜晚，大风伴着严寒的大雪"，半夜里，他被大叫失火的声音惊醒，便穿上晨衣和靴子冲了出去。哈佛楼着火了，燃烧着的炭渣被吹往斯托顿学院楼和马萨诸塞礼拜堂。雪堆得有四五英尺（约 1.2—

1.5 米）之高。伯纳德总督出现了。他们一道扑灭了噬啮的大火。总督派大议会的人去打水，给镇里的消防车加满。霍利斯楼竟也被危及。可怜的霍利奥克写道："它离哈佛园如此之近，以至于火焰事实上是攻占了它，如果没有被当场扑灭，这座楼一定会被烈火卷走。"而古老的哈佛楼，"我们最珍贵的宝库"，已然成为一堆废墟。[2]

火是从图书室壁炉下面的一根横梁开始烧起的，当晚夜幕降临时，大议会就在这里开会。"火焰很快吞噬了这些书籍，以一种不可抗拒的速度进入实验设备室，并蔓延至整个建筑。"霍利奥克悲伤地记录道。但这毁灭性的场景唤起了社区的同情。大议会承担了重建哈佛楼的责任，并赔偿了个别学生和导师的损失。美国和英国那些富有的捐助者展示了他们钱包的深度。伯纳德本人也慷慨地捐了款，为新楼提供家具，并捐了三百多册书。

新楼落成于 1766 年 6 月。"大议会为我们建的这座房子，比烧掉的那座好得多。"校董安德鲁·埃利奥特牧师（Andrew Eliot, 1737届）深情地说。礼拜堂位于一楼西边房间，食堂在东边；楼上是图书馆、实验室、自然博物馆和几间教室。"图书馆所在的房间也许是美洲最雅致的。所有的捐赠到位后，它将会有最好的家具。"埃利奥特牧师说。从建筑顶层可以看到美丽的乡村景色。[3]

42　❦ 食堂有高高的天花板和石制地板，还有两个挂着英国国王和女王肖像画的壁龛。这间食堂是新英格兰最大、设计最精巧的烹饪场所。厨房设在地下室，窖中存放着肉类、常见储备食物和苹果酒。但是学生们吃的食物仍然和从前一样劣质、肮脏，布丁①煮得太老

---

① 此处的布丁（pudding）泛指由食材凝固为固体状的食品，可以是肉馅、咸味的，而如今的美国英语及中文语境中，布丁一般指由蛋、奶、砂糖制成的半凝固状甜品。

新哈佛楼，落成于 1766 年。

了，甚至可以当球踢。最让人生厌的是从爱尔兰进口的黄油，它在桶里放了几个月，都发臭了。1768 年毕业的约瑟夫·撒克斯特（Joseph Thaxter）回忆说："春季和夏初会供应爱尔兰黄油。"但一直放到 9 月后，黄油发出了浓烈的臭味。[4]

学生们对黄油怨声载道，没有得到令人满意的回应。1766 年 9 月 23 日早餐时，大四学生阿萨·邓巴（Asa Dunbar）递了一份黄油给贝尔彻·汉考克导师（1727 届），汉考克傲慢地拒绝了。邓巴于是拒绝就座用餐，这在餐桌上引发了一阵骚动。在老师们离开食堂时，学生们开始鼓掌、起哄，并高声叫道："啊哈！啊哈！"这些都被认为是非常恶劣的行为。邓巴被传唤到了霍利奥克校长、三位教授、四位导师和图书管理员面前，这几人被统称为学校教职员或管理人员。他被认定犯有"非常严重的不检点行为"，并被要求写下

43

"最谦恭的悔过书"。他的位次被降为年级最末位。①

　　与此同时，他的同学丹尼尔·约翰逊（Daniel Johnson）在霍尔登礼拜堂（Holden Chapel）组织了一次学生会议，他们决定用行动支持邓巴：如果第二天早上食堂还提供"劣质、肮脏的黄油"，他们就全体离开抗议。主意已定之后，学生们被告知，"食堂不会再供应那样的黄油"，因此第二天当伙食管理员端上依然馊坏的黄油时，他们都大吃一惊。根据教员的记录，约翰逊"从座位上站起来走了五六步，而其他人继续坐着……然后，几乎所有的本科生，除了两位大四学生、服务员和部分大一新生之外，都从座位上站了起来，未经导师同意，大吵大闹走出了大堂……学生们一到哈佛园中，就高声喝彩，似乎是要故意侮辱老师……这喧闹声如此之大，以至于全城都能听到"。[5]

　　这被认为是非常非常恶劣的行为。威格尔斯沃思教授痛心地告诉约翰逊，他违反了禁止"勾结"的大学规章，并敦促他提交一份悔过书。这位年轻人表示反对，声称学生并非不尊重校方，他们唯一的目的是"寻求对劣质黄油不满的补偿"。几名学生受到了审问。教职工委员会检查了伙食管理员的黄油，之后，霍利奥克校长宣布结果：其中有一大桶和六小桶"绝对不合格"，四小桶"勉强可以当酱汁用"。但学生们仍在继续"非法"集会，教师们因此起草了一份悔过书给他们签名，以承认自己参加了"无视纪律、违反规章"的活动，并承诺将来会"听话守规矩"。晚祷之后，霍利奥克大声朗读了这份"悔过书"，并询问是否有人反对在上面签名，

----

　　①　"看哪，我们的黄油发臭了，不能吃了。祈祷吧，给我们不臭的黄油。"根据邓巴写作的有关此事的史诗，他是这样对汉考克说的。汉考克的回答是："不要给我添麻烦，你从哪里来，滚回哪里去。"这位邓巴正是亨利·大卫·梭罗（1837届）的外祖父。——原注

回答是"几乎所有的学生都表现得心不甘情不愿"。老人吃了一惊。这让他们的罪行更重了。[6]

1766 年 10 月 10 日，伯纳德总督阁下在实验室主持了监事会议。会议审查了一些文件，包括《校长和导师的呼吁》及《为学生辩护的诸论点》，后者由"学院委员会"起草，总督之子托马斯·伯纳德是该委员会成员。"没有人能否认那些黄油是坏的、有害健康的，"学生们写道，"如果这是第一次发生，或者这种事平时少见，我们也没什么意见。但情况并非如此，相当长一段时间以来，我们每天早上吃的都是这种黄油。"

但监事们都热衷于维护权威，要求学生品行良好，他们坚持让这些年轻人低声下气地道歉，并签署认罪书。第二天早晨，在礼拜堂里，伯纳德看着霍利奥克给学生们最后一次在悔过书上签名的机会，不然就要被开除。155 名学生在悔过书上签了名。4 个与反抗事件无关的学生没有签名，11 人当时不在城里，还有 2 人在此次危机中出了城，这样全校总共 172 个年纪不等的男生。[7]

❦ 而那些反抗压迫的成年人，通常被誉为爱国者。塞缪尔·亚当斯①（Samuel Adams，1740 届）和"自由之子"②一道，召集秘密会议和特别委员会，通过抵制、走私乃至暴力行为，最终迫使令人憎恨的《印花税法》得以废除。萨姆·亚当斯③终日在海滨小酒馆里

45

---

① Samuel Adams（1722—1803），美国开国元勋之一、约翰·亚当斯堂兄，毕业于哈佛，是自由之子的创建者之一和领导人，之后成为两届大陆会议的代表，签署了《美国独立宣言》，参与起草宪法。
② Sons of Liberty，美国独立革命期间反抗英国统治而建立的秘密组织，旨在促进英属北美殖民者的权利并抗击英国政府的非法征税，曾经发动波士顿倾茶事件，故俗称"波士顿茶党"。
③ Sam Adams，即塞缪尔·亚当斯。

与工人厮混,从而找到了自己的事业: 煽动民众、撰写政见小册子。他教他的狗(名唤作 Queue)撕咬穿红衣的士兵。新英格兰首富约翰·汉考克(John Hancock,1754 届)则为他提供活动资金。副总督托马斯·哈钦森(Thomas Hutchinson,1727 届)曾绝望地写道:"波士顿自由之子越来越傲慢,而大议会和其他各种权威机构的怯懦与日俱增。"他位于北端花园庭院街的宅子被洗劫一空,地板都撬翻了,树木"全都倒在地上",900 英镑被人抢走,他为自己的著作《新英格兰史》所写的手稿和珍贵的历史文件也被踩在泥里。[8]

乔纳森·梅休(1744 届)领导了反对英国教会的运动,抵制其拟将主教、牧师、什一税①、信念测验引入美洲的计划。梅休认为,该计划是英国摧毁北美人民自由计划的重要组成部分。在 1766 年因中风去世后,这位曾经的异端得到波士顿各教派神职人员的深切悼念。约翰·亚当斯钦佩地写道:"悼念梅休博士,似乎是为了唤起对教会和国家暴政的极大仇恨,同时也消灭人们的偏执、狂热和反复无常。"[9]

第二年,霍利奥克校长的肾脏出现了"砂砾",再加上其他疾病,使他在学院管理事务中不得不让导师们扮演更重要的角色。1768 年 3 月 21 日,也就是废除《印花税法》两周年纪念日之后的第三天,导师们粗鲁地宣布了一项新规定,禁止学生再说"Nolo"(表示"我不想")来逃避背诵,这本是之前他们没做好准备时习惯说的。学生们完全不接受这个新规定。大三学生斯蒂芬·皮博迪(Stephen Peabody)表示:"这荒谬得令人作呕。"学生们对教堂里

① 通常指欧洲基督教会向信徒征收的一种宗教捐税。公元 6 世纪,教会利用《圣经》中有所谓农牧产品十分之一"属于上帝"的说法,开始征收。西欧大多数国家直到 18—19 世纪才先后废除,英国则一直征收到 1936 年。

的"专制教师"发出嘘声，打破了他们的窗户，并在一位导师的房
门上泼涂粪便。他们称新规定是"土耳其式的暴政"。导师约瑟
夫·威拉德（Joseph Willard，1765 届）是这所学校未来的校长，他
收到了恐吓信，房间也被劫掠无遗。星期六晚上还发生了
骚乱。[10]

教师们投票决定开除四名男生，这四人用砖头打碎威拉德的窗
户，被当场抓到。反抗的学生们决定在霍利奥克从沃兹沃思楼出来
去做晨祷的路上与他对峙。寒冷的天亮之际，他们聚在霍利斯楼东
侧的榆树下，这棵树被称为"自由树"（Liberty Tree），也叫"反抗
树"（Rebellion Tree）。无论天气如何，霍利奥克总是准时出席活
动，这使他很早前就赢得了"猛人"的绰号。学生们走向他，要求
他撤销新规定，赦免所有人，否则他们就离校不归。霍利奥克摇了
摇头，继续往前走。在礼拜堂里，他宣布了开除决议，并威胁说还
会有更多的人被开除。大多数学生抵制了这次礼拜仪式。[11]

反抗又持续了一周，100 名学生甚至不惜退学，大四学生则威
胁要转学到耶鲁。教职员们最终挤出了"谦卑的忏悔"，但决定在
接下来的 12 个月内不准带头发难的学生重新入学，而只让低年级
学生降级重新入学，这些带头学生包括斯蒂芬·皮博迪、斯蒂芬·
奥斯汀（Stephen Austin）和威廉·图德（William Tudor）等人。这
些年轻人和他们有影响力的父母，一致认为处罚不公，于是便向监
事们求助，看监事们对此无动于衷，他们又向校董事会求助，后者
对此表示同情。"可怜的小奥斯汀"得到了约翰·汉考克的一封
信，支持他重新入学。图德，他的父亲是一名富商，也是新布里克
教堂的执事。至于皮博迪，他倒是爽快地承认了他的坏行为，并谦
卑地请求原谅。所以即便霍利奥克抗议，这三个幸运儿还是重返校
园了。不过，1768 年 8 月入学的新生是根据家庭状况排名的最后一

47　届。这差事被认为太过辛苦，同时对家长造成的不良情绪甚于学生。总之，它与时代格格不入。[12]

据传，爱德华·霍利奥克临终前曾说："如果有人想要卑躬屈膝、横竖都得受辱地活着，就让他当哈佛校长吧。"他于 1769 年 6 月 1 日晚间去世。学校的教职员们庄严肃穆地抬着他的遗体绕城游行，将他安葬在第一教堂墓地中。[13]

  ❧ 约翰·汉考克和萨姆·亚当斯的行为令英国政府大为震惊，乔治三世国王于 1768 年 11 月派遣了两个步兵团和一部分炮兵团，大约 1 000 人，前往波士顿执行法律、维护秩序。有兵团在约翰·汉考克屋前的公园里搭起了帐篷。国王大道设了一个武装岗哨，有大炮对准议会大厦的大门。托马斯·哈钦森在他有关马萨诸塞的历史著作中遗憾地写道："没有谁比伯纳德总督更让居民们讨厌了，他们心中根深蒂固的看法是，伯纳德招来了军队。"

1769 年夏天，大议会接管了学院几个星期。伯纳德对参加毕业典礼犹豫不决，但他最后还是去了，结果很开心。哈钦森回忆说："他来参加典礼时，那些粗鲁无礼的人并没有做什么出格的行为羞辱他，他们以前总在典礼当天制造或大或小的骚乱。伯纳德感谢了朋友们的邀约。"伯纳德于 8 月启航前往英国，留下他的副手管事。"对于离开的总督，波士顿城里的人们不见常有的敬意，而是公然表达欢快之情……钟响了，枪声从汉考克先生的码头响起，自由之树被旗帜覆盖，夜里堡垒山①上升起了篝火。"哈钦森描述道。[14]

---

①　Fort Hill，今波士顿市的一个历史街区，爱国者军队在位于街区中心的小山坡上建造了土方堡垒，因此得名。

据安德鲁·埃利奥特牧师说，这些学生对政治也很感兴趣。 48
"他们抓住了时代的精神。他们的那些慷慨陈词和争论雄辩，都吞
吐着自由的气息。"他在 1769 年圣诞节给托马斯·霍利斯这样写
道，后者是那位伟大慈善家的侄孙，他本人也是伟大的慈善家。
"这些行为总会受到鼓励，但有时他们的热情过于高涨，以致导师
们很难将其控制在适当的范围内。导师们同时又担心过度制约了学
生的性情，而这种性情在今后可能会令全国遍布爱国者，于是便由
着他们随年龄和经验增长来限制那种热情。"[15]

1770 年 3 月 5 日晚，波士顿有一伙人手持棍棒，奚落了海关的
一名英国哨兵，称他为可恶的无赖、血红后背的家伙和龙虾流
氓①，并向他扔雪球和冰块。一队身穿红色制服的士兵出现，并开
枪打死了其中五名男子。这就是"波士顿大屠杀"事件。随着紧张
局势的加剧，哈钦森令大议会暂时休会，并前往剑桥，让学生们待
在剑桥的礼拜堂和图书馆里听取汉考克、萨姆·亚当斯和詹姆斯·
奥蒂斯（James Otis，1743 届）的爱国演说。

副总督和市政委员们作为监事会成员，定于 3 月 21 日参加新
校长的就职典礼，董事会因而盛情邀请众议院议员一道参加。仪式
在第一教堂顺利举办。新校长——38 岁的牧师塞缪尔·洛克
（Samuel Locke，1755 届）——来自舍伯恩，受到同学约翰·亚当
斯的大力举荐。哈钦森向洛克转交了印鉴、学校特许状、书籍和钥
匙，并用拉丁语互相致辞。大学生们唱了一首赞美诗和一首颂歌。
再度入学的阿萨·邓巴发表了拉丁语演说。老阿普尔顿牧师做了
祈祷。仪式结束后，洛克校长带着众人回到哈佛楼。根据教职员
的记录，学校"为副总督阁下、学院的教授、众议院的代表和其 49

---

① 英军服装以红色为主，因有此称。

他绅士提供了一场雅致的娱乐活动,他们的出席荣耀了这庄重的仪式"。①[16]

洛克在学术上风评不错,他在讲坛上的举止被认为颇具威严。就任校长后的第一个毕业典礼上,他用迦勒底语而不是拉丁语发表演说,给人留下了深刻的印象。1773年6月,埃兹拉·斯泰尔斯同他共度了一个下午,评论他是位"理解力敏锐、思维清晰的绅士,更适合活跃的政治生涯,而非深入研究学术。"但斯泰尔斯很有先见之明地补充说:"他可能会让人认为表里不一,总是在不断调整自己去适应每个人,所以在某些问题上很难看到他真正的判断。"[17]

洛克努力控制学生的恶习和酗酒问题,并要求查尔斯敦选区的议员取缔了一家妓院,因为它有损"学术利益"。1773年5月,他宣布了一项新规定,禁止致告别辞的毕业生代表为高年级学生提供"这项娱乐"。但是,根据大二学生塞缪尔·钱德勒(Samuel Chandler)在日记中所写的,这项规定适得其反:"我整个下午都在喝酒,喝到同伴们离开。待在学校里的好处是有人相伴,从早到晚都有酒喝,同学们平常似乎都醉醺醺的,神志不清。或许是他们剥夺了一位学生——致告别辞的优秀毕业生——为大四学生提供一种

50

① 我们还知道有关温斯罗普·萨金特和约翰·弗赖伊这两位大四学生的奇怪活动,他们在哈佛礼堂里和"两名声名不好的女子"一起庆祝洛克的就职典礼。"第二天早上有人发现了这两名女子",这表明她俩一整夜都待在那里。当晚,萨金特和弗赖伊还闯入镇上一户人家家里,叫嚷着要杀人。几周后,弗赖伊逃掉了周日的教堂礼拜,和当地一些男孩一道,骚扰"镇上各种居民"。萨金特连开两枪,危害到市民的生命财产安全。一位副治安法官在校方面前提供不利于他们的证据后,萨金特、弗赖伊和另外一名学生到这位副治安法官家中袭击了他。这些年轻人遭到拘留,而他们的朋友殴打了逮捕他们的警官。洛克校长惩罚他们暂时停学离校,"他们都大声嚷道,这个判决不公平,然后愤怒地走出礼拜堂。"他们在"哈佛园中帽儿也不脱地"同洛克攀谈,并且"在街上骚扰他,既莽撞又粗鄙"。——原注

习以为常的娱乐的结果。"[18]

参加 1773 年毕业典礼的学生们在公开辩论上争论不休，两名即将毕业的大四学生在"奴役非洲人是否合法"的问题上针锋相对。年轻的伊利法莱特·皮尔逊（Eliphalet Pearson）是反方，他说："我认为，这一问题令人痛苦和惊讶。在这个开明的时代，这片文明的土地上，存在着自然原则和公民自由原则。人们如此广泛地理解了人类的自然权利，而这些不幸的非洲人群本不应该得到更多的关注——那些随时准备使用生而平等原则为自己的自由作辩护的人，对他人也应该毫不迟疑地发扬这一原则，然而他们的实践却是如此显见地矛盾重重。"

西奥多·帕森斯（Theodore Parsons）则持肯定立场，认为社会的本质要求不同程度的威权和服从，"衡量权利的一般准绳，即社会的整体福祉允许一些人拥有更大程度的自由，而与此同时，一成不变的法律却损害了这整体的福祉，使其他人只能享受到更少程度的自由"。他还激烈地问道："我恳请你们想像这样的情景：对于小孩、白痴或疯子，我们是不是要征得他们同意，才让其身处从属地位？因此，这些可怜的非洲人是否同意也完全无关紧要，他们的真实人性似乎正是这三种人的复合体。"[19]

洛克校长没有强烈的政治观点，他在 1773 年 7 月 30 日和其他校董们一起选举约翰·汉考克为学校的财务主管。约翰是已故的托马斯·汉考克的侄子和继承人。1764 年，托马斯·汉考克捐赠了 1 000 英镑，设立了汉考克希伯来语和东方语言教授职位。约翰继承了一笔 7 万英镑的财产、一幢位于灯塔山①的雅致大宅，还有 4 艘往来于海上的大船。他的企业至少养活了波士顿地区的 1 000 个

51

---

① Beacon Hill, 今波士顿的一个历史街区，也是马萨诸塞州议会大厦所在地。

家庭。他那丰盛的晚宴和舞会让当地人兴奋不已；他的马车被漆成明黄色，以便大家远远地就能认出。约翰·亚当斯当选为议员的那天，萨姆·亚当斯对他说："此城做了件明智的事……他们把那个年轻人的财产变成城里的财产。"所以董事会希望他为学院做些什么，于是给了约翰·汉考克一些特权和奖励。[20]

我们不知道洛克校长是什么时候得知他妻子的女佣怀孕的，但这事显然令他忐忑不安。洛克夫人体弱多病，需要用人照顾。而有目击者发现校长不去参加圣餐仪式，甚至在祈祷时冲出礼拜堂。据埃兹拉·斯泰尔斯的说法，那些"邪恶说法在四处传播，说他的女仆怀了他的孩子"。无论真相如何，洛克已经不能再担任校长了。1773 年 11 月，他和妻子从沃兹沃思楼搬回了舍伯恩。"这真是让人极度忧伤的事，却是上天的安排！"斯泰尔斯在他的日记中写道。[21]

许多人认为，1773 年 12 月 16 日登上那艘帆船的第一个人，是乔装打扮成莫霍克印第安人的约翰·汉考克，他把脸涂成红色，挥舞着战斧。342 箱大吉岭茶叶在波士顿港被倾倒，远岸上的人们都捞到了茶叶。这一被称为"波士顿倾茶事件"的行动激怒了英国政府，以至于国会通过了一系列应对法律，被殖民者称为《不可容忍法》（*Intolerable Acts*）。国会关闭了波士顿港，直到当地居民花了 1 万英镑，向东印度公司买下了这些泡在海水里的茶。国会禁止当地公开聚会，并干预法庭审判。哈钦森于 1774 年 6 月返回英国，驻美英军总司令托马斯·盖奇（Thomas Gage）将军被任命为马萨诸塞湾省总督。一个由王室任命的总督理事会取代了之前由选举产生的理事会。

董事会于 1774 年 7 月在汉考克位于灯塔山的宅邸开会，推选哈佛的新校长。这个人就是朴茨茅斯第一教堂的牧师约西亚·兰登（Josiah Langdon，1740 届），他是自由之子的一位领袖，也是塞缪尔·亚当斯的朋友。董事会认为邀请总督和理事会成员参加原定于 10 月举行的兰登校长就职典礼"完全不合适"，"因为当前的公共事务中存在许多障碍和混乱"。

8 月，亲英分子①托马斯·奥利弗（Thomas Oliver，1753 届）被任命为副总督，并成为新理事会的一员。奥利弗在安提瓜岛拥有房产，娶了瓦萨尔家族的女子。这个家族拥有布拉特尔街上的那座宅院，即现在的朗费罗楼（Longfellow House）。奥利弗在河道上游购买了 100 英亩（约 40.5 万平方米）土地，从 1763 年开始，花了 4 年建造了一座宏伟的宅邸，之后此宅邸以"埃尔姆伍德"②之名为人所知，它现在是哈佛大学校长的住所。"埃尔姆伍德"是哈佛广场以西第七座宅邸，位于河流和通往沃特敦的道路之间，这条路名为国王大道，或托利街，也叫布拉特尔街，得名于老威廉·布拉特尔上校（1722 届），1740 年他在这条街上建造了第一座宅院。奥利弗本人是基督教堂的创始人之一，这间圣公会教堂正对着剑桥公园。[22]

与此同时，民众以集体智慧起而反对新理事会成员。一群人迫使塞缪尔·丹福思（Samuel Danforth，1715 届）和约瑟夫·李（Joseph Lee，1729 届）在剑桥的政府大楼台阶上宣布放弃理事之职。1774 年 9 月 2 日清晨，奥利弗的宅院里不祥地挤满了来自附近城镇的男男女女。奥利弗从他的房里走了出来，同其中一些人交谈。"他们……声称自己不是暴徒，而是头脑清醒、遵守秩序的

① Loylist，又称"效忠派"，是美国独立战争期间坚持效忠于英国国王的北美殖民地居民，与支持美国革命的"爱国者"相对。
② Elmwood，意为"榆林"。

人，不会制造混乱。然后他们继续前行。"奥利弗事后在《波士顿时事通讯》（*Boston Newsletter*）上发表了这样一通声明。之后有谣言说英国军队正向剑桥进军，于是奥利弗跳上马，飞奔到波士顿去见总督，他确信看到士兵还在军营里后，就飞奔回去，向当地民众报信，大家聚在公园，多达上千人。紧接着又有传闻说，军队已开枪打死了几个人，这消息把大家吓坏了，人群愤怒地向奥利弗的房子冲去。[23]

"我正要登上马车，这时来了一大群人。我的房子很快就被三四千人包围，其中四分之一的人还有武装。"奥利弗回忆道。一个由五名男子组成的委员会质问他，并要求他辞去理事一职（但对他还担任副总督一职不甚在乎）。他看着那些愤怒暴民的脸挤在窗户上。"这时，我听到隔壁房间里妻儿的哀叫，让我心软……也让我想到，如果我不服从，就会有大祸临头。"他在文件上签了字，放弃了皇家委任，人群便散去了。他随即举家迁往波士顿，认为"在如此疯狂的状态下，再和这样一群被邪恶的煽动者蛊惑的叛乱人群相处"会很不安全。[24]

❧ 兰登校长在 1774 年 10 月 14 日晚间礼拜时的一个简短仪式后就任。此后他做了一场"即兴（英语）演讲，以当时情况来说，这是合适的"，不过学生们发现他讲话冗长，且傲慢自负。约翰·埃利奥特（John Eliot，1772 届）回忆道："他一上来就开始阐述《罗马书》（*Romans*），让我们在礼拜堂里待了一个半小时，就为了听他阐述。接下来是宣布取消礼拜天晚上的唱诗班，以便有更多的时间来听他高谈阔论。"导师本杰明·吉尔德（Benjamin Guild，1769 届）抱怨道："他的演说时间太长，太单调乏味了，以至于礼拜堂都变空洞了。"

托利党①人仍在大学里活动。1775 年 3 月，食堂爆发了一场斗殴，起因是几名学生在那炫耀地饮用"印度茶"。兰登和教师们都禁止学生在哈佛楼里喝茶，"如此一来，无论国外发生什么分散国家注意力的不幸动乱，学院的高墙之内仍可保有安宁与幸福"。[25]

约翰·汉考克没能出席董事会的大部分会议，导致大学账目无人打理，一塌糊涂。财务记录、款项、债券、证券和其他文件都放在他位于灯塔山的家中，很容易遭受英国军队侵扰。但对于校长和董事会发来的紧急信件，汉考克并没有理会。1775 年 4 月 13 日，兰登校长写了一封信给他，直截了当地要求归还大学财务部门的所有文件、档案记录和债券等。第二天，汉考克以奇怪的语气地回了信，据描述："汉考克对校长的信件内容感到非常惊讶……对此他十分愤懑……无论诸位绅士认为他的思想负担有多沉重，汉考克都不打算这样看待此事，他认为自己的缺席也不会对学院造成任何损害，实际上他早已决定不参加了；但是，如果绅士们能够公开地另请高明来接替他的位置，请自行其便。汉考克的这封信写得非常仓促，因为他忙得不可开交。"董事会非常困惑，便授权由兰登校长来接受遗产赠与、社会捐款以及来自房地产和查尔斯敦渡口的租金。但这只是权宜之策。[26]

1775 年 4 月 18 日晚，盖奇将军派遣了一支 700 人组成的秘密小组从波士顿经查尔斯敦前往康科德，搜查并摧毁了叛军存放军备的地方。第二天，英军在列克星敦杀死了 8 名分钟人②，并在康科

---

① Tories，英国政党，名称来自于辉格党对其的贬称。殖民时代的英属北美，也拥有英国式的两党制。北美的托利党人为亲英分子。

② Minuteman，也有译作瞬息民兵、快捷民兵、民兵，是指美国独立战争时期马萨诸塞省的一类召之即来的特殊民兵组织。顾名思义，分钟人具有高机动性、快速部署的能力，一旦有状况发生，可以在"一分钟内"（比喻非常快速的时间）就集合赶到现场，使到殖民地能够迅速对战斗进行应对。

德与更多武装人员发生冲突，造成伤亡事件。珀西勋爵率领的1 000 英国援军晚到了几个小时，他们沿着狭长地带行进，穿过布鲁克莱恩，进入剑桥，在那里，他们的先头部队试图找寻康科德的方向，但未获成功。然后艾萨克·史密斯导师（Issac Smith，1767届）走上前来，为他们指路，因为"他不能说谎"。许多人之后咒骂史密斯的这种美德。不到一个月，他便登上一艘船去英国寻求慰藉。[27]

布鲁克莱恩民兵组织的艾萨克·加德纳少校（Issac Gardner，1747届）带领一队分钟人，跟在珀西的常规军后面，然后埋伏在哈佛北面约1英里（1.6公里）处的波特火车站。当时有三四千名美国人沿着英军行进的路线散布，带着长管步枪躲在树丛和石墙后面，向离开康科德的英军开火。此时有两支英国军队在列克星敦会合，并从查尔斯敦出发返回波士顿。那天下午的某时，加德纳少校到井边打水喝，偶遇一队英国士兵。他身中数枪而死。艾萨克·加德纳是在独立战争中牺牲的首位哈佛人。他是一名农场主，也是一位治安法官。[28]

战斗结束后，马萨诸塞、康涅狄格、新罕布什尔和罗得岛的民兵向剑桥、罗克斯伯里、梅德福和查尔斯敦进军，围攻波士顿。安全委员会征用了哈佛校园，当作这支爱国者部队的总部。5月1日，学生们被遣散，民兵们在食堂吃饭，并睡在各个宿舍楼里。马萨诸塞楼估计挤进了640人，霍利斯楼也有同样数量的人，霍尔登礼拜堂160人。哈佛楼除了图书室，不少房间里装满了一桶桶腌制牛肉；书和实验仪器被运到安多弗保管。哈佛楼的屋顶被剥离出1 000磅重（约454公斤）的铅，熔掉做成了子弹。兰登被任命为随军牧师，向省议会宣讲《以赛亚书》中的话："我必恢复你的审判官，像起初一样；也必恢复你的谋士，像起先一般；以后，你必称为公义的城、忠贞的城。"盖奇将军宣布全国处于叛乱状态，并广加赦免，除了汉考克和萨姆·亚当斯两位。[29]

邦克山战役发生在 1775 年 6 月 16、17 两日。1759 年，约瑟夫·沃伦将军 (Joseph Warren，1759 届) 被一颗火枪子弹击中头部身亡，查尔斯敦随后被英军夷为平地。华盛顿将军于 7 月 2 日抵达剑桥，指挥联合殖民地军队 (Army of United Colonies)。校长的房子已准备好供他使用，但是华盛顿选择住在布拉特尔街的瓦萨尔宅邸，这是约翰·瓦萨尔 (John Vassal，1757 届) 当年因为"暴徒们令人无法忍受的威胁和无礼的对待"而放弃的住宅。据说，从河对岸的沼泽望过去，夕阳西下，让华盛顿想起了老家弗农山。学校宣布将于 10 月初在康科德重新开放，那里将为学生做好一切准备，并将以合理的价格提供"食宿家具"。[30]

❧ 塞缪尔·埃利奥特·莫里森 (Samuel Eliot Morison) 教授曾作过精彩的估算：截至 1776 年 1 月 1 日，共有 196 名哈佛毕业生是"完全的亲英分子"。这占当时 1 224 名在世校友数的 16%。许多亲英分子住在波士顿。约翰·亚当斯认识其中几位，他们曾是亲密朋友。亚当斯憎恨"那条邪恶的蛇"，即托马斯·哈钦森，因为他用荣华富贵的许诺腐蚀了他的朋友。乔纳森·休厄尔 (Jonathan Sewell，1748 届) 是名律师，曾与哈钦森密切合作，劝人皈依效忠英王事业，后来又担任盖奇将军的私人秘书和顾问。亚当斯曾在他的日记中写道："我认为休厄尔是最让我痛恨的敌人，在所有敌人中，他最恶毒，也最顽固。"

汤顿市来的丹尼尔·伦纳德 (Daniel Leonard，1760 届) 喜欢在他的帽檐上系上金色花边，穿一件饰有金线、闪闪发光的外套，他拥有一辆双轮马车和两匹并排拉车的马。亚当斯回忆道："本省的

57　其他律师，无论是法律事务代理人还是出庭律师，无论其年资、名誉、地位或身份如何，没有人能坐这类庄严堂皇的马车。有眼力的人很快就看出，对于这样一颗穿戴华丽、热爱挥霍的心灵来说，财富和权力一定充满魅力。"伦纳德接受了新理事会的一个席位后，被一群愤怒的暴徒赶出了汤顿市。[31]

在塞缪尔·昆西（Samuel Quincy，1754 届）的例子中，可以感受到他与弟弟约西亚（1763 届）之间的竞争和嫉妒，后者以爱国者身份为人所知，也被称为波士顿的西塞罗。哈钦森让塞缪尔·昆西当上了殖民地司法部副部长。1775 年 5 月，塞缪尔·昆西开始流亡，跟随导师艾萨克·史密斯和其他亲英分子在马布尔黑德登上了密涅瓦号轮船。亚当斯的法学老师詹姆斯·帕特南（1746 届）把家搬到了波士顿，并表示他愿意"为政府效劳，行任何适合他做的、正当的事"。盖奇任命他为司法部长。他曾担任美国亲英协会（Loyal American Associates）第二连队连长。

威廉·布拉特尔被任命为准将，他明智地将自己的活动限制在波士顿，而他的女儿则留在华盛顿将军保护下的剑桥家中。1775 年 10 月，盖奇离开波士顿时，托马斯·奥利弗宣誓就任代理总督；总督的康涅狄格卫队占领了盖奇的房子，将它改作医院。[32]

1776 年 3 月，英国人从波士顿撤离时，所有还在马萨诸塞的亲英分子都被迫离开了故乡和家人。他们和军队一起航行到哈利法克斯——那个"寒冷、不适合居住的小地方"，这是通往英国和加勒比海新生活的中转站，但对少数人来说，这里成了人生终点站。布拉特尔老将军在哈利法克斯一家卖格罗格酒的商店楼上与人共住一个房间，他当年便在此去世。

1776 年 4 月 3 日，兰登校长和董事会授予华盛顿将军法学荣誉博士学位，仪式后第二天，华盛顿将军即动身前往纽约。学院于 6

月在剑桥重建。"我们希望学生们……不曾以无礼或不体面的行为使自己和社会蒙羞，"兰登在致康科德人民的感谢信中说，"除非你们会原谅他们可能由于年轻疏忽而造成的一切错误。"[33]

❧ 1776 年 5 月，时任大陆会议主席的约翰·汉考克把哈佛的文件、债券和证券等都带到了费城。他在 7 月签署了《独立宣言》。1777 年 1 月，董事会派导师斯蒂芬·霍尔（Stephen Hall，1765 届）去找汉考克，尝试拿回文件。霍尔在巴尔的摩遇见了这位前财务主管，然后带回了他给董事会的一封信，信中说："我当然不是偷走了学院的财产。不，先生们，我是拯救了它们。"一周后，汉考克的律师带着一部分债券和证券出现了。但汉考克拒绝接受让他辞职的示意。7 月，董事会和监事们让埃比尼泽·斯托勒（Ebenezer Storer，1747 届）取代了他的财务主管一职。"这被汉考克先生视作针对他个人的行为，意在玷污其声望，对此他永远不会原谅。"约西亚·昆西（1790 届）在他的哈佛史中写道。汉考克的学校财务账目之事迄今仍未解决。[34]

这间学院在战争和贫困中挣扎求存。入学的学生减少了三分之一。由于食物匮乏，食堂的早餐和晚餐被减少到一品脱（约 473 毫升）牛奶和一块饼干，晚餐时，有一份"够量的"肉（如果还有肉能供应的话），还有一片面包。1777 年春天，兰登考虑解散这些学生，因为他们已经没什么可吃了。由于大部分锡镴餐具被熔作他用，学生们只好四处讨要勺子和盘子。大二学生西尔韦纳斯·布恩（Sylvanus Bourn，1779 届）在给父亲的信中写道："一切都很奢侈，什么都买不起。得尽可能地节俭。我没鞋子可穿，今天借了双鞋步行去波士顿。"照莫里森教授的说法，战时就读的学生毕业后很少表现出色，其中不合群和无赖的学生的数量相当可观。伊弗雷

姆·埃利奥特（Ephraim Eliot，1780 届）描述说，他这个年级 30 名
学生中，有 4 人后来成了酒鬼，2 人精神失常，1 人自杀，1 人死于
烟花事故，还有 1 人被谋杀。[35]

　　但是，约翰·亚当斯精心起草了《马萨诸塞州 1780 年宪法》
(*Massachusetts Constitution of 1780*) 中有关哈佛学院的条款，确认了
哈佛学院的特许状、拨款事项及其特权。第五章的第二节写道：
"智慧、知识以及美德，遍传于民众之中，这是维护他们的权利和
自由所必需的……在本州未来的所有时期，立法机关和司法机关有
责任珍视文学、科学及其他一切学院的利益；特别要珍视剑桥的这
所学校。"学校监事中包括总督、副总督、理事会成员、参议员，
以及剑桥、沃特敦、查尔斯敦、波士顿、罗克斯伯里和多切斯特的
公理会牧师。

　　与此同时，约翰·汉考克与学校图书管理员詹姆斯·温斯罗普
（James Winthrop，1769 届）密谋赶兰登校长下台。詹姆斯·温斯
罗普是约翰·温斯罗普教授的儿子。这位"吉米"①诱使学生们起
草一份请愿书，要求董事会开除兰登。兰登猝不及防，"感到自己
无法再胜任这一职务，并将之归咎于神经衰弱"，最终辞
职了。[36]

---

　　①　詹姆斯的昵称。

第四章　哈佛与新国家

1781 年 12 月 19 日，已是州长的约翰·汉考克①授予约瑟夫·威拉德牧师（1765 届）印鉴、特许状、书籍和钥匙，让他坐到校长的位子上，并宣布他为哈佛校长。这位新任校长喜欢套着垂肩的白色假发，戴一顶三角帽。他 43 岁，身高 5 英尺 10 到 11 英寸（约 1.78—1.80 米），胸膛宽阔。他在缅因的比迪福德长大，从小就对数学和航海感兴趣，后来被约克郡的宗教导师塞缪尔·穆迪（Samuel Moody，1746 届）选中，接受进一步的教育。年轻的威拉德住在老哈佛楼的阁楼里，在那次火灾中失去了所有的东西。他能流利地书写希腊语和拉丁语，当了几年的导师，期间曾有群闹事的学生砸碎了他的窗户。从 1772 年起，他一直担任贝弗利第一教堂的牧师。[1]

假发让他显得与众不同。"威拉德博士完全不能弯腰，事实上，他一丝不苟地顶着那马尾型垂肩假发，若费力弯腰，学校里就会撒满粉末②。"1797 年毕业的霍勒斯·宾尼（Horace Binney）回忆道。在教堂祈祷时，威拉德的脑袋完全不动，肘部以上的手臂也没有任何动作，他会水平地张开双手，然后再合上。这假发不可避免地成为学生诗歌创作的主题：

> 我以全能的假发起誓，
> 我如此庄严地戴着它，
> 在它运行的巨大轨道上，有着
> 我的尊严、我的力量、我的头脑。

　　然而，这非凡的假发并非独一无二。在毕业典礼上，一个幽默的观察者目睹了"三项巨大的白色假发，由三位庄严可敬的人支撑着"，并说这些假发组成的平台，"在上面行走就像走在舞台上一样安全"。

　　但对西德尼·威拉德（Sidney Willard，1798 届）来说，无论当时的风尚如何认可这种行为，他父亲的假发都使其"严重毁容"。"我想起他有时在书房里穿戴衣物，头上还没套上假发和帽子，那还是一颗高贵的头颅，不幸却被不自然的外表所伤害。"西德尼在他的回忆录中写道。早前的清教徒的确会痛斥这种矫揉造作。[2]

　　汉考克向他的副州长托马斯·库欣（Thomas Cushing，1744 届）吐露心迹，表达了对新校长人选的满意之情，他说："我故意延迟账目结算，不是像我一些尊敬的朋友（你知道我指哪些朋友）普遍认为的那样，是因为无力支付，而是在等待一位绅士被安排到这个领导位置上，这事令人愉快地发生了。"但他实际上还是迟迟

---

　　①　马萨诸塞湾省于 1776 年起成为美国最初的 13 个州之一，汉考克是第一任州长。
　　②　18 世纪的假发常会加上粉末，使其呈白色或斑白的样子，在正式隆重场合是必需品。1790 年代后，假发和发粉都是年纪较大、较保守的男性使用。

没有拿出这笔约 1 052 英镑的款项。在一次监事会议上，在被问及如何支付这笔款项时，他勃然大怒。之后好几年都拒绝参加毕业典礼。1785 年，他写信给詹姆斯·鲍登（James Bowdoin，1745 届）说："我无法以任何适当的方式，也不能保持一贯的心情，在那些我确信会造成不快的地方露面。"[3]

如何确保校长的薪水是个问题。从学院成立之日起，校长就得到了大议会给予的一份年薪支持。但是，新的州议会认为自己对此没有义务，此前它还负责校中三名教授的薪水。董事会不情愿地为威拉德和教授们贷款，希望立法机关能偿还这笔贷款。与此同时，学校与查尔斯敦渡口的协议也破裂了。1785 年，立法机关通过了一项法案，成立查尔斯河大桥公司，以建造一座从波士顿到查尔斯敦的收费大桥，而哈佛早在 1640 年所获得的是轮渡特许经营权。此后，立法机关要求查尔斯河大桥公司每年向学校支付 200 英镑，这在一些坚持认为权利被剥夺的人看来是杯水车薪。

1786 年 6 月 19 日，2 万人聚集在查尔斯河大桥的开通仪式上，钟声和大炮齐响。这座桥长 1 503 英尺（约 458 米），宽 42 英尺（约 13 米），由 75 个橡木墩支撑，整体造价 1.5 万英镑。工程十分成功。被派去查尔斯敦征收学院费用的西德尼·威拉德回忆，当时大桥公司的财务主管在桌上倾空了他的钱袋子，清出"1 美元、50 美分、25 美分、8 分币①、16 分币、1 克朗②、半克朗、比塞塔里恩③，还有一些便士辅币——都一样，我猜想，都是从大桥收费员那里来的"，西德尼将硬币分类数了数，"这是我觉得有义务要做的

①　美国独立之前，北美殖民地并没有统一的货币，使用最广泛的是一种被称为"8 分币"的西班牙比索。
②　法国旧币。
③　Pistareen，西班牙旧银币名，主要在美洲的西班牙殖民地和西印度群岛使用。

一件事，尽管对我来说比普通的学术任务要难得多"。就这样，威拉德校长领到了他的薪水。①[4]

& 1784 年，委内瑞拉人弗朗西斯科·德·米兰达②在医学院本杰明·沃特豪斯（Benjamin Waterhouse）博士的陪同下参观学校。"在我看来，这个机构更像是致力于培养神职人员，而非有能力、见识出众的公民。"34 岁的米兰达抱怨道，他曾试图推翻西班牙帝国在美洲的统治。"这里没有一门用现代语言教授的课程，而神学是这所学院的主课，这确实蹊跷。"

这些学生是米兰达见过"最邋遢"的。他们的房间"毫无品位，装饰简陋"。米兰达在食堂吃得很简朴——有些许咸肉、土豆、卷心菜、几片面包和奶酪，还有一点点苹果酒。"一餐很快就吃完了，"他说，"学生们平常也是这么吃的。"他认为威拉德校长"清瘦、严肃、谨慎得令人难以忍受"。但他对图书馆的 1.2 万册藏书表示满意，并评论说："虽然大多是英文书，但选得还不坏。"

几年后，法国记者兼革命家雅·皮·布里索·德·瓦维尔（J. P. Brissot de Warville）在这看到了拉辛和孟德斯鸠的著作，以及《百科全书》，他的法兰西之心为之悸动，想到"150 年前，这里还是印第安野蛮人的长管烟斗冉冉生烟的地方"。[5]

& 改组后的董事会为威拉德校长提供了关键的支持和指导。具有

---

① 1793 年，西波士顿收费大桥在波士顿剑桥街的西端开通，横跨查尔斯河，直通剑桥。从州议会大厦到剑桥礼拜堂的距离缩短到 3.25 英里 66 杆（约5.56 公里）。学校由此每年获得了一小笔钱款。——原注

② Francisco de Miranda，委内瑞拉军事领导人、革命家。虽然他的西属美洲独立计划没有成功，但被认为是西蒙·玻利瓦尔革命的先驱者。

商业头脑和政治经验的人士代替导师和教授被选为校董，首先是1779 年的詹姆斯·鲍登，然后是 1784 年的约翰·洛厄尔法官（John Lowell，1760 届）。埃比尼泽·斯托勒此后被证明是出色的财务主管，既能平衡现金流收支，又能明智地投资学校基金。约西亚·昆西声称这三个人拯救了学院，使其免于破产。在 1793 年的一份报告中，财务主管斯托勒称该学院拥有近 10 万美元的可支配资金。

　　对学生们来说，威拉德既刻板又冷漠。"同他套近乎是不可能的，"霍勒斯·宾尼回忆说，"有次我进办公室时忘了敲门，他很不能接受，对我说，'宾尼，这太荒唐了。'他认为这便是荒唐绝顶了。"牧师约翰·皮尔斯博士（John Pierce，1793 届）描述威拉德："害怕跟那些优秀学生套近乎，以免受冷落。""校长在哈佛园中散步时，学生们得摘帽致礼。"威拉德还试图建立一套着装规范，但未获成功。①[6]

　　学生们表现得和往常一样糟糕。伊利法莱特·皮尔逊（1773届）是第二任汉考克教席教授，也是位于安多弗的菲利普斯学院的前任校长，在哈佛的 1788—1789 学年间，他写了本《混乱日记》（*Journal of Disorders*），其中典型的一条是这样写的："来自礼拜堂的混乱。那天早上用餐时食堂里也是一片嘈杂。饼干、茶杯、茶托，还有一把刀都扔到教师那里。晚祷时，灯都被熄灭，只留了两三盏。随后就传来年轻人的哄堂大笑。从这一天到 12 月 13 日，在大楼和礼拜堂中持续混乱，到处都是刮擦声、窃窃私语声。"在全

64

---

　　①　西德尼·威拉德回忆道，大多数学生在夏天穿印花棉布或方格纹的长礼服，在冬天穿较厚的羊毛礼服。马裤在膝盖处磨出了棉里子。"我常常看到同学们为了防止晨祷迟到，匆匆忙忙地跑去礼拜堂，外套膝盖那里都没扣上扣子，裤带在腿上晃悠着，连裤袜也耷拉下来，身上裹着印花棉布或羊毛长袍，邋遢之状难以掩饰。"——原注

校考试那天，有人把一包催吐的吐酒石①倒进早晨用来煮咖啡的沸水里。然而，在威拉德校长 23 年的任期内，并没有发生公然反抗事件。

1791 年，一群喜欢慢烤猪肉的南方男生和几个北方朋友一起创办了坡斯廉②俱乐部。1795 年，在一锅热气腾腾的速食布丁周围，另一群狂欢者成立了速食布丁俱乐部。

    ✍ 1789 年 10 月，西德尼·威拉德当时 9 岁，正逢华盛顿总统访问新英格兰来到了剑桥。华盛顿进入沃特敦公路，经过了他 1775—1776 年时住过的总部——瓦萨尔楼。这位威风凛凛的战士跨上马背，向驻扎在旧训练场上的上千名民兵敬礼。西德尼的父亲带领华盛顿和副总统约翰·亚当斯参观哈佛楼。华盛顿记得当时看到了"实验设备，其中还有钟表匠约瑟夫·波普的太阳系仪（一种展示太阳、地球和许多其他行星运转的奇特装置）、图书馆（有 1.3 万本书）和博物馆"。

威拉德校长戴着他那顶搽了粉的、由假发之王法纳姆精心打扮的假发，出席了汉考克州长和理事会在法尼尔厅（Faneuil Hall）为华盛顿总统举行的晚宴。威拉德向总统敬礼时说："当年您指挥您的国家军队时，在这里看到的是一所萧条的大学，人员四散了，文献宝藏被搬走了——而如今，缪斯女神远离了武器的喧嚣，人们在围墙中听到了她们……以前您看到空荡荡的课堂，现在有了必要的文学和科学手段来改善人们的思想。"华盛顿和蔼地回答："缪斯将长期在你

---

① Tartar emetic，葡萄汁等发酵酿酒时落在桶底的一种固体沉淀，是强效的催吐剂。

② Porcellian，本义为吃猪肉的人。

们大学墙内安居，你们，先生们，可能可以欣喜地考虑改善学校重要系所的各个分支，这是我最快乐的愿望和期盼。"①[7]

西德尼·威拉德于 1794 年 9 月和 62 名年轻人一起进入哈佛，他们年龄在 14 岁到 25 岁之间。最后有 48 人毕业，其中包括未来的最高法院法官约瑟夫·斯托里（Joseph Story）和未来的神体一位论派②牧师威廉·埃勒里·钱宁（William Ellery Channing）。"这所学院从未有比我刚入学时更糟糕的时刻了，"许多年后，钱宁声称，"法国大革命腐蚀了人们的想象力，扰乱了人们的理智。社会秩序、忠诚、传统、习惯、对古代的崇敬等古老的思想基础，即使没有被颠覆，也是全面动摇了。"但是，1797 年 3 月就职的约翰·亚当斯总统的影响力，有力地抵消了法国狂热。斯托里回忆道："学生们几乎团结一心，认同国家行政管理，并热切支持他们的国家事业。"年轻的钱宁起草了一封给亚当斯总统的信件，由 173 名学生签名，声明"我们青年愿为国家服务，其热情未被消减，其能量未曾削弱"。法国的挑衅使他们"热血沸腾"。亚当斯回答说："你们的青春之血沸腾了，它应当沸腾。"[8]

钱宁赢得了最高荣誉，得以在 1798 年的毕业典礼上作演讲。而对西德尼·威拉德来说，那一天"在某些方面失去了往年毕业典礼的欢乐"。雨倾盆而下。他的父亲"因为一场可怕的大病，躺在床上，恐怕挺不过去了"。校长住宅此刻"十分安静，充满焦虑，被人严加看护着"。这位老人最终恢复了生机，又主持了 6 年的学

---

①　在 1798 年 1 月 22 日，华盛顿在弗农山庄园给一位咨询如何为自己任性儿子择校的父亲回信说："我认为（哈佛的）年轻人，无论是出于学校的纪律，还是因为肩负人们更大的关注，一般来说，在道德乃至人生方面，他们惯于比南边那所大学（指耶鲁）的学生更谨慎，也更少地恣情享乐。"——原注

②　Unitarian，否认基督神性和三位一体教义，强调上帝位格单一的新教派别。

院生活。[9]

1800 年，西德尼被推举为学院的图书管理员。在总统竞选中，毕业于威廉与玛丽学院①的弗吉尼亚人托马斯·杰斐逊（Thomas Jefferson）击败了约翰·亚当斯，这对新英格兰当权者是一个沉重的打击②。亨利·亚当斯（1858 届）在他的《美国史》（*History of the United States*）一书中写道："新英格兰的牧师和几乎所有受过教育的、受人尊敬的公民第一次将他们对民主的厌恶延伸到了政府。"教长们谴责杰斐逊共和党③人是宇宙秩序的敌人。"他们亵渎神明，剥夺了神明赐予人民的防御和安全。"朴茨茅斯的约瑟夫·斯蒂芬斯·巴克敏斯特牧师（Joseph Stevens Buckminster，1800 届）④在布道中说。法国的事也同样可能会在美国发生。前国会议员费希尔·埃姆斯（Fisher Ames，1774 届）写道："我们听到了锁链的叮当声，也无意中听到了刺客们的窃窃私语。"[10]

校董们坚决反对共和党人。据沃特豪斯教授的说法，洛厄尔法官"让我们了解到，教会和所有其他神圣的机构，特别是大学，都处于危机之中，以至于我们的教授义不容辞地和神职人员联手，一道走在马萨诸塞州的联邦拥护者队伍前列，反对信仰不忠，反对雅各宾主义和杰斐逊主义。我的同事和神职人员普遍接受并信奉那些教义，而我却保持沉默"。沃特豪斯是美国首位应用天花疫苗的医

① 威廉与玛丽学院（College of William & Mary in Virginia）是位于美国弗吉尼亚州威廉斯堡的著名小型公立大学，创立于 1693 年。
② 杰斐逊主张政教分离，于任职总统期间，拒绝宣布祈祷日与感恩节，反对神职人员过度干涉俗世如政府事务。
③ Jeffersonian Republican Party，又称民主共和党，由杰斐逊和詹姆斯·麦迪逊于 1792 年创立，与汉密尔顿的联邦党抗衡。该党执政长达四分之一世纪，直至 1824 年分裂为止。今日美国民主党前身。
④ Joseph Stevens Buckminster（1784—1812），波士顿的一位论派神学家，颇具影响力，28 岁时不幸病逝。

生，也是全体教员中唯一不愿意站出来的人。"人们用'邪恶的眼光'看着我。"他回忆道。[11]

酝酿已久的宗教争论即将沸腾。加尔文主义很难从新英格兰的灵魂中除去。

霍利斯神学教授大卫·塔潘牧师（David Tappan，1771 届），是一位谦逊、虔诚、博学的人，被认为是温和的加尔文主义者。"他言辞之间也许保留了一些加尔文派的术语，但他在形而上学方面，并没有把那些精心论证的五要点串联起来①……既不受其中宿命论的自相矛盾之束缚，也不被其中暗含着的上帝偏袒论影响。"西德尼·威拉德写道。但在同一年，也就是 1803 年，塔潘去世，年仅 50 岁。谁来替代他，这一问题分裂了董事会，并在新英格兰引发各种强烈情绪。②[12]

汉考克教席教授伊利法莱特·皮尔逊，是董事会的一员，反对既有的全部候选人，认为他们是不够格的加尔文主义者，他并且坚称托马斯·霍利斯资助这个教席，其条件是候选人得是"在神学方面有扎实学识、有着健全和正统原则的人"。但其他学者断言，霍利斯本人说到底是浸礼会教徒，他所说的"正统"则意味着，只要是"全国性的普遍观点"即可，而我们学院正是为基督而不是为加尔文所设。

1804 年 9 月，威拉德校长去世后，皮尔逊代理校长一职。据约翰·皮尔斯牧师说，他"严肃、自负且迂腐"。约翰·埃利奥特牧师说，他那"慢吞吞、一本正经"的态度，正是大学生活令人厌倦

---

① 即"加尔文宗救赎论五要点"：全然败坏（Total depravity）、无条件的拣选（Unconditional selection）、限定的代赎（Limited atonement）、不可抗拒的恩典（Irresistible grace）、圣徒恒忍蒙保守（Perseverence of the saints）。
② 西德尼·威拉德在念本科时，理解三位一体有着自己的困难，他愉快地发现，父亲愿意相信他"自行研究这一问题后产生的无偏见结果"。——原注

的原因。因为他巨大的体形、引人注目的名字①及其行为举止，学生们便称他为"大象"。至于霍利斯神学教授，教会最终还是选举了持神体一位论的公理会牧师亨利·韦尔（Henry Ware，1785 届）担任，尽管他平常十分霸道。

皮尔逊后来找到了反对校长候选人的理由，声称自己深切地感受到学院存在的"激进行为和学校章程的弊病"。事实上，他认为自己才是最适合这工作的人，但董事会另有人选，那就是霍利斯数学和自然哲学教授塞缪尔·韦伯（Samuel Webber，1784 届）。皮尔逊辞去了他的教授和董事职务，搬到安多弗，协助建立了安多弗神学院，使之成为加尔文主义的中心。[13]

韦伯于 1806 年宣誓就职。他生性谨慎。"韦伯博士是学识渊博的数学家，也是最正经、最严谨的那类人。"他的学生霍勒斯·宾尼回忆道。他很少说话，而当他说话时，句子总是最短，可谓质而无文。他指导学生做事的方式，通常是说，此事"应该"能被完成。"宾尼，你应该能证明欧几里得《几何原本》第一卷的第 47 个命题。""门该是关着的，房间里不该有什么动静。"1806 年 12 月，西德尼·威拉德开始担任汉考克教席教授。[14]

69　　在 1807 年 3 月 20 日的一次会议上，除大四外的三个年级的学生出乎意料地以"食物肮脏"和"厨师不干净"为由，向校方递上请愿书，抵制食堂饭菜，这让校方倍感担忧。肉是"又黑又恶心，让人无法忍受"。一位导师甚至还训斥了厨师长，要求知道"他为什么胆敢把那样的肉送到食堂里"。卷心菜烂了，汤里飘着蛆。韦伯校长体恤地接下了请愿书，并承诺调查此事，同时立即成立了专门

①　皮尔逊的名字伊利法莱特（Eliphalet）与大象（elephant）音形较近。

的委员会。但学生们举行秘密会议，并非法集结，最后决定在 3 月 30 日午餐前的感恩祷告之后，全体离开食堂，他们最后确实也这样做了。[15]

学校当局尝试了与之前不同的新策略，将反抗者赶出食堂，同时散布消息，称反抗者预谋袭击厨房、夺走食物并把食物撒在哈佛园中。孩子们毕竟还得吃饭，他们许多人于是去了波士顿。4 月 3 日，校方谴责这些学生的行为"无序且不体面，是对学院权威的侮辱"，然后投票通过决议，要求这些学生签署正式文件，承认自己罪行严重，并许诺将改善其行为。校方要求这些男生在 4 月 11 日前签字，否则就得离开。至少有 9 名大四学生拒绝签字，从而失去了学位。此事有时史称"烂卷心菜叛乱事件"（Rotten Cabbage Rebellion）。

韦伯校长于 1810 年 7 月去世，接替他的是波士顿新南部教堂的牧师约翰·桑·柯克兰博士（John T. Kirkland，1789 届），他在 1792—1794 年间担任导师，是一位颇受欢迎、深具影响力的传道者。柯克兰的父亲是传教士，曾赴纽约和马萨诸塞西部，深入印第安人部落。有赖于安多弗法官菲利普斯的资助，柯克兰得以继续其学业，他从未忘记这一善举。他对那些"无人援助、苦苦挣扎的天才"的同情将成为他校长任期的标志。1820 年毕业的亚历山大·扬（Alexander Young）牧师回忆说："柯克兰博士哪怕口袋里只剩一美元，也要花在贫困的哈佛学生身上。"

柯克兰校长劝说波士顿的许多头面人物当他们那个时代的梅塞纳斯①，从他们的巨额财产中慷慨拿出资金来赞助新的教授职位，

① Maecenas（约前 70—前 8），罗马政治家、奥古斯都皇帝信任的顾问，著名的文学赞助人，曾帮助过诗人维吉尔和贺拉斯，他的名字在西方被认为是文学艺术赞助者的代名词。

并创造其他的教育福利。校长和教授的工资都增长了。霍尔沃西楼、大学楼、神学院楼相继建成。还新成立了法学院和神学院，重组了医学院。哈佛园被清理干净，种上了榆树，重新安置了室外厕所。此后，马萨诸塞州立法机关将一笔银行税的收益授予哈佛、鲍登学院和威廉姆斯学院，受益时间长达 10 年，这让柯克兰的努力得到圆满回报。哈佛每年得到的份额约为 1 万美元，其中四分之一用于补助学生学费。[16]

但 1812 年 6 月开始的对英战争不幸地分散了人们的注意力。让很多人难以置信的是，麦迪逊总统竟会和这个曾经对抗过恶魔般的拿破仑、保卫自由世界的国家交战。像蒂莫西·皮克林（Timothy Pickering，1763 届）、约翰·洛厄尔（John Lowell，1786 年毕业，洛厄尔法官之子）、乔治·卡伯特（George Cabot）这样的极端联邦主义者甚至考虑过退出联邦，建立新英格兰邦联。"如果英国人在对新奥尔良的远征中取得成功，"皮克林在 1815 年 1 月给洛厄尔的信中写道，"我恐怕联邦会因此而分裂，这个后果是不可避免的。"但是安德鲁·杰克逊将军赢得了新奥尔良战役，而这竟成了联邦党人的末日。[17]

1814 年，波士顿商人塞缪尔·埃利奥特向哈佛捐赠了 2 万美元，用于设立希腊文学教席。柯克兰校长邀请牧师爱德华·埃弗里特博士（Edward Everett，1811 届）担任这一新设的教席教授，并向他提供了带全薪赴欧洲学习两年的机会。埃弗里特年仅 20 岁，已是公认的才华横溢的演说家。他 17 岁大学毕业，19 岁时接替不幸去世的巴克敏斯特，成为波士顿布拉特尔街教堂的牧师。刚过 21 岁的第二天，即 1815 年 4 月 12 日，他便就任希腊文学教授，发表了一通演讲。根据当地报纸，其论题是"从希腊语言和文学得到的益处，尤其是它对真正理解神圣经文的作用"。四天后，他登上波士顿开往利物浦的远洋船，前往德国哥廷根大学学习古典语言文字学。[18]

🦆 柯克兰校长喜欢说："大学生活是一场倚靠青少年美德力量的严苛实验。"批评人士坚持认为，他对那些肮脏堕落的年轻人过于宽容，以至于到了伤害他们自身的程度。柯克兰具有敏锐的性格判断能力，也害怕人才被浪费，他确实很有耐性，富有同情心，而且不会轻易绝望。"他举止庄重却又和蔼可亲，人们因而信任他，不会近而不逊……他的责备更像是赐福，接受它的人会充满羞愧、忏悔、感激和依恋之情。"历史学家乔治·班克罗夫特（George Bancroft，1817 届）写道。任何胆敢侮辱柯克兰的学生都会"被整个学院揪出并加以嘲笑"，亚历山大·扬声称。[19]

1817 年 9 月，小约西亚·昆西入学时，大一和大二学生的食堂被安排在大学楼地下室的两个大房间中，房间由折门隔开，隔断上开有窗户。1818 年 11 月的某个星期天晚上，一个身份不明的大二学生把一只盘子扔进了其中一扇开着的窗户；对面很快还以另一只盘子；所有人都从桌边站了起来。许多年后，昆西（1821 届）回忆道："杯子、碟子和盘子都被扔出去，其结果是学院的瓷器全都毁了。"

事件发生后，柯克兰校长开除了四名学生，而那些头脑发热的年轻人认为这个惩罚不公平公正。昆西、拉尔夫·沃尔多·爱默生（Ralph Waldo Emerson）和其他同学欢呼雀跃地跟在替罪羊们身后，在剑桥城外游行。回到哈佛园中，他们点起篝火，聚集在反抗树周围，讨论他们的革命形势。然后校长叫了个一年级新生，把昆西、乔治·华盛顿·亚当斯（George Washington Adams）和乔治·奥蒂斯（George Otis）召到自己书房见面。

72

根据小昆西的说法，柯克兰校长提及他和他们父辈的友谊，这几人的父亲分别是国会议员约西亚·昆西（Josiah Quincy，1790届）、国务卿约翰·昆西·亚当斯（John Quincy Adams，1787届）和参议员哈里森·格雷·奥蒂斯（Harrison Gray Otis，1783届），校长说他不想让这些学生惹上大麻烦，建议他们出城避几天。柯克兰还认为有必要严令他们现在不要回到反抗树那里。但实际上，几人当时正在兴头上，所以出了校长房间后马上回到树下，年轻的亚当斯发表了激奋人心的演讲，他说："先生们，被命令不得回到反抗树下，我们是冒了大风险。但我们一定要回来！管它什么风险！"下雨了，他们继续在门廊里讨论。"反抗暴君就是对上帝的服从。"昆西在日记中热切地写道。

学校的处罚是勒令大部分二年级学生停学几周，其他学生则被开除或作其他处分。没有记录显示昆西、亚当斯和奥蒂斯受到了什么特别的惩罚。昆西在晚年回忆道："这出爱国者与暴君斗争的滑稽剧逐渐完结，走向了终点。"[20]

❧ 爱德华·埃弗里特在欧洲过得甚是愉快，他和沃尔特·司各特爵士、拜伦勋爵、麦考利、歌德、亚历山大·冯·洪堡、吕西安·波拿巴、拉法耶特①将军、斯塔尔夫人都过从甚密，甚至还有路易十八。埃弗里特是首位获得哥廷根大学哲学博士学位的美国人。他去了柏林、维也纳、巴黎、罗马、那不勒斯、庞贝、德尔斐、底比斯、雅典、特洛伊和君士坦丁堡。灵感迸发时，他便用英语、德语、法语或拉丁语做大量笔记。他在英国待了五个月，参观了剑桥

① Lafayette，又译作"拉斐德"。

大学的彼得学院①，那里隐居般的宁静生活和整洁的草坪四方院给他留下深刻印象，比哈佛园更有吸引力，在哈佛园"我们不时爆发的喧闹声，响彻四方"。

1819 年 10 月，他带着不祥的预感回到美国，开始担任希腊文教授。他想知道学院是否能给他提供足够大的空间来"交流古代文献的艰深部分"。他担心学院可能只是需要教员，若是如此他便不能接受。在教室里待了几个星期后，他确信了这一点。"事务繁重……待人接物等琐碎事太多，"他在 1821 年初给斯托里法官的信中写道，"简而言之，这里狭隘的精神让我每天都疲惫不堪，在笼子里飞来撞去。"此时他已经在考虑要不要去当律师了。[21]

只有 3 295 人口的剑桥显然没什么能提供给埃弗里特。所谓哈佛广场仅仅只是一个尘土飞扬的十字路口，在其中央是一座小平房、农贸市场、镇里的水泵和磅秤。公共建筑中有两座教堂，还有文法学校、法院、监狱和济贫院。感谢上帝，还有"雅典娜室"，也就是阅览室，在那里可以买到纽约和华盛顿新出的报纸；还有出版商威廉·希利亚德（William Hilliard）开的书店，学生们在那里闲逛，直到钟声响起，将他们赶回哈佛园中。绅士们确实可以去邓斯特街的威拉德旅馆里吃饭，在奥本街和博伊尔斯顿街转角处的波特酒馆喝酒。但这一切都相当沉闷。安德鲁·皮博迪牧师（Andrew Peabody，1826 届）从未忘记"那里曾住着一些毕业生，他们的人生旅途仿佛被水泡过……布道者找不到愿意倾听的听众……男人们在职业的门槛上徘徊，那些职业他们既没有勇气也没有能力从事"。[22]

耶鲁大学校长德怀特认为，靠近波士顿是哈佛的"最大劣

74

---

① Peterhouse，始建于 1284 年，是剑桥大学建立最早的学院。

势"，因为大城市的魅力"太过诱人，难以抗拒"，埃弗里特本人却认为波士顿离得还不够近。他请求董事会同意让他住在波士顿；董事会批准了这项请求，监事们却投了反对票。此后，两匹马拉着那辆嘎嘎作响的马车，每天两次在莫尔斯这位"快乐的马车夫"的鞭笞下离开广场。一到校园中，莫尔斯就吹起了他的锡制喇叭，刺痛每位大学生的耳朵。大多数学生在礼拜六早上做完祷告后就步行去波士顿。安德鲁·皮博迪回忆他们在黑灯瞎火中，经剑桥渡口回到哈佛广场的"闷头散步"，"一路上，除了渡口收费小屋昏暗的油灯，没有其他灯光，路上据说盘桓着拦路抢劫的强盗，但在大桥和哈佛校园之间，我们既没碰到大盗，也没有遇见别的什么人类"。[23]

埃弗里特俨然已是名人，受到学生们的崇敬，其中就有拉尔夫·沃尔多·爱默生（1821 届）。"埃弗里特的天才对年轻人的影响，几乎可以与雅典的伯里克利相提并论，"爱默生在晚年写道，"他有许多特别的学问，随时都可以为其所用。这些新鲜的学问，奇妙地吸引和刺激着年轻人。"埃弗里特开课讲述荷马、赫西俄德、萨福、品达、埃斯库罗斯、索福克勒斯、欧里庇得斯、希罗多德、修昔底德和色诺芬等人。根据爱默生的说法，他的声音是"当时所有乐器中最圆润、最优美、最准确的……"，他所说的话和说话的方式，流传于新英格兰，成为经典。[24]

1822 年 5 月，埃弗里特迎娶了夏洛特·格雷·布鲁克斯（Charlotte Gray Brooks），她的父亲是一位成功商人，拥有 100 多万美元财产。这对新婚夫妇搬进了克雷吉楼，也就是从前的瓦萨尔楼，这座华盛顿以前的总部被改造成剑桥最时髦的公寓。埃弗里特开始为《北美评论》（*North American Review*）杂志准备一篇重要文章，评论去年开始的希腊人反抗土耳其人的起义。他还说服他儿时

的朋友丹尼尔·韦伯斯特（Daniel Webster，达特茅斯学院 1801
届）在国会中支持希腊的事业。之后他认为门罗总统应该成立专门
委员会赴希腊调查情况，于是便把这个想法告诉了国务卿约翰·昆
西·亚当斯。埃弗里特在教训淘气学生之余，就埋头起草那些政策
文件。

❧ 喝酒对学生们来说仍然是一种卑下的快乐。完全不沾酒被认为
是"自负而荒谬的禁欲行为"，按照小约西亚·昆西的说法，"当时
大家都沉溺于烈酒……有人甚至认为偶尔放纵对健康有益。当时学
校里有首歌，首句唱道：'为了快乐的老柯克兰，让我们干了这第
一杯。'"约翰·昆西·亚当斯的另一个儿子查尔斯·弗朗西斯·
亚当斯（Charles Francis Adams，1825 届）①，大一时沉迷于骑马、
打台球、参加喝酒派对等活动，之后又痛恨自己浪费时间，忧心不
已。在大三时的日记中写道："孩子们在这里被接纳，让自己被愚
弄，毁于放荡，被其中的光鲜亮丽弄得眼花缭乱。"几周后，他在
日记中描述了一个热闹的夜晚，他跟人打惠斯特牌，并和七八个同
学喝香槟，结果发生了激烈的冲突，椅子和玻璃杯都被摔到地上。
之后他就病倒了。"我今天的心情一点也不值得骄傲，"第二天晚
上，他在微弱的烛光下写道，"因为发烧，我觉得口干舌燥。"他在
晚餐时喝了一点汤，结果全吐了出来。他上课的时候睡着了。宿醉
长达三天。[25]

　　1819 年入学的这级学生特别爱闹事。大二时，他们和大一学生
在食堂里吵吵嚷嚷，捣毁门窗，打碎碗盘。有次还把一桶掺了墨的

76

---

　　① 约翰·昆西·亚当斯共有三个儿子，分别是乔治、小约翰和查尔斯，都
是哈佛校友，只有次子小约翰·昆西·亚当斯被这所大学开除，乔治·华盛
顿·亚当斯前文也已出现。

水泼到一位导师身上。1823 年 5 月，他们在礼拜堂里找到了一个"告密者"，照脸痛揍一顿后，把他扔下了楼梯，然后和校方发生了冲突。这场"大起义"的结果是导致一半以上高年级学生被开除，其中就有小约翰·昆西·亚当斯。他那位身为国务卿的父亲抗议严厉的处罚，但认为这"退化的一届"使大学蒙羞，让"世界鄙视"。柯克兰校长最终坚持了自己的立场。[26]

然而，马塞诸萨州议会并没有因为这些情况，以及多年来发生的爆炸、纵火、袭击和偷窃等事件，出手帮一帮这所学校。事实上，州议会正在考虑是否继续发放每年 1 万美元的补贴，这笔钱原定于 1824 年 2 月到期，相当于学校四分之一的运营收入。当民主共和党在 1823 年的选举中赢得了州长职位并控制了众议院时，停止这项补贴已是意料中事。董事会随后审查了学校的账簿。柯克兰的确筹集然后花掉了巨额资金，但许多交易记录并不存在。财务主管太不称职了。原来这所大学是在亏本经营。董事会立即建立了专门委员会，要求削减开支。[27]

1823—1824 学年期间，查尔斯·弗朗西斯·亚当斯在父亲位于华盛顿的家中度过了寒假。查尔斯那时是大三学生。圣诞节这天，他在日记中写道："在韦伯斯特先生即将以其最有力的方式发表自己的观点，并在得到克莱先生①支持之际，希腊问题似乎引发了一些讨论。据我所知，他们在这个问题上的立场受到了同样强大的当权者的激烈攻击。"埃弗里特教授新年后才来到华盛顿。他向韦伯斯特提供了统计数字，讲解了敌对两国的历史、土耳其暴行的细节

① 亨利·克莱（Henry Clay，1777—1852），美国参众两院历史上最重要的政治家和演说家之一，被誉为"伟大的调解者"。

以及关于如何解放希腊的一些话术。韦伯斯特定于 1824 年 1 月 19
日星期一发表演说，呼吁成立特别委员会。

人们的期望越来越高，查尔斯·弗朗西斯·亚当斯还陪着母亲
路易莎坐马车前往国会大厦。埃弗里特作为能言善辩的演说家表现
自是十分精彩，他生动地描述了土耳其人的野蛮行为，并解释说希
腊人从美国那里得到了一丝鼓舞人心的慰藉。演讲很成功，但成立
委员会之事毫无进展。约翰·昆西·亚当斯从未被说服过，他认为
埃弗里特太过偏袒一方，这样做会冲击门罗主义，后者警告欧洲不
要干涉美国事务。如果委员们拉偏架，战争就会爆发。1 月 26 日，
查尔斯写道："埃弗里特似乎非常消沉，因为他在韦伯斯特的这项
议案中找不到任何可能成功的地方，只好收拾行李回剑桥继续上他
的课。"[28]

整个春天，埃弗里特都在思考从政的可能性。毕业典礼第二
天，他在美国大学优等生荣誉学会①的集会上发表演讲，主题是
"如何促进美国学术的进展"，他花了很大精力准备这一演讲。这
是一次绝佳的机会，可以表达他的爱国情怀，并大大提高其公众形
象。有消息说，拉法耶特将军将从法国来到纽约，还会来此参加哈
佛毕业典礼，这让他顿感愉快。拉法耶特是他的老朋友！现在，他
为自己的演讲准备了雄辩的结尾，欢迎这位 67 岁的侯爵来到他的
第二故乡。

第一教堂里的座位和空地上都坐满了人，一大群人聚集在教堂
外面。拉法耶特上一次来剑桥是 1784 年，当时他被授予荣誉法学
博士学位，并在哈佛楼同威拉德校长和汉考克州长共进晚餐。柯克
兰校长、拉法耶特、埃弗里特、地方官员、外交使节和诸多达官贵

78

————
① Phi Beta Kappa，美国历史最悠久的学术荣誉学会。

人们率领着 200 名美国大学优等生荣誉学会成员组成的游行队伍，中午时进入教堂。"人们对拉法耶特的热情让我震惊，"查尔斯·弗朗西斯·亚当斯评论道，"气氛相当感人，因为它触动了人类心中最高尚的感情。"但令查尔斯恼火的是，学校没有为学生们预留足够的座位，他只听了一会儿埃弗里特的演讲，然后就溜进公园帐篷下那些花哨的娱乐场所玩儿去了。

埃弗里特长达两个小时的演讲获得了巨大的成功，他抓住并征服了观众。他讲到拉法耶特因为美国人民太贫穷，无法负担他的远航而来，便自行购买了一艘船的高尚行为。"会上每个人都在落泪。"小约西亚·昆西回忆道。埃弗里特激动人心的爱国言辞，表明他真的适合公职，他也确实在当年 11 月当选为国会议员。学年结束后，他偿还了学校曾支付他的 5 300 美元留学费用，进入了政界，几乎没有留下什么遗憾。他不会是最后一个去华盛顿的教授。[29]

🐟 而可怜的柯克兰校长此时危机四伏。这所大学的财务状况日益恶化。没有国家的学费资助，本科生的数量从 1822 年的 300 多人下降到 1826 年的 200 人。立法机关通过了一项法案，允许在查尔斯河上建造一座免费通行的桥梁，这威胁到收费桥梁的收入。在关键时刻，大学采取了行动。《实用航海家》（*The Practical Navigator*）一书的作者，同时也是数学家和商人的纳撒尼尔·鲍迪奇（Nathaniel Bowditch）博士，在 1826 年被选入董事会，开启了不留情面的财政紧缩措施。财务主管被解雇了。校长的薪水从 2 550 美元降到了 2 250 美元；教授的薪水从 1 700 美元降到 1 500 美元。到处都在厉行节约。柯克兰中风瘫痪后，人们劝他辞职。一位支持者抗议人们对他不公："大家选他，是当这所学校的校长，而不是牧师、管家或银行家。"许多人仍爱戴他。[30]

第五章　昆西校长会见杰克逊总统

　　新校长的任命关系到学校能否长期发展。校长必须是精明的政治家，身体强壮、精力充沛、行事务实，还要有商业头脑。哈佛董事会考虑到大学的需要，选择了 1790 年毕业的约西亚·昆西作第十五任校长。监事会确认了这一人选，他于 1829 年 6 月 2 日宣誓就职。

　　昆西 56 岁，是这所大学第二位非神职人员出身的校长。他的职业是律师，在国会和马萨诸塞州立法机构中是联邦党人的领袖，最近成功地完成了六次为期一年的波士顿市长任期。他身材高大、体格健壮、精神饱满、出身良好、举止得体，对他来说，钱不是问题，尽管他要养活一大家子的人，包括五个富有魅力的女儿和两个受过哈佛教育的儿子。"他的心愿是使学校成为绅士的苗圃，他们出身高贵、思想高尚、原则性强、富有教养、行为规范，能在公共和私人生活中优雅而体面地承担起他们的责任。"埃德蒙·昆西（Edmund Quincy，1827 届）在书写其父亲一生的精彩传记中写道。

　　约西亚·昆西相信，他可以使用自己在波士顿行之有效的方

法，来改善这所大学。"我知道忍受成年人的诽谤和抗议是什么
滋味，"他夸口道，"但对半成熟的男孩来说是没有这种恐
惧的。"[1]

🐟 昆西家族的第一代在 1633 年同约翰·科顿教士一起航行到马
萨诸塞殖民地，他们从摩斯-瓦楚塞人①的酋长那里，买下了位于
伍拉斯顿山的一块土地，那里后来被命名为布伦特里，再后来被
称为昆西。约西亚·昆西校长的祖父，名字也叫作约西亚·昆西
（1728 届），在波士顿经商、造船。他曾与人共有一艘武装商
船，1748 年在直布罗陀附近俘获了一艘西班牙宝船，上面有 161
个银器箱和 2 个金器箱，让他发了大财。他的儿子约西亚·昆西
二世（1763 届）以"爱国者"而闻名，1775 年去世时年仅 31
岁，他的儿子、未来的哈佛校长约西亚·昆西三世当时只有 3
岁。这个男孩受到了他在布伦特里的邻居约翰·亚当斯（1755
届）及其儿子约翰·昆西·亚当斯（1787 届）的影响。他们都是
亲戚，约翰·亚当斯之妻阿比盖尔·史密斯·亚当斯的外祖父正
是昆西三世的曾祖父②。

约西亚·昆西是坚定的联邦党人。1805 年至 1813 年，他在华
盛顿抗议贸易禁运、反对同英国作战，他把杰斐逊的支持者称为
"阿谀奉承者，是匍匐在总统脚下的爬行动物，把他们肮脏的烂泥
留在宫殿地毯上"。人们看到身为市长的他，每天清晨骑着马穿过

---

①　Mos-wachuset，一支印第安部落的名字，是"马萨诸塞"一词的来源，
原指"一个很大的山坡地"。
②　Abigail Smith Adams（1744—1818），美国第二任总统约翰·亚当斯之
妻、第六任总统约翰·昆西·亚当斯之母。阿比盖尔的外祖父是约翰·昆
西，但并非约西亚·昆西三世的曾祖父，二人的共同祖先是其高祖埃德蒙·
昆西二世（1628—1698）。

波士顿的街道，"革除弊病，改进规则，警觉地履行治安法官之职"。他建立消防队，设置垃圾收集站，创立少年犯改造之家。他采取措施引入市政供水和排水系统，并建造了新的法尼尔厅市场，即如今被称为"昆西市场"的那座花岗岩建筑。他在城里的住宅位于汉密尔顿广场和特里蒙特大街的转角处，俯瞰着公园，是政治和社会活动的中心。[2]

约西亚·昆西

1829 年 5 月，昆西一家搬进了沃兹沃思楼，春天的鲜花和灌木在屋前花园和后院茂盛生长。"新任校长主持的首场毕业典礼无与伦比。"24 岁的玛丽亚·索菲娅·昆西这样描写 8 月的毕业典礼。天气宜人，"和 10 月一样凉爽"。有演讲、游行、拉丁语演说、乐队演奏、冰淇淋和水果。"我从来没见过这么壮观的场面"，她继续写道，"从来没有见过这么多漂亮的女子聚在顶层楼座中，她们穿着优雅有型。楼座下面也同样坐满了造物之神般的人物。"

83 　　但过了一个星期的某天，她在日记中写道："夜里大约 12 点的时候，我们被失火的喊叫声吓了一跳，从苏珊的窗口望去，整个霍尔沃西楼的正面明晃晃一片火光。我们把爸爸和其他男人叫醒，四处检查后，才发现那不过是一堆篝火，是个淘气的男孩为了吓唬同学，显示自己男子汉气概点起来的。要采取措施防止类似的恶作剧再次发生。"[3]

　　昆西校长行动迅速。在 9 月的第一次董事会会议上，他提出了一项新规定：取消对学生在校园内所犯过错免于公诉的规定。在哈佛园中犯下"明目张胆之暴行"的男生，将像联邦法庭上的任何其他公民一样遭到起诉。董事会同意了。昆西于 10 月在礼拜堂中将此新规告知学生。"有些人认为大学是避难之所，认为在这里可以把犯罪当作娱乐活动，或是证明自己富有精气神，这种想法是可耻的，在道德上是致命的。如果没有国家法律的制裁，人们的财产和生命就将毫无安全可言。"他怒吼道。[4]

　　与此同时，他邀请师生们在星期四晚上到他的"招待会"去，与波士顿的名流们交往。"校长在宾客中走来走去，庄严优雅，风度翩翩。"托马斯·库欣（1834 届）回忆道，"好心的昆西夫人特地去找那些不善交际的害羞学生，请他们到家里做客，让他们在她好客的客厅里感到宾至如归。"校长的五个女儿都很有魅力，她们喜欢玩乐，沉迷于简·奥斯汀的小说。昆西夫人解释说，奥斯汀的小说"首先是斯托里法官向我推荐的，他接受自马歇尔法官的推荐。这自然很权威"。[5]

　　而昆西校长推行的法律制裁新风，实施几年后似乎奏效了。仅

84

靠威胁说要把学生交给米德尔塞克斯县①大陪审团，或者"把他送
到康科德"，就会让他们招供做了什么坏事。昆西明智地改善了食
堂的饭菜和服务，并从英国进口了一套带着学院徽章的银器和绘有
学校建筑景观的瓷器。他甚至会和学生们一起用餐。"他这么做是
为了判断饭菜品质，如果有任何问题，便可以很快告知食品供应
商。"托马斯·库欣说。1830 年，膳食费是每周 1.75 美元。学费是
每年 45 美元。住宿费每年 30 美元，如果两个学生共享，就是 15
美元。

　　⚓ 董事会在 1833 年 5 月底或 6 月初得到通知，安德鲁·杰克逊总
统计划在纽约和新英格兰巡游之行中访问波士顿。这使校董们有些
为难。要接受杰克逊来这所大学吗？杰克逊在新英格兰遭人鄙视，
被认为是生性暴戾、未受教育的奴隶主，喜欢赛马、嚼烟草。他在
新英格兰人反对的对英战争中，于新奥尔良取得著名的胜利。1828
年，他粗暴地击败了谋求连任的约翰·昆西·亚当斯总统。他不过
是点燃了人们热情的野蛮人。但另一方面来说，他曾两次当选美国
总统，并被宪法赋予批准和否决美国法律的权力；而他最近与南卡
罗来纳的关系和解决联邦法令废止危机②，在某种程度上减轻了他
的负面形象。杰克逊维护联邦的行动坚决，这对约翰·昆西·亚当
斯、丹尼尔·韦伯斯特，以及其他憎恨他本人但热爱联邦的人来说
是一种宽慰。

　　在 6 月 3 日的一次会议上，四名校董——昆西校长、斯托里法

————————
　　① Middlesex County，管辖剑桥、洛厄尔、康科德等城镇的上级行政区。
　　② Nullification Crisis，指的是 1832 年美国南卡罗来纳宣布联邦法令无效并
声称退出联邦所引发的危机，当时美国一度险遭分裂。危机最终以双方的妥协
告终，它对美国宪政和联邦的发展产生了重大影响。

官、鲍迪奇博士和财务主管埃比尼泽·弗朗西斯——仔细研究了这
个问题。这所大学的命运与国家的变化息息相关。然而，授予杰克
逊荣誉学位必将招来最严厉的批评，会有很多反对意见。而如果不
授予他学位，此事就会染上党派偏见和不尊重总统的嫌疑，这将损
害这所大学在国内的声誉。四人最终谨慎地决定遵循门罗总统 1817
年访问剑桥时所采取的作法，当时他被授予了荣誉法学博士学位。
校董让昆西校长向杰克逊总统表达他和董事会的敬意，并"请求他
在最方便、最乐意的时候光临大学"。

但授予荣誉学位之事还有不确定性因素，总统方面没有消息反
馈。6 月 13 日，董事会投票决定授予，"条件是他愿意接受"。董
事会指示昆西召开特别的监事会议来批准这个学位，"因为这件事
的情况不允许寻常那样遍发通知"。[6]

杰克逊在曼哈顿的美国酒店（American Hotel）休养。他曾因与
人决斗，身体的一侧留了颗子弹，肩上又因枪战留了颗手枪弹丸。
他是一位虚弱的老人，却有着不为人所见的强大力量。他的巡游是
个人的一次巨大成功，庞大的人群、轰鸣的礼炮、公共宴会和军事
演习为他庆祝喝彩。6 月 14 日星期五，他在给儿子的信中写道：
"我以前看到过热情的场面，但从未看到过今天这样充满尊敬的情
景。自离开华盛顿到今天，我已经向 20 多万人致意了。人们从未
有过这样的绵绵情意。"巡游继续前往布里奇波特、纽黑文和哈特
福德。[7]

昆西面临的艰巨任务是如何告知他的老朋友、前总统约翰·昆
西·亚当斯这项荣誉学位提名，并邀请他参加典礼。在布伦特里的
花园里，亚当斯愤怒地拒绝了这个邀请，说不想"目睹他的母校可
耻地把最高的荣誉学位授予一个文法不通、连自己的名字也几乎拼
不出来的大老粗"，他在日记中这般写道。据亚当斯说，昆西承认

杰克逊"完全不配获得荣誉学位"，但他解释说，董事会认为有必要遵循先例，他们"觉得授予（杰克逊的）荣誉是出于对总统一职的敬意，不管它由谁来担任"。"他们急于想避免的"是，否决此事"会被视为党派偏见"。亚当斯的心情久久不能平静。"这是学校的胡乱推论和自作多情，"他在日记中吐露心迹，"趋炎附势和谄媚奉承成了这家学术和科研机构的全部品质。"[8]

利瓦伊·林肯州长（Levi Lincoln，1802 届）任命约西亚·昆西四世（1821 届）①为接待杰克逊总统的特别副官，并派遣他在 6 月 19 日星期三上午到罗得岛边界的波塔基特桥迎接总统。那天，约西亚看到的是一个孤独地站在桥中央的人，一个高大、消瘦的军人形象。杰克逊总统的一头白发从前额往后梳，长长的脸上布满了皱纹，但目光锐利而有威严。约西亚念诵了简短的欢迎词，总统回答了几句，两人便一同走向一驾精致的、由州政府提供的四轮四座大马车。

"我们坐着马车穿过许多小镇，接受人群的敬礼和欢呼时，总统不断发表评论，并直言不讳地表达自己对各种人事的看法。"约西亚回忆说，"他的谈话很有趣，因为他很真诚，很果断，说得也很有道理……事实上我承认，我们的第七位总统，本质上有着一种骑士的性情，对很多事他也许有偏见，不无狭隘之处，错误也不少，但他是充满活力的绅士，有很高的荣誉感，且不拘小节，全然没有那种呆板作风。"他必须尽快把这些信息告诉他的父亲和林肯州长。[9]

事情进展很快。尽管董事会还没有收到确认总统即将来访的消息，但在周四已指示昆西校长本周六上午召集一次监事会议，以批准该学位。几乎没有时间通知分散在全州的大约八十名监事们。星期五还下雨了，寒冷的东北风从纽芬兰的冰层吹来。杰克逊总统和

① 校长约西亚·昆西三世之子。

波士顿市长乘坐一辆敞篷马车穿过街道，向道路两旁挤在窗户边的人群致意。在剑桥，昆西终于收到了总统来信，定于下周一出席典礼。他向邻近地区的 40 名监事发出通知，要求第二天上午 9 点在州议会大楼召开会议。包括林肯州长和市政委员在内的 17 位监事出席了会议，并同意学位授予事宜。但也有监事事后对这种做法感到不满，一些人抱怨这次会议不正规、不合法，并指责昆西策划了一场阴谋。[10]

　　杰克逊总统得了重感冒。周一早上，他发烧躺在特里蒙特酒店的房间中，心脏附近那颗子弹留下的旧伤加重，导致肺部出血。约西亚·昆西四世给自己的家庭医生约翰·科·沃伦医生（John C. Warren，1797 届）送了一封信，让他马上来。"如果我胆敢怀疑医学专业的科学性，我当时应该质问医生，对于这位躺在病床上瘦弱的老绅士来说，有没有比放血更好的方法，"约西亚在回忆录里谈到放血时说，"不过，当我受敬重的家庭医生——沃伦医生——两次操刀放血时，一个门外汉提出异议是荒唐的。"杰克逊最终恢复过来，让约西亚给他念报纸，并对"杰克·唐宁少校"①的故事颇感兴趣，这个人物声称要陪伴总统一旁并记录其所作所为。剑桥的典礼被延期了。[11]

88　　周三早上 7 点，昆西校长收到了杰克逊将于上午 10 点访问学校的确认信函。那是一个阴冷多云的早晨。校长跳上马，飞奔到波士顿同林肯州长商议，并在自己城里的住宅中短暂停留，向家人宣布了这一消息。当时 21 岁的安娜记录道："被爸爸敲门声吵醒，声音大到格陵兰岛都能听到。他上楼喊道，总统会在 10 点到剑桥，

---

　　①　这是塞巴·史密斯（Seba Smith，1792—1868）虚构的政治评论员，以杰克·唐宁少校的名义撰写了幽默的文章和信件，刊登在当地报纸上。

然后砰的一声关上门骑马走了。"[12]

年轻的约西亚驾着精致的四轮马车，陪同杰克逊总统沿河行进，马儿步伐矫健。"杰克逊的坚定精神战胜了身体上的虚弱，"约西亚几乎快乐地唱了起来，"他的眼睛似乎比以前更明亮了，闪耀着强大的意志，这种意志能迫使身体执行它的命令。他确实健谈。"他们听到了大学的钟声，校园里有一长列的马车。昆西校长和校方代表在学校礼堂台阶上等着他们。约西亚的父亲彬彬有礼地接待了杰克逊总统，拉着他的手，将他带到校董会议室，那里聚集着教授和导师们。

礼拜堂里挤满了人。哈佛学院的学生坐在前排，神学院和法学院学生紧跟在后面。女士们挤满了二楼侧廊。杰克逊总统走进来，靠在昆西校长的臂膀上，后面跟着州长和州政府官员、总统随行人员、学校董事会成员、学校教职工和监事们。管风琴独奏曲响起，全体观众保持站姿，直到总统和校长在讲台上就座。约西亚事后还记得杰克逊的到来引发的轰动。[13]

在讲坛上，昆西校长先向这位 12 岁就参加了美国独立战争、如今脸上皱纹遍布的老人致辞："总统先生，请允许我们，祝贺您开启第二个任期，祝贺那些最近高悬在我们合众国前途上方的浓重乌云终于驱散，这很大程度上得益于您的坚韧和审慎。"这句话赢得了热烈的掌声。他继续说道："我们的年轻人被教导，要充满感情和尊敬来对待国家的宪法，并把各州的联邦看成对我们持续的和平和繁荣，以及我们共和体制唯一的有效保证。"

昆西激动的目光扫过礼拜堂。"让我们在这爱国事业中联合，每年将受过良好教育的年轻人输送到工作岗位和各项人类事业中去，让他们在国家处于紧急状态时挺身而出，使他们胜任政务，充当保卫国家的前锋，并满足所有工作职责的需要，这些都将带给他

89

们无与伦比的命运，"他感奋不已，说道，"愿他们今后被铭记为有惠于国家的杰出人士。愿他们在各自的领域令美国繁荣，成为荣耀美国、壮大美国的支柱！"[14]

看到自己在个人和政治上的巨大胜利，安德鲁·杰克逊内心一定喜悦。他给昆西的回应很简短，表达了他对大学蓬勃发展的满意和对新英格兰公共教育体系的赞赏。他以几乎听不见的声音说："这所著名的学府所授予我的无上荣誉，使我深切认识到这是一种偏爱，我将永远怀着兴趣去思考它未来在文学、科学和道德的伟大事业中所发挥的作用。"随后，据埃德蒙·昆西的说法，他彬彬有礼地向拉丁文演讲者鞠了一躬，然后在适当的地方数次致意，最后在打破沉默的掌声中，接过了学位证明的羊皮纸。[15]

后来，在沃兹沃思楼，杰克逊总统站在底楼接待室一端，向经过他身旁的学生致意。"我很高兴见到你们，先生们"，他说，"我祝大家幸福"，还说，"先生们，我衷心祝愿你们在生活中取得成功"，他不断地变换着说辞，"总是情真意切"，约西亚回忆道。[16]

🙐 就在第二天，报纸上开始讨论哈佛授予总统荣誉学位的做法是否妥当。"这一举动并没有给这所大学带来任何荣誉"，《波士顿每日报》（*Boston Daily Atlas*）的一位记者写道，那些致敬说辞"只是学校单方面的无端奉承话而已，它们有失尊严，毫无必要"。其他出版物也在接下来的几天或几周内跟进，同样持这番论调。《纽约商业公报》（*New York Commercial Advertiser*）的一位作者声称，杰克逊"没有能力正确解释法令，甚至连写封普通的信件也有困难，语法和拼写错误百出"。《国民通讯员报》（*National Intelligencer*）的一位作者将授予学位之事描述为"纯粹的阿谀奉承，哪怕只是出于礼貌也毫无必要，很不合理"。[17]

典礼也成了人们嘲笑的对象。一则杰克·唐宁少校的故事说，总统有次在唐宁府上结束演讲时，少校喊道："博士，你必须给他们讲点拉丁语。""这还不容易？"总统回答说，"E pluribus unum①，我的朋友们，这是 sine qua non②。"约西亚·昆西四世记得，"当时善于模仿的人特别喜欢学故事里杰克逊的这句拉丁语演讲，不时地给社交聚会带来快乐"。让杰克逊用拉丁语演讲本是想让总统难堪的，但人们却乐于把它当作是这位"老山核桃木"③有能力击败那些受教育程度过高、社会地位过高和衣着过于考究的人的例子。[18]

这些故事却坚定了监事、马萨诸塞州检察长詹姆斯·特·奥斯汀（James T. Austin，1802 届）的决心，他质疑校董事会授予杰克逊荣誉学位的会议的合法性。奥斯汀没能赶上那次会议，因为没人及时通知他。在1834 年 1 月召开的一次监事会议上，他指责昆西和校董们篡夺了监事的职能，他说："没有合法发出通知，就是非法的监事会议，如若监事未能合法地集会，他们就不能合法地行动。"他认为是昆西校长安排了这次会议，所以只有校长方的朋友才能参加。昆西则以当时的紧急情况为理由，巧妙地为自己辩护，辩护得到了董事会的支持。[19]

也许杰克·唐宁少校故事的真正创造者、缅因州的塞巴·史密斯，最好地概括了这一重大历史事件的意义。以下是杰克少校对他和杰克逊总统的一次睡前谈话的描述，两人在纽约游览了一整天。"我问将军，你去剑桥做什么？他说想让自己成为法学博士。于是我说，那有什么好处？他说，唐宁少校，为什么我们的议会通过了

① 拉丁语，合众为一。为美国国训。
② 拉丁语，必要的条件。
③ Old Hickory，杰克逊的绰号。他是一位严厉而勇敢的军官，像老山核桃木一样不屈不挠、坚韧不拔，因此得名。

那么多不牢靠的法律？它们中有些很糟糕，有些根本算不上是法律。因此有必要在什么地方医治一下法律①，不要让它们面世后受了风寒或是生了什么病，要让它们成为健壮的法律。他又说，你知道，自我来到华盛顿后，我就得好好地医治它们，哪怕我不是正规流程读出来的博士。我做得很好，剑桥那些人认为我立马就能成为正规博士，这样别人对我就不会有什么抱怨和争议了。"[20]

昆西校长可不是柯克兰校长。安德鲁·皮博迪回忆说："他行事粗鲁，几乎可称严厉。他总记不住别人的脸；当学生——甚至是几分钟前才进来过的学生——走进他的书房时，他会问：'你叫什么名字？'"昆西批评学生的着装打扮，学生们在他背后称他为"哈佛市长"或"治安法官"。他是个控制狂。"哪怕是些令人讨厌的细节、办公室的日常工作，在他那极度活跃的天性看来，也富有魔力；他不会听取任何削减预算或找人协助的建议。"詹姆斯·沃克（James Walker，1814 届）写道。校长的另一个儿子埃德蒙·昆西回忆说，担任校长 16 年来，他只有三次缺席早祷仪式，还是因为被唤到康科德为学校事务作证。[21]

1834 年 5 月，一个名叫约翰·贝亚德·马克斯韦尔（John Bayard Maxwell）的大一新生，和一位年轻的希腊语教师克里斯托弗·德金（Christopher Durkin）起了纠纷，激起一股校园青年精神的爆发，被誉为"1834 年大起义"（Great Rebellion of 1834）。虽是大一新生，马克斯韦尔却已 22 岁，他固执地反抗德金的威权，选择了退学。紧接着，他的热切支持者破坏了一间教室，窗户和家具

---

① 医治，原文为 doctor，兼有医生和博士二义，这里是杰克逊总统风趣的说法。

都砸碎了。他们用各种方式——不断抱怨、四处刮擦、吹口哨、放鞭炮——来打断祈祷仪式，还在夜里拉动绳子敲响礼拜堂的钟。昆西校长勃然大怒，扬言要采取法律行动，这更激起全校学生的反抗。在大二学生纷纷冲出礼拜堂并离开学校后，他开除了这一年级的所有学生，并命令他们离开小镇。被一同开除的，还有几个大一和大三的学生。三名学生遭米德尔塞克斯县大陪审团起诉。[22]

留在剑桥的学生们群情激昂。乔治·穆尔（George Moore，1834届）在他的日记中写道："哈佛园中、教学楼门口，随时都可以看到成群的人在讨论这个问题。""反抗的黑旗"从霍尔沃西楼的屋顶上升起。低年级的学生把昆西的肖像挂在反抗树的树枝上，然后将它扔进熊熊篝火中。但大四学生害怕失去文凭，选择了接受学位，让反抗偃旗息鼓。

监事会成立了专门委员会，由约翰·昆西·亚当斯担任主席，随后批准了昆西校长的强硬手段，并得出结论："在委员会的记忆中，这般规模的混乱此前从未发生过，从学生的角度来看，目前这起事件，无论其起源还是过程，都如此莫名其妙、不合情理。"校董放弃起诉学生，但昆西的行为危害了他余下的任期。几个月后，亚当斯向人透露说："他再也不可能在学生中恢复声望了，公众对待他就像对待所有老人一样，要么冷漠地忽略他，要么不无羞辱地同情他。"星期四晚上也不再有家庭聚会了。①[23]

---

① 1835年，英国作家哈丽雅特·马蒂诺访问剑桥时，发现这所大学的状况"使人悲忧"，她严厉批评哈佛难以胜任贵族的堡垒角色。"它自矜于古代学问，虚荣于卓越地位和财富积累，可能会阻碍对治校原则和管理方式的革新，"马蒂诺说，"它在学术中取得的成就通常不如其他地方；它的教授们（考虑当地生活水平，他们薪水很低）习惯给学生上上课、安排下考试，别的什么也不做。所以纷涌进来的只会是懒惰和粗心的人。但是，与此同时，越来越多的新学校拔地而起，也填充了空白，它们的生源和教学都更适应时代的要求。"——原注

但昆西又令人信服地当了 11 年校长。新图书馆戈尔楼（Gore Hall）建成。学生人数增加到近 300 人，其中四分之一来自新英格兰以外的地区。昆西成功地把自己变成了募捐者，承担着"慈善机构募捐者的痛苦和乏味"。1838 年，他发起一场受益人基金运动，该基金在短短几年内增加了数万美元。他为天文台筹集资金。大学摆脱了沉重的债务负担，在经济上逐渐独立。[24]

爱德华·埃弗里特·黑尔（Edward Everett Hale，1839 届）在 1838 年 2 月 2 日的日记中记录了一件不幸的事。早上，他和同学们发现大学楼的礼拜堂里有一枚炸弹爆开，"窗户洞开，几乎所有的窗格玻璃都碎了，风吹进前面高台上的讲坛，墙壁上的石膏也碎了，一些地方的长木凳、玻璃窗和座位受损，钟也炸坏了，讲坛边的窗帘被撕裂了一大片，墙上巨大的字母所拼成的铭文在这种情形下，成了'老昆西要收拾的骸骨'，"他补充道，"这个玩笑开得有点过分。"[25]

昆西校长组织了 1836 年哈佛的 200 周年庆典，之后写了权威的两卷本校史，于 1840 年出版，他追溯了这所大学开端于中世纪的萌芽，并描述了它在追求智性上的真理时，如何破除那些"旧规训的束缚"。他发现了一幅 1643 年的手绘学院校徽图案，上面绘有一面盾牌、三本打开的书以及拉丁语单词"VERTAS"（真理）的字母组合（图见第一章），于是力劝董事会采用这个校徽。但此举激怒了加尔文主义者，他们愤愤地说，一位论派根本就是无宗教信仰者，这个徽章就是明证。

此后的州选举中，在乡村地区颇能吸引加尔文主义者的民主党人破天荒地打败了原本占主导地位的辉格党①，把乔治·班克罗夫

---

① Whig Party，美国一个业已消失的政党，存在于 1833 年至 1856 年间。

1836 年 9 月学校各楼，一群毕业生队伍从教堂走向楼阁

特（George Bancroft，1817 届）送进了监事会，然后这位之前曾是历史学家的政客开始攻击他的母校，称它管理不善、花费过度，并且内部宗派纷立。但昆西轻松躲过了这些攻击，他问道："一位论派可不会说，加尔文主义者算不得基督教徒。马萨诸塞人要明白，波士顿及其附近地区主流的加文尔主义者所要做的，不仅是将一位论派赶出校园，更是要让加尔文主义完全占有哈佛。这是他们过去四十年的奋斗目标。"[26]

这是约西亚·昆西为学校所做的最后一件大事。1845 年，他辞去了工作，和家人在灯塔山的一所新房子里安顿下来，他曾不无幽默地抱怨说，这里的街道过于安静，和乱哄哄的校园反差太大，让他夜不能寐。直到 1864 年去世，他都把自己称为联邦党人。拉尔夫·沃尔多·爱默生曾深情地谈到"老昆西"，谈及"他的全部价值和他为学院做出的不无粗暴的贡献"。[27]

❦ 1845 年，一位大一新生写道："也许你会对我的背诵情况感兴趣。

"周一早上 8 点，我去钱宁教授那儿背诵坎贝尔的修辞学，教授是非常和蔼可亲的老人。11 点，我背诵法语给拉波特伯爵听，他是老派法国人的完美典范：彬彬有礼、滑稽好笑。12 点，我去找贝克教授，痛诵贺拉斯的讽刺诗；贝克是我们最严格的教授，他在每一个可能的地方都会提出许多尖锐的问题，而且尽他最大的努力去绞拧学生①。他是出色的拉丁语学者，对这门语言的细微差别几乎和自己的母语一样熟悉。下午 1 点，我去找费尔顿教授背诵《伊

---

① 所谓绞拧（screw）是指对学生进行过多的、不必要的、烦人的考试。——原注

利亚特》。费尔顿是我们这最善良、最有绅士风度的老师之一。但是他很挑剔，希望你好好背诵……

"周二，我要向托里导师背诵泰勒的现代史——这部作品我们要背七八页，而且，要求我们记住所有日期、人名和历史事件，这是最难背的文章之一。11点，我们去找皮尔斯教授，背诵曲线和函数——这是我们经历的最可怕的背诵课——各种'绞拧'、'玩命赶'，可怕之极……他永远什么都不解释，这正是我要抱怨的，如果我们学得不那么艰难，我会喜欢上学习的。12点我们背诵拉丁文，下午1点时背诵希腊文，正如每周一所做……

"周三我们的背诵课是，8点修辞学，11点法语，12点数学。周四的背诵课和周二相同，周五和周一相同，除了不用背希腊语……

"每位学生每两周要交一篇论文……到目前为止，我们的题目是：第一题'论埃涅阿斯与罗马起源的关系'；第二题'举例说明你对圣哲品质的看法'；第三题'定义并阐述不同时代的英雄人物'；第四题'苏格拉底与杰斐逊先生关于雅典奴隶制度的对话'……每周六，都有四分之一的学生在哈佛礼堂里作公众朗诵。

"今天是大四和大三学生的展示时间，我们把它当成放假。在他们把我们弄到这儿来之后，我们得不停地做事，能喘口气就够快乐的了。这里的学生都很用功，一般来说都守序，比我想象的要有秩序得多。"[28]

97

第六章　哈佛和反奴隶制战争

1825 年离开哈佛后，爱德华·埃弗里特曾五次当选国会议员，四次当选马萨诸塞州州长，并在英国的圣詹姆斯宫①担任了几年的公使。1844 年，辉格党在总统选举中败北后，埃弗里特便被召回。1845 年 9 月 4 日，他带着妻子和五个孩子，在利物浦登上了丘纳德②的新轮船不列颠尼亚号，驶往波士顿。这是一段艰难的航行，轮船经受了两次海上风暴，与此同时埃弗里特对未来的事业也深感不安。接下来怎么办？他一生都在追寻这个问题。有人告诉他，哈佛要请他作校长，但他并不想当。"我很了解大学生活，"他在 7 月写给岳父彼得·沙·布鲁克斯（Peter C. Brooks）的信中说，"对于有点文学品味的人来说，这里远非合适的隐居之所，学校生活太艰苦，而且我更相信，它令人焦虑……粗心大意的年轻人——他们的脑袋也许因为多喝了一杯酒而发热——所做的事情会让整个机构陷入混乱。"这些都不是他新冒出来的看法。早在 1828 年，在短暂地考虑是否要接替柯克兰校长时，他就说过："那等同于掉进大黄蜂的巢穴。"[1]

不列颠尼亚号于 9 月 19 日星期五驶进波士顿港，就在第二天，埃弗里特收到了一封学校董事会成员联合签名的信件，信中请求他接受校长职位。埃弗里特深思熟虑地研究了这个提议，和他的朋友们讨论了一番，忍受了几个不眠之夜，最后不无后悔地接受了。他在 1845 年 11 月的日记中写道："我觉得我对自己的名誉和幸福做了最危险的实验。"

次年 3 月，他举家迁入沃兹沃思楼，发现这座老房子"破败不堪"。大学校园里"没有适合教育环境的那种宁静祥和的气氛，而英国大学的氛围就给人留下了愉快的印象"。随意进出哈佛园的，尽是那些带着行李和狗的用人、吵闹的学生、上下工的工人，甚至乞丐、流浪汉、风琴手和妓女。他沮丧地意识到，这所大学几乎处于完全混乱的状态，它的纪律如同影子般虚幻，而宗教的影响却几乎不存在。"我发现，几乎所有称它状况良好的说法都被严重夸大了，有些完全是错误的，"他在日记中写道，"我充满了悲伤和失望。"[2]

学校没有提供学监或秘书，而他肩上还担着各种琐事，其传记作者保罗·里维尔·弗罗辛厄姆（Paul Revere Frothingham，1886 届）罗列了其中一些，比如风纪管理、出勤记录、学衔记录、上课缺席人员记录，再加上对不检点行为的检查及其惩处等等。埃弗里特喜欢早睡早起，如今在喧闹声和午夜歌声中这已是不可能了。"大约 8 点 40 分，仆人来告诉我，大学楼着火了，"搬进校园几周后的一天，他在日记中写道，"最后发现南门底部被棉花和松节油精烧透了。"另一天的日记记载："真让人厌恶，一大早审问三名学

---

① Court of St James's，伦敦历史最悠久的宫殿之一，英国君主的正式王宫，所有国家的驻英大使都在此接受正式接待。

② Cunard，塞缪尔·丘纳德爵士（1787—1865），出生于加拿大的英国船主。

生，他们周日下午在园中召来那些放荡的女子；又审问两名学生，
他们在人行道上对人吹口哨；还审问了另一名，他在学校里抽烟。
这些事情，是适合我做的吗？"在他就职典礼前夕，"在思考着博雅
教育以及青年的天真无邪这些高调说法的同时，我不得不责骂一名
高年级学生，他用镜子反光去照经过哈佛园的女士和绅士"。[3]

　　1846 年 4 月 30 日，拉尔夫·沃尔多·爱默生在哈佛广场的老
教堂参加了新校长就职典礼。埃弗里特刚要开口说话，丹尼尔·韦
伯斯特①就来了，打破了爱默生需要的严肃气氛。"这是一个由来已
久的错误，我们现在已经默认了这种事，它让剑桥的此类盛宴，呈
现的不是博学的风采，而被华盛顿和波士顿染成了古铜色，"他在
日记中写道，"全是政治，演讲者也都是政客，剑桥在自己的楼宇
中扮演了苍白且卑微的角色。"丹尼尔·韦伯斯特是埃弗里特的
"邪恶天才"，他"这 20 年来一直用真正的偏见扭曲埃弗里特，让
他去华盛顿和伦敦转悠，毁掉了扎实的学术研究"，而埃弗里特在
公职生涯中充其量"只是一个装饰门面的人"。[4]

　　 身为牧师的埃弗里特校长把礼拜堂里仪式的改革作为他的首要
任务之一。他在寒冷的早晨为礼拜堂供暖，为座位提供坐垫，并要
求修改大学规章，让教授们每日到校上课。但这项规章提案既不受
教员欢迎，也没有得到董事会的批准。随后，他发起了一场恢复
1693 年古老徽章的运动，该徽章上写着 Christo et Ecclesiae②，并借
此希望废弃昆西那个"荒诞而反基督教的'真理'徽章"。令他恼
火的是，除财务主管塞缪尔·阿·埃利奥特（Samuel A. Eliot，1817

---

　　① 丹尼尔·韦伯斯特前文已出现，他是埃弗里特的朋友，美国政治家，曾
两次担任美国国务卿（1841—1843、1850—1852）。
　　② 拉丁语，基督与教会。

届）外，董事会里似乎没有人关心这个议题。而埃利奥特担心的只是，徽章的反复更换会让人对董事会在 1843 年批准"真理"徽章一事有不良观感。[5]

埃弗里特禁止在校园各项活动中饮酒。他确实陷入了琐事的泥沼。大一新生约瑟夫·霍·乔特（Joseph H. Choate，1852 届）被叫到校长的办公室，埃弗里特的秘书、约瑟夫的哥哥亚历山大（1806届）严厉地对他说："乔特先生，校长让我转告你，你昨天在哈佛广场从他身边经过，连帽子都没碰一下。这种冒犯我相信以后不会再发生。"[6]

还有一个关于贝弗利·威廉斯（Beverly Williams）的有趣例子，他的监护人是剑桥港第一浸礼会牧师帕克，帕克毕业于霍普金斯大学古典学院，拉丁语成绩最好，曾经辅导过埃弗里特的一个儿子。年轻的威廉斯申请进入哈佛 1851 届，但由于他是黑人遭到了抗议。哈佛园中为数不多的几名黑人是校工，他们伺候有钱学生，负责送煤送水、生火、擦皮鞋，早晨到他们主人的门口叫声："该起床了，先生！"埃弗里特在这件事上直言不讳，1847 年 4 月 15日，他写信给佐治亚州的 J.考尔斯说："[威廉斯]是个很有能力、很好学、性格良好的孩子……是合格的学生，我想不出有什么理由不[录用]他。他和学校里的孩子们完全平等地交往，其中就包括几名教授的儿子——包括我自己的儿子——还有两个佐治亚州来的年轻人。"不幸的是，贝弗利·威廉斯在 1847 年 7 月 17 日死于肺结核，年仅 17 岁 10 个月。他是纯非洲裔血统，佐治亚州或弗吉尼亚州一个黑奴的儿子。[7]

❧ 大多数新英格兰人认为美国对墨西哥开动兵衅，是南方人谋求掠夺土地，以扩大奴隶制、增加他们的政治权力。波尔克总统利用

102　格兰德河①有争议地区的一次军事冲突，宣称美国遭到了袭击。他在 1846 年 5 月 11 日对国会说：“战争还是出现了，尽管我们尽了一切努力去避免，但墨西哥自己引发了这场战争。”查尔斯·弗朗西斯·亚当斯在 6 月 2 日的《波士顿辉格报》(Boston Whig) 上发表的一封信说，指控墨西哥侵略美国是“有史以来最严重的蓄意编造的国家谎言之一”。

　　7 月，亨利·大卫·梭罗 (Henry David Thoreau, 1837 届) 为了抗议美墨战争而拒绝缴纳年度人头税，因而被关进了康科德监狱。他宣称：“今年哪怕有 1 000 个人拒绝缴税，也不是暴力和血腥的行为，只有支付税款，才会让国家得以实施暴力，给无辜的人带来伤亡。”但他母亲违背其意愿，缴纳了税款，梭罗只在监狱里服刑了一天一夜。

　　爱默生预测，美国将吞并墨西哥，“就像人吞下了砒霜，最终会造成死亡”。《瓜达卢佩-伊达尔戈条约》(Treaty of Guadalupe Hidalgo) 于 1848 年 2 月 2 日签订，墨西哥割让了超过三分之一的领土。[8]

　　1848 年，查尔斯·弗朗西斯·亚当斯与失望的前辉格党人约翰·戈勒姆·帕尔弗里 (John Gorham Palfrey, 1815 届)、理查德·亨利·达纳 (Richard Henry Dana, 1837 届)、查尔斯·萨姆纳 (Charles Summer, 1830 届) 共同创立了“自由土地党”(Free Soil Party)，其政纲为“不要蓄奴州，也不要奴隶制领土”。亚当斯获得了该党的副总统提名，搭档前总统马丁·范布伦 (Martin Van Buren) 参加竞选，但辉格党的扎卡里·泰勒 (Zachary Taylor) 将军

———————

　　①　Rio Grande，在墨西哥被称为布拉沃河（西班牙语：Río Bravo），位于北美南部，全长 3 034 公里，是美国第五长的河流，其中有 2 000 公里是美墨边境线。

和米勒德·菲尔莫尔（Millard Fillmore）赢得了这次选举。

❦ 著名的瑞士博物学家路易·阿加西（Louis Agassiz）博士于1846年9月19日从利物浦乘海伯尼亚号（Hibernia）出发，前往波士顿，一路抽着雪茄，乐观地展望着自己的未来。他得到了普鲁士王室资助的3 000美元，由他的好朋友亚历山大·冯·洪堡安排，前往新大陆研究自然史。他还计划在波士顿的洛厄尔研究所做一系列讲座，主题是"动物王国的神创计划"，讲座费用1 500美元。他个头高大，头发浓黑，39岁，妻子和三个孩子住在瑞士。他收集稀有标本，比任何人更了解鱼类化石。1838年，阿加西提出了"冰河时代"的理论，这一理论解释了自然界的许多反常现象，激发了科学界的热情。

当海伯尼亚号在哈利法克斯港靠岸时，这位精力充沛的教授跳上了岸，跑到最近的一座小山上，观察那广阔的陆地轮廓。他将地貌中那些光滑的表面、犁沟和划痕视为冰川运动的痕迹，并称之为"上帝的巨犁"。他不断地被上帝造物之复杂所震惊。[9]

阿加西在1846年10月3日会见了研究所的约翰·艾默里·洛厄尔（John Amory Lowell，1815届），然后前往奥尔巴尼、纽黑文、纽约、普林斯顿、费城和华盛顿。他结交鱼类学家、古生物学家和地质学家，研究了数千个标本。在给母亲的信中，他写道："我之前从未预料有趣且重要的事情会有如此之多。"回到波士顿后，他在特里蒙特教堂的演讲吸引了无数听众。美国人似乎渴望基于观察的科学知识。约翰·艾默里·洛厄尔是洛厄尔法官的孙子，也是哈佛董事会的一员，他赞助了阿加西去尼亚加拉瀑布和怀特山的旅行，这样阿加西就可以寻找冰川活动的迹象。在洛厄尔的鼓励下，阿加西在东波士顿的海边开设了工作间，研究近海岸的海洋生物。[10]

埃弗里特校长聘请阿加西博士担任新建的劳伦斯科学学院的动物学与地质学教授，这笔钱由阿博特·劳伦斯制药公司慷慨资助。阿加西加入了美国最杰出的科学团队，团队成员包括植物学家阿萨·格雷（Asa Gray）、解剖学家杰弗里斯·怀曼（Jeffries Wyman，1833 届）、物理学家约瑟夫·洛夫林（Joseph Lovering，1833 届）和数学家本杰明·皮尔斯（Benjamin Peirce，1829 届）。阿加西的妻子去世后，他的三个孩子来到了美国。1850 年，他与波士顿的伊丽莎白·卡伯特·卡里（Elizabeth Cabot Cary）结婚。

104　　埃弗里特校长的伟大成就是建立了科学学院。他在 1849 年 1 月辞职，原因是身体有恙。①

❦ 董事会让贾里德·斯帕克斯教授（Jared Sparks，1815 届）接替爱德华·埃弗里特，他是华盛顿和富兰克林的传记作者，被认为是首位美国史教授。斯帕克斯出生在康涅狄格州的惠灵顿，家庭贫寒，他在当地慈善机构的资助下接受教育，曾花了四天时间穿越城乡，走到新罕布什尔州埃克塞特的菲利普斯学院②入学报到。他在哈佛受到柯克兰博士的影响。在斯帕克斯 1819 年于巴尔的摩接受圣职仪式时，威廉·钱宁博士（William Ellery Channing，1798 届）宣讲了他著名的布道文"一神论的基督教"。几年后，斯帕克斯回到波士顿，担任《北美评论》的编辑。他和妻子住在克雷吉楼（Craigie House）。1838 年，他担任麦克莱恩古代和现代史

---

　　① 埃弗里特后来身体有所好转。之后出任菲尔莫尔总统的国务卿，1860 年以联邦制宪党候选人的身份竞选副总统，1863 年 11 月 19 日还在葛底斯堡做了两个小时的演讲。——原注
　　② Phillips Exeter Academy，建于 1781 年，是一所私立预科学校。因其历史、影响力、财富和学术声誉，被诸多媒体称为美国的精英学校之一。

教授。[11]

　　斯帕克斯学识渊博，深受学生喜爱。爱德华·埃弗里特·黑尔（1839 届）曾评论："他的魅力难以言表。"约瑟夫·乔特回忆说："如果有人跟他抱怨学生，他总会说，'别管孩子们，他们会照顾好自己的。'"斯帕克斯对行政管理事务的细节毫不在意，把许多职责委托给了新成立的校务委员办公室。但他叫停了昆西的选课制度，该制度允许学生在学业上可以进行有限的选择。他在写给监事们的信中写道："大学里的年轻人很少能评判哪些课程最适合成熟后的积极追求。"他的名声吸引了南方人，在一八五〇年代早期，南方人几乎占了该校学生总数的三分之一。斯帕克斯甚至拜访了美国众议员约翰·戈勒姆·帕尔弗里，并建议帕尔弗里少去同情自由土地党，因为该党会伤害哈佛大学。曾任神学院院长的帕尔弗里理智地回答说，斯帕克斯必须根据他的理性判断来为学校的利益工作。[12]

　　1849 年 4 月，俄亥俄州奥伯林的一位女生申请就读这所大学，斯帕克斯答复说："一位单身女性，得知如此多的异性混在一起，我怀疑她的处境到底是不是愉快和有利的。说实在的，我不愿意鼓励任何人去做这样的实验，而且仔细想想，我相信你也会认为这样做不妥。"[13]

　　1849 年春，校方弃用了食堂。乔特还记得大学楼地下室里的最后一餐："有两个用餐区域，一处每周花费 2.5 美元，而我常去的是每周 2 美元的另一处，人称'饥饿谷'……一天供应肉，一天供应布丁。只有学院的银制餐具让人略感'宽慰'，上面印有哈佛的古老盾牌和那'神奇的词汇：真理'。"食堂停用后，志趣相投的同学们在私人公寓里，开创了"俱乐部餐桌"风尚。

106

✎ 1850 年发生的大新闻是丹尼尔·韦伯斯特的"3 月 7 日演讲"。在演讲中，这位能言善辩的参议员宣布他接受了逃奴追缉法案和妥协法案，并坚称它们对维护国家和平与团结至关重要。这项法案承认加利福尼亚为一个自由州；新墨西哥州与犹他州加入联邦时由该地居民自行决定是否成为蓄奴州；哥伦比亚特区禁止奴隶贸易；严格执行追捕逃亡奴隶的联邦法律。马萨诸塞州辉格党中的许多曾经支持韦伯斯特的人认为，他的新立场屈从于奴隶的权利，因而是"无情的叛党者"。但波士顿的商业和制造业利益相关人士都站在了他的一边。《波士顿信使》(Boston Courier) 1850 年 4 月 3 日发表了一封公开信赞扬韦伯斯特，这封信由包括斯帕克斯校长和若干哈佛教授在内的数百位公民联合署名，称"让我们履行宪法规定的义务"。

韦伯斯特希望埃弗里特在公开信上签字，但埃弗里特坚决反对。1850 年 5 月 29 日，他写道："韦伯斯特先生发表演说时，我问自己这样一个问题：'作为一个好公民，你会协助执行这样一项法律吗？如果你听说有人在追捕逃跑的奴隶，你会跑出自家房子去协助抓捕吗？'我的回答是否定的，我想韦伯斯特先生本人也不会这样做。"[14]

爱默生对韦伯斯特恶魔般的权力不以为然，他接受了剑桥一个反妥协法案会议的邀请，去发表演讲。有二三十名哈佛学生参加了集会，他们决心维护的却是南方的权利，组成了"最喧哗、最吵闹、最没头脑的一群年轻绅士，他们假装在学习'人文学科'"，埃德温·珀西·惠普尔 (Edwin Percy Whipple) 记录道，"每当美国学术界最杰出的人物发表那些代表文明世界普遍观念的言论时，这些学生唯一的辩驳就是嘘声和不满声"。爱默生每说完一个论点，都要停顿一下，让嘘声的风暴平息下来。惠普尔继续说："他平静地环顾四周，要看看是什么奇怪的人类动物发出这样的声音，此时他的眼睛呈现出奇特的、古怪的动作，像松鼠或鸟儿一般。"亨利·沃兹沃思·朗费罗（Henry Wadsworth Longfellow，鲍登学院1825 届）评论道："爱默生在政治舞台上被年轻的法律系学生嘲弄，目睹这一情景真让人难受。"[15]

与此同时，隶属于立法机关的一个特别委员会为了教育改革之事开始调查哈佛学院。该委员会报告称，哈佛未能"满足该州人民的合理期望"。该报告呼吁要有更多的职业培训——即"为特定目的而作特定学习"——并建议根据学校所吸引的学生数量来支付教授的薪酬。一项提案出台，其目的是将董事会的成员增加到 15 人，它由立法机关选出，任期 6 年。该提案被提交到州议会讨论。[16]

但是"3 月 7 日演讲"在马萨诸塞州引发了一场政治动乱，起而反对蓄奴的一些辉格党人，同日益壮大的自由土地党一道，与民主党结盟，以对抗另外那些"棉花"辉格党人①。自由土地党和民主党达成协议，决定选择民主党人担任州政府官员，而再派一位自由土地党人作为参议员前往华盛顿。查尔斯·弗朗西斯·亚当斯和他那些高尚的朋友们拒绝批准这一"明目张胆的腐败政治交易"，也不关心任何表示支持奴隶制的（民主党）选票，但是 1850 年 11月，联合政党以压倒性的优势获胜，查尔斯·萨姆纳②被选为参议员。[17]

与此同时，斯帕克斯校长向新立法机关撰写了请愿书，出色地

①　1850 年妥协法案使赞成与反对蓄奴的辉格党人分裂，在之后几年内，南方的辉格党人（又称"棉花"辉格党人）与北方的辉格党人始终在蓄奴问题上持强烈相反的意见，导致该党在选举中大败，南方的很多辉格党人也变为无党籍人士，辉格党于 1856 年最终瓦解。
②　Charles Sumner（1811—1874）原为辉格党人（1840—1848），后加入自由土地党（1848—1854）。

捍卫了大学的权利。新成立的特别委员会决定不再动学校的董事会，而是变更监事会。通过限制州长、副州长、参议院主席、州众议院议长、州教育部长、大学校长及其财务主管的监事资格，新法案实际上减少了州政府的作用，并终结了教会的影响。不过与此同时，立法机关将监事人数增至 30 名。

　　1851 年 2 月一个繁星满天的夜晚，斯帕克斯校长步行穿过西波士顿大桥回到剑桥，不幸被一辆马车撞倒在鹅卵石路面上。两个路过的学生赶紧跑去扶他。他的锁骨断了，一根肋骨受伤，右臂血肉模糊。此后，"由于神经痛，他无法再从事他喜欢的一切工作了"，

108　他的朋友乔治·爱·埃利斯（George E. Ellis, 1833 届）说。在写于 1852 年 10 月 30 日的辞职信中，斯帕克斯说："长期困居家中，还有那些令人厌烦的琐事近来对我的健康颇为不利。"[18]

　　下一任校长是詹姆斯·沃克牧师（James Walker, 1814 届），他是奥尔福德自然神学、道德哲学和公民政治教授。59 岁的沃克眉毛浓密、表情严厉，是很能鼓动人心的布道者，颂扬"一位论的荣耀"，其座右铭是"不进则耻"。他有着良好的判断力，让前财务主管的儿子查尔斯·威·埃利奥特（Charles W. Eliot, 1853 届）担任数学导师，并敦促埃利奥特从事教学工作。埃利奥特满脑子都是改革课程的想法，他认为原来的课程狭隘初级，而且低效陈旧。沃克校长支持他尝试新的背诵方法并对学生进行笔试。

　　"我试图让教学尽可能具体，通过实际的应用来阐明其原理，"埃利奥特后来写道，"比如，在学习三角学的时候，我会让学生志愿者做一些简单的测量，在他们的帮助下，我测量了离大学楼不到 1.5 英里（约 2.4 公里）的剑桥街道和空地。这些学生志愿者在我的指导下，细心地描画了一张当时的学院地图，上面标出了每

栋建筑、每条小路和每棵树。"[19]

　　沃克依靠埃利奥特来履行校长职责。两人在董事会会议的前天晚上起草了一份业务摘要。沃克经常在教职工会议结束讨论时说："我想我们最好暂停几分钟，好让埃利奥特先生起草决议。"1855年，埃利奥特监督剑桥天然气公司在霍尔沃西楼安装电灯和电表，还督建了阿普尔顿小教堂。他批准了博伊尔斯顿楼（Boylston Hall）的设计，包括新的化学实验室、矿物学陈列室和解剖博物馆，该楼竣工于 1858 年。

109

　　晚祷仪式也被叫停了。沃克校长向监事们报告说："有人曾经担心，如果下午太晚还不把学生聚到一起，邪灵便会出现，尤其是在冬天的几个月里。但现在教室安装了煤气灯，就完全不必有这种担心了。"1857 年监事会批准了一项提议，要求所有的年度考试都应以书面形式进行。[20]

　　🐟 1854 年 9 月，亨利·亚当斯进入这所大学，当时他所在的年级有近100 名年轻人。"这是新英格兰年轻一代的典型集合，他们不动声色地洞察一切，咄咄逼人地作老生常谈；不刻薄，不妒忌，不耍阴谋，不甚热切，没有激情；行动不特别快；不是有意识地持怀疑态度；他们特别不喜欢卖弄，讨厌行事做作、花言巧语的人，但也不反对有趣。他们不信任自己，也不太愿意相信任何人；其本身没有多少幽默感，却随时乐意欣赏别人的幽默；消极到一定程度，最终变成积极和胜利，"他说，"作为一个团体，他们是人们乐于见到的最可畏的批评者。"[21]

110

　　在各色学生中，亚当斯开始同三个弗吉尼亚人交往，这三人不能适应校园生活，就像"苏族印第安人①不适应人力脚踏车一

────────

　　①　即北美的达科他人。

五位哈佛校长：（左起）约西亚·昆西、爱德华·埃弗里特、贾里德·斯帕克斯、詹姆斯·沃克、科尔内留斯·费尔顿

样"。其中一位是威廉·亨利·菲茨休·李（William Henry Fitzhugh Lee），人称"罗尼"，他是罗伯特·李上校①的次子。亚当斯在《教育》（*Education*）②一书中写道："他身材高大魁梧，相貌堂堂，性情温和，对自己喜欢的一切都持通脱放达的态度。他还具有弗吉尼亚人的指挥习惯，并将领导别人视作自己的天性。至少有一年的时间，李是年级中最受欢迎、最杰出的年轻人，但后来似乎慢慢销声匿迹。仅靠命令别人是不够的，而这位弗吉尼亚人除此之外什么也不会。他单纯得无法分析。太单纯了，连新英格兰最笨的学生都无法认同他。"

这些弗吉尼亚人和亚当斯一样清楚，"在 1856 年，友谊是多么

---

① 即美国内战时南方联盟军的李将军。

② 也称为《亨利·亚当斯的教育》（*The Education of Henry Adams*）。

薄弱，致命的敌意将会令他们反目"。1857 年春天，罗尼离开了哈佛大学，接受一项军事任务，赴犹他州组织队伍对付摩门教徒。他请亚当斯撰写他的接受入伍书，"北方人的任何恭维都比不上南方人这一举动更能满足亚当斯的虚荣心"。作为一名骑兵，罗尼将成为南方联盟军队中最年轻的少将，战后任职于美国众议院。

亚当斯毕业于 1858 年。"哈佛大学的四年，如果有其成功之处的话，不过是自传上留下一片空白，脑子里留下一道钢印，"他用略显隐晦的笔调写道，"它几乎没有教我们什么，也没有让我们学坏，但它使我们的思想开放，不带偏见，无知，却温顺。"

✎ 阿加西教授如明星般冉冉升起。随着其著作和演讲的成功，他已经成为在华盛顿颇具影响力的国家科学研究的发言人。波士顿名流向他和他的家人敞开了大门；有晚餐、私人表演和溜冰派对。作为教师，他以激发学生的才能而著称。"唯一能激发他想象力的课程是路易·阿加西有关冰河时期和古生物学的讲座。"亨利·亚当斯这样评价自己。另一位年轻人记得阿加西曾捡起一块化石，说："我手里拿着的，是万能的造物主的铸币厂里凿出来的一枚奖章。"

1857 年，阿加西发表了《关于动物界分类学的论文》（*Essay on the Classification of the Animal Kingdom*），认为物种起源于造物主的指导和神奇的创世行动，并肯定地表示，物种是不可改变的，它们并非"不被觉察地由此变彼"。化石代表了在冰河时代之前存在过的动植物。神学家们称赞他的书是科学研究的胜利。[22]

阿加西希望能建博物馆来收藏他的大量标本，并使之成为培训博物学家的中心。他说："我们面前这块大陆还有待探索，但迄今我们只探索了冰山一角。"他找到了捐助者，甚至说服了马萨诸塞

州议会为此拨款 10 万美元。但科学家们也有不同意见。植物学家
阿萨·格雷认为阿加西的神创论意味着在地球不同地区独立创造了
不同物种，这是荒谬的。格雷开玩笑说，阿加西的演讲"太令人愉
快了"，以至于他希望这是真的。1859 年，查尔斯·达尔文出版了
《物种起源》一书，彻底推翻了阿加西的理论。格雷写道："这本
书以一种巧妙的方式写成，塞满了最有趣的东西，读者得以彻底理
解。它表达得很好，用例贴切，令人信服。"但阿加西从不退缩。
他关注的是他那座位于牛津街的新建筑，即比较动物学博物馆，它
在 1860 年 11 月建成开放。[23]

112　　　为了贴补丈夫的收入，伊丽莎白·卡里·阿加西（Elizabeth
Cary Agassiz）从 1855 年到 1863 年运营了一所女子学校。哈佛的教
授们来此提供指导，可以多赚一份薪水。她陪同丈夫作科学考察，
包括去亚马孙河旅行，作为文书助手。她的姐姐艾玛·福布斯·卡
里（Emma Forbes Cary）说："尽管她在丈夫手下从事简单的工作，
她的自我却从未迷失在丈夫强大的个性中。"阿加西夫人后来协助
建立了拉德克利夫学院，并担任首任院长。[24]

☙ 当时，大一和大二的学生在每学年的首个周一晚上会举行橄榄
球赛，地点在三角地，也就是现在哈佛纪念堂（Memorial Hall）那
里。两个年级的学生站成一排，中间相隔 100 码左右（约 91 米），
大声欢呼，给队伍打气。然后二年级学生开球，混战开始了。

　　这些对抗充满了暴力。斯塔腾岛来的新生罗伯特·古尔德·肖
（Robert Gould Shaw）这样描述 1856 年 9 月的一场比赛："他们全部
冲过来，几乎不是来找球的，其大部分注意力都被用来击倒尽可能
多的人，如果碰巧看到了球，就使劲踢它。这是一场正规战役，双
方各有 50 至 70 人。它更像古代战争中的肉搏，而不是体育比

赛……这期间我的体验如下：在场上待足一秒之前，球已经三次
骇人地砸到我脑袋，把我撞倒在地，他们追逐橄榄球，从我身上跑
过，把它踢到另外的半场……随后三年级和四年级学生加入，场上
一定有 200 名学生……看到他们中的一些人是多么不在意受到撞
击，这挺好。"[25]

　　人称"血腥星期一"的比赛一年比一年残酷。一些学生甚至聘
请了专业教练来备赛。1860 年 6 月沃克校长辞职后，他的继任者科
尔内留斯·康·费尔顿（Cornelius C. Felton，1827 届）禁止了这项　　113
赛事。随后，1860 年 9 月 3 日星期二，100 多名学生聚集在三角
地，观看二年级学生为橄榄球举行的模拟葬礼。他们一边唱着歌，
一边把球扔进地上挖好的洞里：

　　　　哦，倒霉的球，你不知道
　　　　这是最后一次抛向空中，
　　　　你轻轻地飞过三角地，
　　　　你的坟墓就在那里。

　　52 岁的费尔顿此前是埃利奥特希腊文学教授，他是位优雅、肥
胖的绅士，曾在希腊旅行并出版了许多书，包括注释版的《伊利亚
特》、埃斯库罗斯的《阿伽门农》和阿里斯托芬的《云》。接任埃
利奥特教授的威廉·古德温（William Goddwin）说，担任教授时费
尔顿性格温和，但成为校长后，却以"严格乃至苛刻的认真"来对
待哪怕很小的事。1860 年秋天发生了一起欺负新生的事件。八名大
二学生对几名大一学生施以"暴力之手"，并将其中一名拘禁在空
房间里。在费尔顿到来并要求释放之前，这两名二年级学生拒绝为
学院教师开门。人们发现这位新生被锁在壁橱里。此后这些大二学

生被控非法勾结，被停学 18 个月，并被勒令即刻离开剑桥。但是他们的同学却把他们当作英雄，将他们扛在肩上，在哈佛园里走来走去，并让他们坐进敞篷马车，合伙用缰绳在通往波士顿的马车铁路上拉动。然后，他们又吵吵嚷嚷地、毫不服气地从费尔顿校长住宅门前走过，领头的是该年级成绩位列第一的学生查尔斯·皮克林·鲍迪奇（Charles Pickering Bowditch）。

114 　　第二天早上，被校方传唤后，鲍迪奇发表了一通精彩的演讲，但费尔顿打断了他，说："鲍迪奇先生，你玷污了你的大名。你不是个绅士，不配称为学生。"鲍迪奇回答道："校长先生，我是来汇报昨天的情况，而不是来被羞辱的。"他被停学了，学生们开始反对费尔顿。[26]

　　第二年，愤怒的费尔顿想处罚一名叫约翰·菲斯克（John Fiske，1863 届）的三年级学生，令他停学，因为他在宗教仪式上阅读奥古斯特·孔德的书。费尔顿认为孔德是个无神论哲学家，他指责菲斯克蔑视并破坏学生们的基督教信仰。菲斯克否认传播不信教行为，但他愿意为自己欠考虑地违反了禁止在礼拜堂阅读的规定而道歉。安德鲁·皮博迪博士（1826 届）认为，作为本校最优秀的学生，仅因在礼拜堂中看书而遭停学，这是哈佛之耻。

　　菲斯克来到哈佛的时候，科学和神学之间的矛盾已经颇为紧张了。15 岁时，他读了洪堡所写的《宇宙》，开始质疑宗教教义。当他对教义进行综合的科学分析时，便油然而生一种"厌恶之感"。在康涅狄格州的米德尔敦，他被认作异教徒，他读了阿加西的动物分类学文章，认为这是"伪柏拉图式的尝试，它试图用形而上学的抽象来完成有形之力的工作"。达尔文则令他震惊，他一遍又一遍地读《物种起源》，直到几乎把它全记在心里。

　　菲斯克因"严重渎神（在礼拜活动时看书）"而被公开训诫。

费尔顿校长在给他母亲的信里指责道:"我们有责任开除任何一个破坏学生信仰的人。我希望您在这一点上提醒您的儿子,因为只要他试图散播自以为是的有害观点,我们都会立即与监护人联系,将其带离学校。"[27]

1861年夏天,费尔顿和他的家人搬进了昆西街新落成的校长宅邸中。有一天,费尔顿代古德温教授上课,听到所有二年级学生依序背诵阿里斯托芬的《云》中的三个部分。费尔顿由衷感激古德温,并说:"在这所学院担任教授和担任校长的乐趣,真是天壤之别。"费尔顿于1862年2月死于心脏病。[28]

☙ 19岁的罗伯特·林肯(Robert Lincoln)来自伊利诺伊州的斯普林菲尔德,他在1859年8月申请入学,却没能通过考试。"我很荣幸,竟符合一大堆不适合入学的条件,"他后来回忆道,"但我不服输,在沃克校长的建议下,我去了位于埃克塞特的那间著名学校①。"当时在哈佛大学的全体教员中,只有詹姆斯·拉塞尔·洛厄尔(James Russell Lowell,1838届),即史密斯法语、西班牙语教授和纯文学教授②,听过他父亲亚伯拉罕·林肯之名。[29]

第二年,罗伯特通过了入学考试,1860年秋天,他成为新生中毫不起眼的一位。他获得了"栅栏王子"的绰号③,11月,他的父亲当选美国总统。12月,北方的学生为南方的同学举办了告别晚宴,因为圣诞假期后,他们不太可能回得来了。12月20日,南卡

———————

① 即前文提及的埃克塞特菲利普斯学院。

② Smith Professor of the French and Spanish Languages and Professor of the Belles Lettres。

③ 罗伯特的父亲亚伯拉罕·林肯在竞选总统时被称作"劈木人(railsplitter)",因为他年轻时曾在印第安纳州乡下干过农活,用斧子费力地劈开那些用作栅栏的木头,故有此外号。罗伯特因此被称作"栅栏王子"。

罗来纳州投票决定脱离联邦，密西西比州、佛罗里达州、亚拉巴马州、佐治亚州和路易斯安那州紧随其后。得克萨斯州于次年 2 月脱离联邦。亚伯拉罕·林肯于 3 月 4 日宣誓就职。4 月 12 日，南军向萨姆特堡开火。一支由大学生组成的志愿者队伍开始聚集在学校三角地，接受武器训练，作军事演习。林肯总统要求 4.2 万名志愿者服役三年。罗伯特·林肯试图保持低调，尽管媒体注意到他"优雅的外表"与"他的总统父亲那松散、粗心、笨拙的装束形成反差"。据说林肯先生很高兴他的儿子接受了他未曾有过的教育。林肯夫人对她的朋友们说："罗伯特比你们所见过的任何人都更成熟、更进步。"他的父亲不鼓励他参军。

　　罗伯特在大学里最宝贵的经历是和诗人、散文家、废奴主义者詹姆斯·拉塞尔·洛厄尔教授一起研究但丁的《地狱篇》。"我们的职责是翻译文本，洛厄尔先生以极大的耐心指出我们的错误，并就诗中的问题与我们进行了愉快的交谈。"他回忆道。洛厄尔待学生像对待绅士一样，用意大利语对他们说："哪怕你们迟到，我也不会说什么，但我希望你们都能准时到。"洛厄尔住在埃尔姆伍德，这是托马斯·奥利弗在一七六〇年代建造的宅子，他的父亲查尔斯·洛厄尔牧师（1800 届）是约翰·洛厄尔法官（1760 届）的儿子、约翰·洛厄尔牧师（1721 届）的孙子，在 1818 年买下了这座宅子。

　　1862 年 12 月，已是大三学生的罗伯特·林肯，因为在哈佛广场吸烟而被公开训诫，此前他曾因同样的过错被私下训诫。[30]

　🙾 1860 年毕业的罗伯特·古尔德·肖是首批自愿参军的哈佛人之一，他被任命为马萨诸塞州步兵第二团少尉，驻扎在西罗克斯伯里的布鲁克农场。1861 年 5 月 24 日，他在给父母的信中写道："很多人说他们为自己的国家感到羞耻，但我骄傲的是，我们至少向前迈出了很大的一步，推翻了长期以来一直让我们蒙羞的支持蓄奴的政府。"7月，他所在的兵团向南方进军。他在马里兰州的希克斯营地度过了一个下雪的圣诞节，叫醒醉汉，遇见逃跑的奴隶。[31]

1861年10月，詹姆斯·拉塞尔·洛厄尔的外甥威廉·洛厄尔·帕特南中尉，在波尔灌木丛之役那场灾难性的交战中遇难①。他的侄子詹姆斯·杰克逊·洛厄尔（1858届），马萨诸塞州第二十志愿军中尉，在1862年7月4日于里士满附近的格兰代尔因伤去世。另一个侄子，查尔斯·拉塞尔·洛厄尔上尉（1854届），美国第六骑兵团的一员，被称为"风流骑士"，与罗伯特·肖19岁的妹妹约瑟芬订婚了。

1863年2月，罗伯特·肖获得马萨诸塞第五十四步兵团的上校军衔，该兵团是战争中首个黑人步兵团。"一切都很顺利，"他在训练黑人新兵一个月后给父亲写信说，"这些人的智力水平让我大吃一惊。他们比我手下的大多数爱尔兰裔更快掌握了警卫和营地的所有细节。"5月，在成千上万的联邦政府支持者的欢呼声中，他带领着他的黑人军团，同白人军官们游行穿过波士顿街道，来到巴特里码头，一艘开往南卡罗来纳的轮船正等着他们。②

---

①　即李斯堡之役，发生于1861年10月21日弗吉尼亚李斯堡，最终北军战败，伤亡921人，南军伤亡149人。

②　就读于科学学院的21岁的威廉·詹姆斯站在人群中，认为有色人种兵团比他见过的任何白人兵团更好，他正注视着担任军中副官的弟弟维尔基，维尔基后面，是一匹打着响鼻的战马，上面坐着查尔斯·拉塞尔·洛厄尔上尉和高贵的约瑟芬·肖。"我回头看见他们的脸和背影映照在傍晚的天空中，"詹姆斯回忆道，"他们看上去那么年轻，那么斗志昂扬，而我却被自己是否有责任参军之类的问题弄得很苦恼，于是我向后退缩，以免被认出来。他们没有看见我。我永远不会忘记他们给我留下的印象。"他溜走了。——原注

肖上校渴望他的士兵能有机会在战斗中证明自己。"我想让我的人和白人军队并肩作战，如果有必要的话，打一场漂亮的仗，"他写道，"为了让自己的价值得到充分承认，他们应该和其他部队一起行动。这是让他们尽最大努力的激励。"他如愿以偿。马萨诸塞第五十四步兵团受命进攻查尔斯敦港莫里斯岛的瓦格纳堡。7 月 20 日晚发动冲锋。在离要塞大约 100 码（约 91 米）的地方，反政府军①的火力肆虐，第一营只能停滞不前。"但那只是一瞬间而已，"官方报告写道，"肖上校跳上前线，挥舞着他的剑，喊道：'前进，第五十四兵团！'接下来一阵欢呼和喊叫，军人们冲过了壕沟，爬上了右边的胸墙……肖上校第一个爬上了墙。他笔直地站着，命令他的士兵前进，当他喊着让他们继续前进时，却被射杀了，倒在了堡垒里。"[32]

反政府军把他的尸体扔进了堡垒附近一个不起眼的坟墓里。和他一起阵亡的，还有 1865 年的毕业生卡伯特·杰克逊·拉塞尔（Cabot Jackson Russel）上尉。

托马斯·希尔（Thomas Hill，1843 届）是沃尔特姆此前唯一的一位论牧师，曾短暂担任俄亥俄州安蒂奥克学院（Antioch College）院长，在费尔顿之后当选哈佛大学校长。他的肩膀宽阔，脑袋滚圆，是哈佛自昆西以来首位真正的反蓄奴校长，同时也是伟大的数学家，据说他是美国国内唯一能理解本杰明·皮尔斯教授（1829 届）的人。希尔既不看重财富，也无视社会地位，但其努力却常常适得其反。"有一次，工人们在挖格雷楼地窖的时候，希尔校长脱掉外套，抓起一把铁锹，也使劲地挖了半个多小时。这是为了告诉

---

① The Rebel，南方联盟军的另一种称呼。

学生们，劳动也有尊严；然而他们并不这样看，"1867年毕业的弗兰克·普雷斯顿·斯特恩斯（Frank Preston Stearns）回忆道，"他给二年级学生写信，告诫他们不要欺负新生，结果，新生受到的欺凌比以往任何时候都要严重。"[33]

希尔校长抱怨说，在哈佛广场和鲍登广场之间横跨西波士顿大桥的铁路上，有一条通往波士顿的马车铁路，出行十分方便。这趟耗时仅30分钟的行程只需要10美分。他向监事会报告说："每天往返波士顿的马车几乎有上百趟，这使得校方几乎不可能防止年轻人接触到城市的种种诱惑。"

1863年，希尔不舍地出售了昆西校长从英格兰为学校订制的
银器。[34]

◂ 洛厄尔上尉于1863年10月31日与约瑟芬·肖结婚。接下来的一年里，他在谢南多厄山谷与谢里登将军作战，战争中他的坐骑因被射杀而更换了13次。1864年3月，他被任命为马萨诸塞第二骑兵队的上校。10月初，他写信给约瑟芬，说："我不想死，因为我还想回家。我不知道会不会被子弹击中，但我现在不想。有时我很害怕。"1864年10月19日，在锡达克里克，他的右胸侧面被一颗足以让他肺衰竭的子弹打中。当天晚上，他带头冲锋，被一颗子弹击中，颈椎断了。他坚持了半天。葬礼于10月26日星期五在学校礼拜堂举行。讲坛上覆盖着常青树和鲜花。棺材用美国国旗包裹着。教堂里坐满了人。他被葬在奥本山公墓。[35]

春天来了。那是1865年4月9日的早晨。弗兰克·普雷斯顿·斯特恩斯正要加入通往阿普尔顿小教堂的三条队伍中时，一个学生从哈佛园那头大喊："李将军投降了！"男生们走进教堂，里头传来

一阵嘈杂的人声。年老的皮博迪博士，"他的脸就像一幅古老的宗教画上的圣人一样容光焕发"，极其热情和庄重地祈祷着。希尔校长站起来说："在这个光辉的早晨之后，在下一次太阳升起之前，在大学里做任何事或埋头学习，都是不合适的。"

园内，基督教教友们唱着感恩的赞美诗。"每个人都去和他最好的朋友喝上一杯酒。"斯特恩斯回忆说。球员们跑到三角地；台球好手们举行了一场比赛；划船的人出发了，在波士顿港划了三小时的船。教授们放弃了他们的沉思工作。[36]

120　　林肯总统在一周后遇刺身亡。

当时已经离开哈佛的查尔斯·威·埃利奥特，在罗马西斯廷礼拜堂参加仪式时听到了这一可怕的消息。第二天，他写道，这一令人骇然的行为是"奴隶制最大的成果，我们该如何救赎或除掉那些蛮族呢"。从1860年开始，他在劳伦斯科学学院管理化学实验室有几年时间了，但被排除在教授职位之外。他拒绝参军，理由是他是家中独子、唯一的劳动力，母亲是寡妇，岳母也是寡妇。但这个决定给他带来了"巨大的痛苦"。他带着家人去了欧洲，参观了旧世界的教育机构，并继续他的化学研究。他的妻子是埃伦·德比·皮博迪（Ellen Derby Peabody），国王礼拜堂前牧师伊弗雷姆·皮博迪牧师的女儿，生育了两个小孩。[37]

在刺杀事件发生几个星期后，他考虑了出任位于洛厄尔的梅里马克制造公司管理者的邀请，年薪5000美元，附赠一间豪华住宅。但他决定不去那里。相反，1865年9月剑桥的麻省理工学院成立后，他以2000美元的年薪接受了该学院化学教授一职。

❧ 根据1865年4月28日的立法法案，除了校长和财务主管，在校任职人员将不能担任监事，而根据 1851 年法案，30 名监事的来源，从州议会议员变成该校毕业生和荣誉学位获得者，他们将在剑桥的毕业典礼上投票选出。"哈佛从它与州政府的混乱关系中解放出来，建立了新的基础，依靠校友的关爱和协助，为它提供了巨大的进步空间和有益前景。"一份监事会报告这样说道。再也不会有州政府调查，或者不成熟的改革想法了。[38]

121

这年秋天，学校招收了首位黑人学生，他是来自费城的理查德·西·格林纳（Richard T. Greener）。格林纳重读了一年级的课程后，赢得博伊尔斯顿演说奖，他毕业于 1870 年。同样在 1865 年，来自费城的埃德温·克·约·图·霍华德（Edwin C. J. T. Howard）进入了医学院。1869 年，哈佛的首批黑人毕业生是医学院的霍华德、法学院的乔治·刘·拉芬（George L. Ruffin）和牙科学院来自华盛顿特区的罗伯特·坦纳·弗里曼（Robert Tanner Freeman）。①[39]

与此同时，实业家以一如既往的热情，为那些因终结奴隶制和维护联邦而牺牲的哈佛人建造了一座战争纪念碑。一个 50 人的委员会由此成立，并筹集资金，地点选定为三角地的一块空地，罗伯特·肖、罗尼·李和罗伯特·林肯曾在那里玩过橄榄球。1870 年 10 月 6 日奠基时，米德将军②和哈佛战争退伍军人参加了这场精彩的充满爱国主义色彩的典礼。多达 1 311 名哈佛人在联邦军中服役，138 人死于战场或医院。另有 257 名哈佛人在南方联盟军中服

---

① 格林纳后来先后担任霍华德大学法学院院长、美国驻孟买和符拉迪沃斯托克领事。拉芬成为州议员、波士顿市议会成员，也是马萨诸塞州首位黑人法官。——原注

② 乔治·戈登·米德（George Gordon Meade，1815—1872），美国陆军少将，1863 年在葛底斯堡战役中指挥联邦军波托马克军团击败联盟军罗伯特·李将军率领的北弗吉尼亚军团。

役，64 人死亡。

　　大理石碑刻着联邦军阵亡将士的名字，镶嵌在纪念堂耳堂下面的高拱顶房间的墙壁上。这块碑带有装饰性的尖塔，高达 195 英尺（近 60 米），直插云霄。[40]

第七章　埃利奥特校长的哈佛

　　根据学校一份目录估算，1868 年在哈佛念书，至少要花 273 美元，这包含了 38 周的食宿费、课本费、教学费，以及教室、图书馆和体育馆的使用费等。查尔斯·阿尔米（Charles Almy，1872 届）回忆说："住宿通常是两人共用一个房间，生活、睡觉、学习都在一起……房间里唯一的热源是个小小的壁炉，所有的楼都不通暖气……房间里没厕所，也没有自来水……学生们夜里得到哈佛园中的学校水泵那儿打水……早上从床上爬起来生火，平日里是桩让人开心的事，但等气温降至零摄氏度时，这事就变得了无生趣。"

　　在牧师安德鲁·皮博迪博士（Andrew Peabody，1826 届）的指导下，学校重建了食堂，它位于旧火车站，也就是现在奥斯汀楼所在的地方。这个独立的餐馆悬挂着诱人的广告牌——"简餐，大量供应"，并向所有学生开放。"每张桌子大约可坐 20 人，边上都有一人负责切肉，他愿意为大家服务，是因为可以为自己切到最好的一份。"阿尔米回忆道，"食堂服务员都是女性，经过精心挑选，绝对不能是美女。"[1]

　　希尔校长在长期患病后于 1868 年辞职。董事会想要查尔斯·

123 弗朗西斯·亚当斯接任，他在战争期间赴伦敦，出色地担任过公使，但亚当斯不无遗憾地拒绝了。随后，董事会便期待查尔斯·威·埃利奥特来出任，他也拒绝了，但最终还是在 1869 年 3 月接受了提名。不过他遭到监事会保守派成员的反对，理由是他既不是牧师也不是古典学者，同时太年轻了，只有 35 岁，还是个科学家。保守派监事们支持皮博迪博士当校长。但董事会在 5 月 19 日以 16 票对 8 票通过了埃利奥特的提名。[2]

1869 年 9 月，埃利奥特和他的两个孩子搬到了昆西街的校长宅邸，他深爱的妻子艾伦在长期患病后于 3 月死于肺结核。"我日夜不断地努力工作，一方面是为了防止自己退回到前三年的那种烦恼中，另一方面是因为对新接手的这项工作有强烈的兴趣。此前发生的种种，让我强烈地希望证明董事会的选择没有错，如果我能做到的话。"他曾这样回忆。他是个运动型的人，身材魁梧，头发乌黑，体型好似划桨手，右脸上有一块紫色胎记。他经常在下午骑马健身。夏天时和他的儿子们在新英格兰海岸边驾驭他的单桅帆船，并在缅因州的海滨露营。[3]

据其传记作者亨利·詹姆斯三世（Henry James III，1899 届）的说法，埃利奥特认为，大学校长应该像船长那样，独自进餐，必须随时说"不"，同说"好"一样频繁，他要经常让人失望，阐明自己的观点，执行严厉的决定，要求不合适的人辞职，并承担自己的责任。"他克制自己尽量不惹人喜爱，于是就少有人爱他。"詹姆斯写道，"那些支持他的人，和他相处时并没有比那些反对他的人轻松多少。"学生们都觉得他冷漠，拒人于千里之外。[4]

埃利奥特校长行动迅速，要让大学现代化，首先从教师队伍开始，他任上头两年，就增加了 13 个教授席位，同时将教授年薪提124 高到 4 000 美元，助理教授 2 000 美元，导师 1 000 美元。他任命新教师，多会考虑新英格兰之外的优秀博学之士，以及那些持非正统观点的人。他选中约翰·菲斯克任哲学讲师，菲斯克曾被费尔顿校长谴责为异教徒。"在这里，老顽固的日子一去不复返，年轻人有机会了。"菲斯克在给母亲的信中欢呼道。他此后还被选为监事。[5]

印有查尔斯·威·埃利奥特头像的邮票

任命学院教务长，为埃利奥特校长减轻了不少行政和校纪方面的琐事，这些事曾经让前任校长感到灰心丧气。他着手升级研究生院。1870 年 1 月，他找来克里斯托弗·哥伦布·兰德尔（Christopher Columbus Langdell，1851 届）担任法学院院长。兰德尔要求法学院学生必须接受书面考试，此举被人指责为使绊子，"一半以上的学生连字都不会写呢，"外科医学教授亨利·比奇洛医生（Henry Bigelow，1837 届）说，"他们自然没法通过考试。"[6]

哈佛园被收拾得光鲜漂亮。阿普尔顿小教堂后面灌木丛中的公共厕所被拆除了，霍尔沃西楼和大学楼地下室建成了通自来水的厕所。塞耶楼于 1870 年建成，可供 116 名学生住宿。韦尔德楼（Weld Hall）和马修斯楼（Matthews Hall）在随后几年建成，分别可供 80 和 100 名学生住宿。霍利奥克楼（Holyoke House）建在哈佛园外，对面就是沃兹沃思楼。

1870 年 9 月，亨利·亚当斯（1858 届）来剑桥短暂拜访。战争期间，他曾在伦敦担任父亲的秘书，如今住在华盛顿，为各种出版物撰写有关格兰特政府的文章。埃利奥特强留住他，并提供给他历史学助理教授的新职位。"但是，校长先生，"亚当斯反对道，"我对中世纪历史一无所知。"埃利奥特温和而坚定地回答道："亚当斯先生，如果你能说出谁懂得更多，我就任命他。"几天后，亚当斯便开始教书。他最终被证明是个优秀教师，但他从不承认这一点。他喜欢在课堂上让学生展开辩论，一方是联邦党派系波士顿人，让他们支持"可怕的"杰斐逊立场，另一方是民主党派系的学生，让他们支持"令人憎恶的"联邦主义。有一次，他问学生大学教育对他意味着什么，对方的回答让他大吃一惊："在芝加哥，哈佛大学的学位证书很有含金量。"不过他发现剑桥的社交圈令人窒息，7 年后，他去了巴黎、伦敦和华盛顿，因为那里的谈话气氛更为活跃。[7]

威廉·詹姆斯也是埃利奥特挖掘过来，最后证明是堪当大任的人。詹姆斯在 1869 年取得了医学院的学位，但他患有抑郁症和神经过敏，拒绝从事任何职业。他和父母住在昆西街上离哈佛园不远的一座房子里。早在 1860—1861 年间，詹姆斯还是劳伦斯科学学院化学系的学生时，埃利奥特就认识他。此后埃利奥特给他提供了一份工作。"被任命为生理学教授，对我来说简直是天赐良机，"威廉在给他的弟弟、小说家亨利的信中写道，"外在动机驱使我去工作，同人打交道，而不是从事思考，这些事并不会限制我，反而能让我从那些内省的研究中抽离出来，内省的研究在我心中培育出了一种哲学的忧郁症，从中抽离出来一年必定对我有益。"

詹姆斯从 1873 年 1 月开始教书，他觉得这份工作令人激动兴奋。他在信中写道："我似乎已经成功地引起了[学生们的]兴趣，因为他们极其专心，我听到他们发出满意的声音。"[8]

126

✍ 1873 年，阿加西教授在他位于昆西街的家中死于脑溢血。他生前从未接受进化理论，但仍是美国博物学界受欢迎的象征性人物。阿加西的学生们接受了达尔文主义，却仍然钦佩他，对他充满感激之情，他们回忆道："这位伟大的善人站在一条巨嘴长鼻的大鱼旁边，脸上会带着慈父对摇篮里的婴儿的那种喜爱之情。"美国副总统出席了皮博迪博士在阿普尔顿小教堂为他举办的葬礼。他的儿子亚历山大·阿加西（Alexander Agassiz，1855 届）成为比较动物学博物馆的馆长，并向博物馆捐赠了超过 75 万美元的钱款。他协助开发了密歇根上半岛的卡柳梅特和赫克拉铜矿，此后被选为校董。[9]

1873 年入学的年轻人首次超过 200 名。哈佛校报《品红报》（*Magenta*）于 1873 年改为双周刊；1875 年学校正式采用深红色（crimson）作为校色，遂将刊名改为《深红报》（*Crimson*）①。1875 年 11 月 13 日，首场哈佛—耶鲁橄榄球友谊赛在纽黑文举行，每队 15 人，最后哈佛赢了。1876 年，《哈佛讽刺》（*The Lampoon*）杂志成立。

———————

①　又被译作《克里姆森报》。

1876 年 9 月，18 岁的西奥多·罗斯福（Theodore Roosevelt）从
纽约市来到剑桥。在温斯罗普街 16 号理查森太太的寄宿公寓里，
一间套房已为他准备就绪，壁炉里燃着煤炭。他是百万富翁慈善家
的儿子，从小接受家庭教师的教育，会说法语和德语，对自然史很
感兴趣。他养蛇、陆龟和老鼠当宠物，还喂养小鸟。"7 点半的时
候，我的校工生起火，擦好了靴子，唤我起床，我 8 点开始吃早
饭。"他给父母写信说。

西奥多结交了一群富有的权贵青年。在发现食堂饭菜"渐渐
没法吃了"之后，他和理查德·索顿斯托尔（Richard Saltonstall）
一起到布拉特尔街的摩根夫人家吃饭，索顿斯托尔与六个波士顿
人住在理查森太太的寄宿公寓的一楼。11 月，他观看了第二届哈
佛-耶鲁橄榄球赛。"星期五下午，我和七八十名男生一起去纽黑
文观看我们的橄榄球队和耶鲁队的比赛。"他在给母亲的信中写
道，"很遗憾的是，我们输了这场比赛，我们的对手赢得太
肮脏。" [10]

他被视为怪人。这里学生的普遍作风是闲适而淡泊，但西奥
多行事却过分急切而热情。有人看见他在课间匆忙走动。他经常
向教授们提问，但说话时口齿不清。在"地质学（四）"课程
中，纳撒尼尔·索斯盖特·谢勒教授（Nathaniel Southgate Shaler，
1862 届）对他说："停一停，罗斯福，让我说话。是我在负责这
门课。"据大三时的一位同学回忆："罗斯福来之前，政治经济学
这门课很平淡无趣。而随着他的出现和他的提问，班级活跃起来
了。"西奥多喜欢激烈的运动，如拳击、摔跤和划船。他有时可
能心血来潮，下午步行 8—10 英里（约 13—16 公里），或者在寒
冷的天气里到清新池（Fresh Pond）中滑冰 3 小时，并大叫："这
不是很棒吗！"威廉·罗斯科·塞耶（William Roscoe Thayer，

1881 届）记得他当时想："我不知道他是不是真的，或者只是表面上的古怪。"[11]

作为哈佛新生的西奥多·罗斯福

　　西奥多至少喝醉过一次，那是在加入坡斯廉俱乐部的时候。他在 1878 年 11 月 2 日的日记中写道，自己"喝酒之多，可谓空前，也许未必绝后。不过，我还可以清醒地给手表上发条。酒总是让我变得好斗"。过了一个星期，他写信给妹妹说："我很高兴来这里，在这儿玩得很高兴。有台球桌、华丽的图书馆、拳击室等等，里面有我最好的朋友。"

　　西奥多的父亲在他大二的时候去世了，他继承了 12.5 万美元。他在大三时买了一匹马，唤它作"轻足"，养在马厩里，花费 900

128

美元，比大多数同学在校一年的费用还多。1879 年 6 月，学校毕业庆祝日的前夜，他在德尔塔·卡帕·爱普西伦兄弟会①的草莓之夜与人打架。"我和一个捣蛋鬼吵了一架，把他打倒在地。指关节被他严重咬伤。"他在日记中写道。大四时，他买了一辆马车，并在栗树山向爱丽丝·哈撒韦·李（Alice Hathaway Lee）求爱。1879 年 10 月 13 日，他写信给妹妹安娜说："我在年级排第 19 位，全年级有 230 人，出身高贵的绅士中名次比我高的只有一人。"他以极优等成绩②毕业，并获选入美国大学优等生荣誉学会。他在日记中写道："在大学的最后两年中，我确实过着王子般的生活。"[12]

　　并不是每个有钱的学生都能在理查森太太的寄宿公寓得到一个房间。学生们需要更好的生活条件，而学院只能提供小小的宿舍。已故的查尔斯·贝克教授有个足智多谋的女儿，她提出为富裕学生建造"私人宿舍"的想法，并在 1876—1877 年造了一幢漂亮的四层砖房，位于哈佛街和昆西街之间的马萨诸塞大道上。这座贝克楼由学校核准，坐拥 28 套房间——12 套双人间和 16 套单间——有高高的天花板、私人浴室、冷热自来水、中央暖气、吊灯和传声管（speaking tube）。学生宿舍的竞争很激烈，很快就有其他的私人宿舍开建。[13]

　　哈佛园仍是穷学生的庇护所。1882 年，西班牙裔哲学家乔治·桑塔亚纳成为大一新生，他住在霍利斯楼 19 号，房间在一楼，有一张沙发床、一个烧煤的壁炉，还可以使用学院的水泵，

①　Delta Kappa Epsilon，通常被称为 DKE，1844 年于耶鲁大学成立，是美国历史最悠久的兄弟会之一，目前在北美有 56 个分会。
②　西奥多·罗斯福获得的是极优等（Magna Cum Laude），是优等中的第二等，仅次于最优等（Summa Cum Laude）。

Private Collegiate Instruction for Women.

The ladies whose names are appended below are authorized to say that a number of Professors and other Instructors in Harvard College have consented to give private tuition to properly qualified young women who desire to pursue advanced studies in Cambridge. Other Professors whose occupations prevent them from giving such tuition are willing to assist young women by advice and by lectures. No instruction will be provided of a lower grade than that given in Harvard College.

The expense of instruction in as many branches as a student can profitably pursue at once will depend upon the numbers in the several courses, but it will probably not exceed four hundred dollars a year, and may be as low as two hundred and fifty. It is hoped, however, that endowments may hereafter be procured which will materially reduce this expense.

Pupils who show upon examination that they have satisfactorily pursued any courses of study under this scheme will receive certificates to that effect, signed by their Instructors. It is hoped, nevertheless, that the greater number will pursue a four years' course of study, in which case the certificates for the different branches of study will be merged in one, which will be signed by all the Instructors and will certify to the whole course.

The ladies will see that the students secure suitable lodgings, and will assist them with advice and other friendly offices.

Information as to the qualifications required, with the names of the Instructors in any branch, may be obtained upon application to any one of the ladies, or to their Secretary, Mr. ARTHUR GILMAN, 5 Phillips Place.

Mrs. LOUIS AGASSIZ	*Quincy Street.*
Mrs. E. W. GURNEY	*Fayerweather Street.*
Mrs. J. P. COOKE.	*Quincy Street.*
Mrs. J. B. GREENOUGH	*Appian Way.*
Mrs. ARTHUR GILMAN.	*Phillips Place.*
Miss ALICE M. LONGFELLOW	*Brattle Street.*
Miss LILIAN HORSFORD	*Craigie Street.*

CAMBRIDGE, MASS., *February 22, 1879.*

1879 年"哈佛附属学院"的招生通告。那年秋天，有 27 名女性入学每年的租金是 44 美元。他在回忆录中写道："对于一名贫穷而自由的学生来说，没有任何地方、任何房间、任何生活方式比这更适合我了。"他在戈尔图书馆的一间特别的小房间中找到了安身之处，那里存放着哲学书籍和外国刊物。日落时分，图书馆关门了，他就回到霍利斯楼的房间中，坐在壁炉前，和朋友喝杯酒，读几首诗。[14]

✎ 埃利奥特在他的就职演说中说："董事会拟不接受女学生来此读本科，也不接受她们进入任何需要在学校附近住宿的研究生院。数百名人格不成熟却已到适婚年龄的青年男女共住一起，会惹出相当严重的是非，因此需要极其繁琐的规章戒律……对女性的自然心智能力，世上几无人知。"医生们声称，上大学会损害女性的健康和生育能力，乃至其女性气质。1877 年，埃利奥特娶了格雷丝·梅林·霍普金森（Grace Mellen Hopkinson），她是法官托马斯·霍普金森的女儿，托马斯法官是 1830 年毕业时名列第一的学生。格雷丝女士很有魅力，她在剑桥圣约翰教堂唱诗班的歌声引起了埃利奥特的兴趣。她还在业余剧院演出。[15]

1879 年，一个女性委员会成立了"女性的私立大学指导"协会，在阿皮安路一间灰色楔形护墙板覆盖的楼里租了几个房间，经埃利奥特许可，安排了几位教授为一群通过考试的年轻女性传授和哈佛一样的课程。那年秋天，有 27 名女性进入了这个"哈佛附属学院"（Harvard Annex）。15 年后，女性数量超过了 200，由 69 名哈佛教师提供指导。1894 年，学院改名为拉德克利夫学院，以哈佛大学史上首位女捐赠人安·拉德克利夫（Ann Radcliffe）的名字命名。安·拉德克利夫曾于 1643 年捐赠了 100 英镑。首任院长是伊丽莎白·卡里·阿加西。1897 年，一个教工委员会报道称，拉德克利夫学院在入学、教学、考试标准等各方面都与哈佛大学相同。①

　　而哈佛某些主要面向研究生的课程，实际上也对拉德克利夫学院符合资格的女生开放。在 1899—1900 学年的选课手册中，有 63 门这样的课程被标上了双短剑符号。但是巴雷特·温德尔教授（1877 届）认为这种创新是危险的，会威胁到"哈佛传统的纯粹男性气概"。他在 1899 年 10 月的《哈佛月刊》上写道："如果这种作法继续施行，并且人数再增加的话，哈佛可能会变为男女同校教育，一些不谨慎的男性可能会做出毁弃婚约之事。"他声称，教导那些"精神上相对缺乏抵抗力"的女孩和妇女，会让老师堕落，使

132

拉德克利夫学院的 1896 年毕业生

---

　　①　霍利奥克山女子学院成立于 1837 年，同年奥伯林学院也接受女性入学。瓦萨学院成立于 1865 年，史密斯学院和韦尔斯利学院成立于 1875 年。——原注

他们慢慢陷入"迷恋对方的险境"。[16]

阿加西院长于1903年退休，接替她的是勒巴伦·拉塞尔·布里格斯教授（LeBaron Russell Briggs，1875届），他还担任哈佛学院院长。

❦ 埃利奥特校长在全国范围内寻找最好的学者。1883年6月，哈佛大学的入学考试同时在安多弗、埃克塞特、纽约、费城、辛辛那提、芝加哥、圣路易斯和旧金山举行。几年后，入学不再要求考古希腊语，这便扩大了申请者的范围。董事会还取消了大一期间学习古希腊语和拉丁语的要求。

1885年，学生们向校方请愿，要求废除强制性的晨间礼拜仪式，认为这是"侵犯公民自由的古老残余"。监事们驳回了请愿。但新任的普卢默教席教授弗朗西斯·皮博迪博士（1869届）出人意料地支持这一提议，他主张"大学现在信奉的是'通过自由达到自律'"，强制性的礼拜仪式就此终结。校董和监事们还投票决定在哈佛校徽上恢复"真理"一词。[17]

1886年，格罗弗·克利夫兰（Grover Cleveland）总统来到剑桥参加哈佛建校250周年庆祝活动，不过他罕见地拒绝接受荣誉学位，理由是自己所受教育有限，而且缺乏法律从业经验。埃利奥特校长雄辩地阐述了大学在现代社会中的作用："它们将一代又一代人引领到现有知识的边界上，到那些已经被征服的领域最边缘的地方，并对热情的青年说：'我们的先辈到此为止，现在该你们上了！'"他接着介绍，"大学生活的所有益处——身体上的、社交上的和智力上的——一年只消不超过800美元就可以享受到，再加500美元就能涵盖所有日常开销。"[18]

不过，埃利奥特也有烦心事，那便是校际橄榄球赛的出现，它让在校生、校友、媒体人、政客、商人、赌徒和普通市民都极为兴

拉德克利夫的首任院长伊丽莎白·卡里·阿加西

奋。他认为橄榄球是"一种残忍的、充满欺骗的、使人堕落的竞技活动"，它破坏了大学的宗旨，造成了太多的鼻梁骨折和肋骨骨折事件。他青睐那些"简单而理性的男性运动"，如体操、步行、跑步、划船、骑马、射箭、击剑、帆船、网球、保龄球等，它们适度而安全。"体育运动应该培养勇气、公平竞争和荣誉感。"他在1883—1884学年写给监事的报告中写道，"但一场比赛中，若双方发生了激烈的身体冲突，那它就不可能成为好的校际赛事。"1885年1月，全体教员们投票决定禁止学生参加校际体育竞赛，为期一年。[19]

在1893—1894学年的报告中，埃利奥特写道："橄榄球运动变得越来越糟，因为犯规和暴力行为，受伤球员越来越多，其伤势也越来越严重。"他把观众比作"喜欢职业拳击赛、斗鸡、斗牛，或者从前那些热衷于罗马竞技场的人"，并得出结论说，"现在的比赛

不适合大学生"。1895 年 2 月，全体教员们再次投票决定停止校际
橄榄球比赛。春天过后，哈佛大学和耶鲁大学之间的所有比赛都叫
停了。这项禁令在划船、棒球和赛跑项目上持续了一年，在橄榄球
项目上持续了两年。

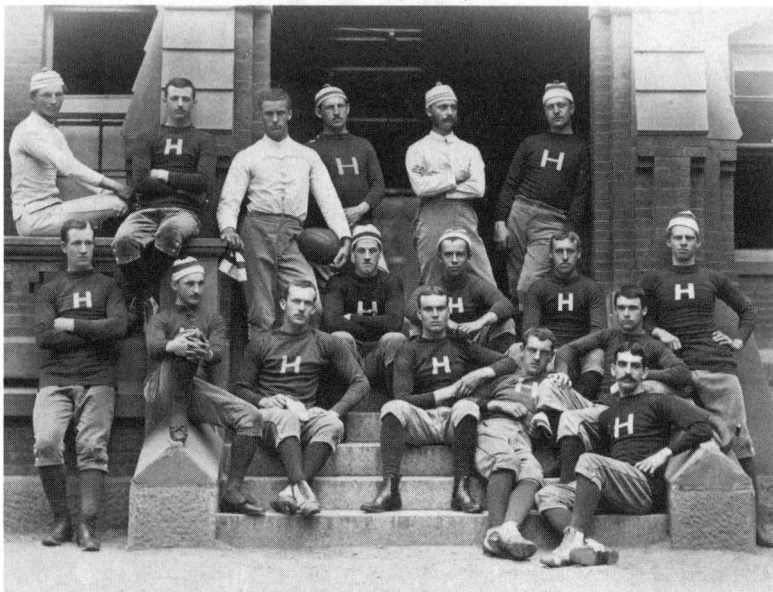

1878 年的哈佛橄榄球运动员。这项运动是埃利奥特校长最爱攻击的目标

埃利奥特对橄榄球和其他运动的看法并不受人欢迎。他曾经说
过，最具男子气概的打橄榄球方式应当是"进攻对方防线最强的部
135　分"。他认为棒球中的弧线球是"一种低级形式的欺诈行为"。
1895 年，时任纽约市警察局局长的西奥多·罗斯福认为，埃利奥特
的态度"非常令人遗憾"，而且造成了"真正的伤害"，因为他塑
造了学生"软弱、胆小的个性"。在 1896 年的毕业晚宴上，参议员
亨利·卡伯特·洛奇（Henry Cabot Lodge，1871 届）直截了当地对

埃利奥特说："校长先生，我碰巧是对体育竞赛深信不疑的人之一。体育竞赛所耗费的时间以及运动场上遭受的伤痛，正是英语国家征服世界的一种代价。"[20]

陆军少校亨利·李·希金森（Henry Lee Higginson，1855届），在当年弗吉尼亚州同南部联邦军作战时，曾被军刀戳破脸颊，子弹击中后背，1890年他捐献出位于查尔斯河南岸的31英亩土地，以纪念6位死于内战的哈佛好友。这块士兵之地再加上1870年亨利·沃兹沃思·朗费罗和他的家人捐赠的40英亩沼泽地，排干水并做了景观设计后，就成为了哈佛的操场。体育场建于1903年，由校友出资31万美元建造。

136

❧ 自1870年理查德·西·格林纳以来，哈佛只有3名黑人本科生毕业，单单1890届就有2名表现不俗的黑人学生，相比之下，当时有约300名白人青年。他们是威·爱·布·杜波依斯（W. E. B. Du Bois）和克莱门特·加·摩根（Clement G. Morgan）。杜波依斯1868年出生于马萨诸塞州的大巴灵顿，获得了田纳西州菲斯克大学的文学学士学位，这是一所全非裔的大学，他获得300美元奖学金进入哈佛大学读大三。1888年9月，杜波依斯在剑桥弗拉格街20号一名黑人妇女家中找到了住处，他的这位房东来自加拿大新斯科舍省，其先人是被英国惩罚性安置在那里的牙买加黑奴。"我在南方时所持的态度，使我在白人学生中找不到朋友，甚至相识的人也没有。"多年以后，杜波依斯回忆说，"我坚定地批评白人，梦想在美国也能有自给自足的黑人文化……（在哈佛）我扩展了对宇宙意义的理解……毫无疑问，人们认为我是一个有点自私、以自我为中心的书呆子，对过去愤愤不平，言辞激烈。"[21]

他和大多数老师相处得都很愉快。"总的来说，他们很高兴能指导学习认真的学生，对杜波依斯来说，学习之外的活动并不是最重要的，他通常知道自己需要什么。"詹姆斯教授邀请他到自己位于欧文街的家中做客，还曾带他去珀金斯盲人研究所看望当时才 12 岁的海伦·凯勒。詹姆斯非常同情像杜波依斯这样的年轻人，因为他们被世俗观念困扰。"思想家年轻时几乎都是非常孤独的人，"他写道，"最让人钦佩的大学，是那种能让寂寞的思想家感到自己最不孤单、最积极进取、精神最为富足的大学。"杜波依斯这样评价詹姆斯："他是我的朋友，指引我清晰思考。"[22]

137

威·爱·布·杜波依斯："哈佛扩展了我对宇宙意义的理解。"

巴雷特·温德尔教授喜欢杜波依斯论文中的直率表达，他曾向全班同学大声读出杜波依斯的一句话，刺痛了那些逃课和装病的人。杜波依斯是这样写的："我也许有些愚蠢，却十分真诚地相信，我有话要对世界说：我上'英语（十二）'课是为了把英语说好。"谢勒教授将一位不愿坐在杜波依斯旁边的南方人赶出了他的课堂。至于埃利奥特校长，杜波依斯认为他"态度冰冷、追求精确，但行事非常公正、高效"。[23]

　　至于克莱门特·摩根，他的父母曾是奴隶。1861 年，克莱门特出生于弗吉尼亚州的彼得斯堡。他去了圣路易斯，在一家理发店做工，随后到了学校教书，并决定继续深造。他去了波士顿，进了拉丁文法学校。1886 年，他被哈佛录取。大一时，他为人理发赚取学费。"对于一个黑人来说，他算是很受欢迎了。"杜波依斯说。摩根是令人愉快而行事无所畏惧的人，也是校园里英语表达得最清晰的人之一。大三时，他凭借雄辩术获得了首届博伊尔斯顿奖的第一名，杜波依斯位列第二。在此届同学的毕业典礼上，摩根代表毕业年级演讲，杜波依斯则是毕业典礼致辞者。

　　杜波依斯在桑德斯剧院所做的演讲引发了轰动，主题是"杰斐逊·戴维斯①作为文明的一种代表"。他首先将这位南方联盟国的总统描述为"典型的日耳曼英雄"，体现了"强者"的思想，这种思想在欧洲近 1 000 年的历史中得以发展和完善。戴维斯是"天生勇敢慷慨的人……如今通过谋杀印第安人来推进文明，在堪称国家之耻的墨西哥战争中，被谬称为英雄，最终荒唐至极的是，他为一部分人民防止另一部分人民获得自由而奋斗"。杜波依斯的演讲充满深刻讽刺意味，"无论杰斐逊·戴维斯扮演成何种角色，代表个体，代表种族，或是代表国家，他一生的逻辑只可能意味着：世界

138

---

　　① Jefferson Davis（1808—1889），美国陆军军官、政治人物，在美国内战期间担任过唯一一任美利坚联盟国总统。

以牺牲整体的方式去发展其中一小部分——强大的'我'压倒一切，结果就是忽略掉'你'"。[24]

随后，杜波依斯提出"顺从的人"作为"强者"的反面。他说，在黑人的历史中，"我们徒劳地求索日耳曼式的自我神化和罗马式的蛮力等因素，但除了怯懦、懒惰和愚蠢，我们所能找到的只有顺从思想，这是世界上前所未闻之事。"与威廉·詹姆斯的观点相呼应，他说，"没有一种心智能辨别所有真理。文明的全面发展绝不能失去那些欠发达民族所作的点滴贡献。"

139　　　他的演讲只有9分钟。"我挥动手臂，急促地呼吸，告诉他们一些事实！"许多年后，他回忆道，"他们为我鼓掌，在许多人看来，这种热情似乎没有来由，但我是踩着绯红色的灿烂云霞回家的！"

1893年，克莱门特·摩根成为第三位从法学院毕业的黑人，也是首位既是哈佛本科生，又从法学院毕业的黑人。1895年，杜波依斯成为首位获得哈佛博士学位的黑人，他有关奴隶贸易的论文被纳入"哈佛历史丛书"出版。"二十世纪的问题是种族隔离的问题"，1903年，他在《黑人的灵魂》(The Souls of Black Folk) 一书中预言道。他描述了这样一种奇特的感觉，黑人"总是通过别人的眼睛看自己，总是用世界的卷尺来衡量自己的灵魂，世界却待以嘲笑和怜悯的目光"。美国黑人渴望"将双重的自我合并为一个更好、更真实的自我"，同时，"想让一个人既是黑人又是美国人成为可能，既不会被同伴诅咒和吐口水，也不会被机会拒之门外"。

1905年，杜波依斯发起了尼亚加拉运动，为非裔美国人争取了充分的法律和经济权利，并于1910年演变为全国有色人种促进会。摩根参加了尼亚加拉运动，在剑桥和波士顿从事法律工作，并被选为剑桥市议会议员。[25]

✍　"坡斯廉""弗莱""斯佩""A.D."和"速食布丁"，以及其他社团的成员控制着大学里的学生事务，支持自己的社团成员担任年级长和其他职务。来自新英格兰以外的学生对这种古老的偏见深恶痛绝，偶尔还引发了民主革命。杜波依斯声称，摩根被选为毕业年级演讲者正是学生反抗这些俱乐部的结果。"在早春时节，选举1890届的学生职位时，一些反对内定的学生便开始了谋划，"他在某次采访中回忆道，"就我个人而言，我对此一无所知，也不是很感兴趣。但在波士顿和哈佛园，选举结果意义重大，因为这个阴谋集团选了克莱门特·摩根为毕业班演讲者。新英格兰和整个国家都受到了鼓舞。"在杜波依斯的毕业致辞中，他把"现代历史的逻辑"形容成是"club的冷酷逻辑"，"club"既指棍棒，也指坡斯廉这类俱乐部。[26]

在一八九〇年代，富裕的学生们住在奥本山街的豪华套房里，这些私人宿舍包括克拉弗利楼、威斯特莫里堂①、拉塞尔楼、费尔法克斯楼和伦道夫楼，它们令贝克楼顿显老气。这个地区被称为"黄金海岸"。哈佛园里则满是"局外人"（詹姆斯教授这样称呼他们），其中有特殊的学生、理科专业的学生、研究生，以及来自美国最偏远郊区的穷学生，他们没有介绍人，没有名校背景。"他们很少或从来不会贸然拜访'速食布丁'或'坡斯廉'；在绯红色最显眼的那些时光，这些学生只逡巡于背景之中，但他们仍然陶醉于这里的滋养，为之欢欣鼓舞。"詹姆斯在名为《真正的哈佛》（*The True Harvard*）的演讲中说。这样的人越来越多了。1888年入学的学生超过300人；1892年，超过400人；1900年有500多人；1902年入学者600多名。[27]

埃利奥特并未干预贫富学生之间的分歧，并解释说这所大学在

---

①　Westmorly Court，现为亚当斯楼的一部分。

许多方面是现代世界的缩影。"富人的儿子和穷人的儿子一样，都有权利来到学术殿堂，从而在有教养、有知识的人中间找到自己的位置。"他在就职演说中讲，"而对大学来说，如果完全失去了那些年纪轻轻就拥有家庭和社会财富优势的人，其打击将会和失去穷人的儿子一样大。在这方面，大学和国家的利益是一致的。当富人无知、缺乏修养时，国家就要遭殃了。而如果没有文化，继承来的财富就会是不折不扣的诅咒。"在他担任校长的 40 年里，学费一直维持在 150 美元。他相信有才能和智慧的精英统治能够超越人们对其社会地位的关注。[28]

141

仰赖于希金森少校的慷慨捐赠，哈佛学生会大楼（Harvard Union）于 1900—1901 学年在昆西街和哈佛街街口建成，成为学生活动中心，楼里有供阅读、写作、游戏、打台球和就餐的房间，还有可以跳舞与辩论的大堂。但让人苦恼的问题尚在。1904 年，阿博特·劳伦斯·洛厄尔教授（Abbott Lawrence Lowell，1877 届）在《哈佛毕业生杂志》（*Harvard Graduates' Magazine*）上发表文章，建议造出足够大的现代化本科生宿舍，以便在学院围墙之内容纳"大部分的学生"。"一所大学……想要成功，其本身必须得是民主体；如果富人住在昂贵的私人宿舍，而穷人单独住在其他地方，民主就不能继续存在，而这种现象在今天的哈佛越来越普遍。"[29]

与此同时，新的俱乐部正基于宗教和种族因素形成。"圣保罗的天主教"俱乐部成立于 1893 年，到 1911—1912 学年已有 250 名会员。犹太烛台①协会成立于 1906 年，共有 26 名成员。

 埃利奥特校长的父亲曾是波士顿市长、辉格党国会议员，也担

---

①　Menorah，犹太教仪式所用的烛台。

任过哈佛大学的财务主管。年轻的查尔斯在 1856 年的总统选举中把票投给了共和党，这一作法持续到 1884 年，直到他加入了一群共和党改革者的运动，他们持自由派立场，拒绝支持该党的总统候选人——来自缅因州的詹姆斯·吉·布莱恩（James G. Blaine）。这些"骑墙派"（Mugwumps）中的大多数人都把票投给了格罗弗·克利夫兰。埃利奥特自认是克利夫兰民主党人，直到 1896 年他开始支持共和党人威廉·麦金利（William McKinley），而非威廉·詹宁斯·布赖恩（Jennings Bryan）。但埃利奥特反对帝国主义，他被西奥多·罗斯福和参议员洛奇的行为激怒，这两人谋求吞并夏威夷群岛，在委内瑞拉与英属圭亚那边界争端引发的与英国的战争问题上立场含糊，还鼓吹一项建立海军的昂贵计划。根据《纽约晚报》（*New York Evening Post*）的一篇报道，埃利奥特称他们是"堕落的哈佛学子"，做出"流氓恶霸般让人不适的姿态"。[30]

麦金利任命西奥多·罗斯福为海军助理部长。罗斯福与洛奇密切合作，大力推动战争，把西班牙从其殖民地上赶走。与此同时，出版商和编辑威廉·伦道夫·赫斯特（William Randolph Hearst，1886 届）利用他的《纽约新闻报》（*New York Journal*）煽动对西班牙的战争狂热。作为继承了加利福尼亚矿业财富的富豪，赫斯特读书时便在哈佛园中引发了大量关注，并在他位于马修斯街 46 号的套房里提供奢华的娱乐活动，用金钱把自己买进了《哈佛讽刺》编辑部和棒球队、斯佩俱乐部。由于荒废学业，他在大三时就被学校开除了。1898 年 2 月，在没有任何证据的情况下，他在报纸上指责西班牙击沉了哈瓦那港的缅因号美国军舰①。4 月国会向西班牙宣

---

① 1898 年 2 月 15 日，美国在古巴保护侨民的缅因号于哈瓦那近海爆炸沉没，其起因及经过至今没有明确的调查结果，但在当时美方认定是西班牙所为，并授意新闻媒体煽动，由此成为美西战争的导火索。

战后，他在头条发表了一篇文章，题为《你怎样看〈纽约新闻报〉发动的这场战争？》。

在战争头一天，罗斯福向指挥官杜威发出指令，要他进攻在菲律宾马尼拉湾的西班牙舰队，杜威在五天内完成了这一壮举。但是艺术系的查尔斯·埃利奥特·诺顿教授（Charles Eliot Norton，1846届）认为这场战争并不光彩、毫无必要，甚至完全就是犯罪，他将之比作奴隶主对墨西哥的征服战争。他的这种异端理论被全国各地的报纸报道，个人生命受到威胁。1898 年 6 月，在一次有关"真正的爱国主义"的公开演讲中，他把这场战争称为"从文明到野蛮的倒退"。[31]

143   罗斯福辞去了他的公职，加入军队，带领莽骑兵①在古巴的圣胡安山取得胜利。当年 11 月，他被选为纽约州州长。12 月，美国与西班牙签署了一项条约，将菲律宾群岛、波多黎各和关岛割让给美国，允许在美国的监督下使古巴独立，美国支付给西班牙 2 000 万美元。为反对参议院批准该条约，反帝国主义联盟成立了，其成员包括埃利奥特校长、威廉·詹姆斯、格罗弗·克利夫兰、安德鲁·卡内基、马克·吐温、简·亚当斯和塞缪尔·冈珀斯。

在遥远的海岛上，美国官员曾与对抗西班牙侵略者的菲律宾人结成同盟。1899 年 2 月，美军又同反抗西班牙侵略者的菲律宾人之间爆发战争。在华盛顿，参议院匆忙批准作战。

"必须消灭抵抗。"1899 年 4 月 10 日，罗斯福州长在芝加哥汉密尔顿俱乐部的一次演讲中说，"首要的工作，就是确立我们的旗

---

① The Rough Riders，1898 年为美西战争成立的三个团之一的第一美国志愿骑兵的绰号。

帜至高无上的地位。我们必须先镇压武装抵抗，然后才能有所作为，在对付敌人的时候不要讨价还价，不要立场动摇。至于那些在我们自己的国家里助长敌人士气的人，我们要蔑视他们；但必须记住，不能仅仅指责这种言论卑鄙，却让他们逃过叛国罪控诉……如果我们袖手旁观，如果我们寻求怠惰和安逸，如果我们不去作激烈的斗争——在那斗争中，人们必须冒死赢得生命，在危机中赢得自己珍视的东西——那么勇敢坚强的人民将离我们而去，自行去追逐世界的统治权。因此，让我们勇敢地面对这充满斗争的生活，下定决心做好我们的职责；无论说话行事，都要坚定地秉持公义；下定决心，诚实勇敢，为崇高的理想服务，同时又能运用实际方法。"[32]

几天后，威廉·詹姆斯在写给《波士顿晚报》(*Boston Evening Transcript*)的一封信中评论了这篇引人关注的演讲，他说："他抽象的好战情绪像洪水般淹没了一切……虽然人到中年，虽然在这种情况下，他的责任足够具体，他在精神上却仍处于青春期之初的狂飙突进……对罗斯福上校来说，奴役一个弱小而英勇的民族，或者犯了错误却能厚脸皮硬挺过去，都有充足的理由……既然我们已经犯罪，在他看来，那就只剩下一种补救的办法了，也就是杀死所有的见证人和受害者，杀杀杀，一路杀去。"[33]

到 9 月时，已有 3 万美军部署在菲律宾。

1901 年，哈佛大学拟授予麦金利总统荣誉学位之事，在董事会和监事会内部爆发了冲突，一份反对授予学位的校友请愿书广为传布。诺顿教授声称，麦金利最多应该获文学艺术硕士学位，因为他是"精通政治腐败技艺的大师"①。1901 年 6 月 14 日，麦金利在写

---

①　"大师"与"硕士"在英语里都是同一个词"master"。

给埃利奥特的信中巧妙地找了个借口，表达了"深深的遗憾"，因为麦金利夫人身体有恙，他无法参加典礼。他补充说，他很遗憾不能见到学生和校方，以表达"我对学问的崇敬"。[34]

✎ 1900 年 9 月，年轻的富兰克林·德拉诺·罗斯福（Franklin Delano Roosevelt）和他的朋友莱思罗普·布朗（Lathrop Brown）搬进了威斯特莫里公寓的一间套房。18 岁的富兰克林是个爱交际的人，喜欢和伙伴们在马萨诸塞大街的桑伯恩台球室和烟草店度过愉快的夜晚。他参加了新生橄榄球队的选拔，但未获成功，随后被选为"似猿人"（Missing-Links）队队长，这是当时 8 支二流球队之一。他划船、打高尔夫球。身高约 6 英尺 1 英寸（约 1.85 米），体重146 磅（约 66 公斤）。他是《深红报》68 名候选成员之一。"如果我努力两年，就可能会当上编辑，"他在 10 月份给父母的信中写道，"我得写通告，还要去参加面试，所以特别忙。"

1900 年 10 月 30 日，他出现在哈佛大学和麻省理工学院共和党支持者俱乐部组织的火炬游行队伍中。在给父母的信中，罗斯福写道："我们头戴红帽，身穿红袍，按年级次序游行，穿过大约 8 英里（约 12.9 公里）的主街道，来到波士顿。"他是民主党人，但他隔了五代的远房堂兄西奥多·罗斯福如今却是共和党副总统候选人。[35]

富兰克林的父亲去世于 1900 年 12 月 8 日，享年 72 岁。1901年 9 月 18 日，在欧洲度假之后，富兰克林的轮船抵达纽约港时，才听闻麦金利总统四天前死于一场暗杀，西奥多便成了美国总统。1902 年 1 月初，富兰克林参加了爱丽丝·罗斯福①在白宫东厅的首

① 西奥多·罗斯福的长女。

富兰克林·罗斯福（前排中间）和《深红报》其他成员

次亮相活动，他发现活动"非常有趣，有些事值得永远记住"。他没有被选入西奥多曾加入的坡斯廉俱乐部，非常沮丧，但他还是入选了位于霍利奥克街二号砖房的弗莱俱乐部。

富兰克林三年后获得了文学学士学位。他在1903年当上了《深红报》编辑，并在1903—1904学年任总编。他的一篇社论提醒同学们："有一种比投票给自己的朋友更高尚的责任，那就是保证所有真正配得上这个位置的年级领导者当选。"他后来吹嘘说，他那一届的哈佛学生对打破俱乐部的政治控制有所贡献。1914年他对《华盛顿先驱报》（*Washington Herald*）的一名记者表示："1904届，也就是我所在的年级，抽去了'上流社会'的桁架，使年级选举更加普及。"他说，"这是一场变革的开端，它所取得的巨大成就还在继续。今天的哈佛确实是一个民主的机构。"[36]

　　❧　西奥多·罗斯福于 1904 年经选举连任总统。埃利奥特邀请他在次年 6 月光临昆西街 17 号，庆祝他的毕业 25 周年返校聚会。"他在那天清晨很早就来了，那是 6 月里一个非常暖和的日子。"埃利奥特回忆道，"他说他身上很脏，看起来也确实如此。我带他到房间里。他做的第一件事就是脱下外衣，用手把它卷起来，狠狠地扔在床上，结果枕头掉落到了地上。接着，他从裤兜里掏出一支硕大的手枪，砰的一声扔在梳妆台上。过了一会儿，他冲下楼来，好像什么东西要他性命似的。我站在楼梯口，说：'现在，您要和我同吃早饭吗？''啊，不，'他回答，'我答应过劳伦斯主教，要和他共进早餐的，天哪！（他用右手拍了拍身上）我忘了带枪！'"埃利奥特记得当时的想法，"简直无法无天。一个无法无天的人！"①[37]

147　　　　西奥多的儿子泰德是 1905 年 9 月入学的新生，当他信步穿过哈佛园或绕着橄榄球场跑动时，不断受到记者们的密切关注。"他们一直试图拍下他在哈佛园里散步的照片。"西奥多在给埃利奥特的信中写道，"我想告诉他，如果看到有人给他拍照，就跑过去砸碎他的相机，但如果您不同意的话，我就不允许泰德这样做……难道没有办法保护他吗？我想您不会干涉的；我甚至不认为有可能让一两个说话有分量的教师出面禁止拍照，禁止记者们跟在泰德后面跑来跑去。"他又写信给泰德说："继续保持平常的举止，尽可能少地吸引别人的注意力，不要对那些记者、拿相机的生物乃至白痴大惊小怪，别让他们看到你不喜欢他们、回避他们，不能让他们激怒你……这正是一个展示你内在的机会。"[38]

　　　　1905 年 11 月，埃利奥特在《女性家庭伴侣》（*Women's Home Companion*）杂志上发表了一篇题为《论橄榄球的罪恶》（*The Evils*

---

①　1871 年毕业的威廉·劳伦斯是马萨诸塞州的主教。——原注

of Football）的文章。西奥多在 12 月 5 日给他写信说："这个冬天您会来华盛顿吗？我想和您详细地谈谈橄榄球。我的三个大儿子都打橄榄球，其中泰德是哈佛今年的新生球员。他在同耶鲁的比赛中摔断了鼻子。几年前他在格罗顿的比赛中摔断了锁骨。但是，如果这三个孩子没有打橄榄球，没有享受到其中的乐趣，我真的会感到非常遗憾。这项运动对他们所有人的身体，特别是精神都有好处。"

1906 年 1 月，埃利奥特再次呼吁废除这项运动，他在年度报告中写道："当今美国的橄榄球运动完全不适合校园。"但西奥多将废除橄榄球运动视为"幼稚行为"，并在白宫召开了关于橄榄球运动的紧急会议。新的规则出台了，它包括准许向前传球①等。哈佛的监事们在 5 月投票表决，结果是可以在学校里继续打橄榄球。[39]

✎ 来自费城的 1908 年级非裔美国人阿兰·勒罗伊·洛克（Alain LeRoy Locke）因其有关丁尼生的论文赢得了鲍登奖，仅用了三年时间就以优异的成绩获得了文学学士学位，被选入美国大学优等生荣誉学会。他是首位获得罗德奖学金的美国黑人。在他的记忆中，哈佛大学是他"摆脱保守党派束缚"的地方，是他的"清教徒式地方主义让位于批判思维和世界主义观"的地方。他在霍华德大学教授英语和哲学，并创办了戏剧节目、画廊和文学杂志。作为作家和评论家，他鼓励参与哈莱姆文艺复兴②的年轻艺术家们。"我们这里有黑人青年，他们在艺术这面镜子中预言我们明天将在现实街道上会

148

---

① Forward pass，美式橄榄球的一种特点。在以前的比赛规则中是不允许传球的，只能带球跑，受伤的危险性较大。可以向前传球之后，这项运动更加讲究智慧和战术。

② Harlem Renaissance，是一场主要发生在 1920 年代的文化运动，主要内容是反对种族歧视，批判并否定汤姆叔叔型驯顺的旧黑人形象，鼓励黑人作家在艺术创作中歌颂新黑人的精神，树立新黑人的形象。

看到和认识到的东西，"他写道，"他们完全是现代的，其中一些人极其现代，黑人思想如今穿上了时代的制服。"他后来谈到自己"无悔于这一职业，即体面的哲学教师生涯，以及……作为一名推动者，去提携黑人诗人、作家和艺术家。"他对哈佛教育充满感激："我相信这一切都归功于哈佛，至少它的成就是卓有成效、值得称道的。"[40]

1906 年入学的年轻犹太人沃尔特·李普曼（Walter Lippmann）在这年秋天从纽约市公园大道家中来到剑桥，带着 6 套定制的西装和几十本私人藏书。李普曼被分配到韦尔德楼的一间单人房，既没有自来水，也没有中央暖气。他是引人瞩目的特权青年，但大一时，他发现自己因为是犹太人而无法进入那些终极俱乐部①，他幻灭了。同样，他也被排除在《深红报》可能的候选人员之外。为了掩饰自己的失望，他把注意力集中在哈佛的学术生活上，寻找灵感，志同道合的人围坐在他的壁炉旁，喝着啤酒，没完没了地聊天。"这个时候真是疯狂，"他写道，"充满形而上学、社会主义、艺术理论、叔本华，还有宗教的活力。"1908 年 3 月，他和伙伴们成立了社会主义者俱乐部，并当选主席。他在一篇杂志文章中写道："如果有人在凌晨 1 点时鸟瞰剑桥，看到五六个激动的哈佛人在街角激动地比划手势，请告诉他那是因为社会主义者俱乐部晚上在举办会议。"②[41]

1908 年 9 月，约瑟夫·帕特里克·肯尼迪（Joseph Patrick

---

① Final clubs，哈佛学生在不同年级可加入不同的俱乐部，"终极俱乐部"指他们在毕业前最终加入的社团。

② "激进分子中有一些是大学里最聪明的人。的确，社会主义者俱乐部培育了有识之士，"弗朗西斯·B. 特温（Francis B. Thwing，1913 届）在《哈佛毕业生》杂志中写道，"尽管这些激进分子有着良好的意愿，但必须承认他们犯了一些错误。首先，他们缺乏幽默感……其次，他们缺乏宽容。"——原注

Kennedy）从波士顿拉丁学校来到哈佛园中，他身材结实，是爱尔兰天主教教徒。然而，两个身着蓝色西装外套和白色休闲裤的俱乐部成员，谈笑风生，仿佛他不存在似的从他身边走过，这件事他一直都没能忘记。肯尼迪是个富有魅力、爱交际的年轻人。他被选入"速食布丁 1770 研究所"，并有望被某个终极俱乐部选中。1910年冬天某日，他在自己的霍利奥克楼房间中静待有人来敲门通知好消息，但没人来。傍晚时分，他到外面闲逛，站在马萨诸塞大街边，看着对面 J. 奥古斯特（J. August）布店楼上的"坡斯廉俱乐部"，那里有一群年轻人正庆祝自己入选。意识到不是每扇门都能被敲开，确实是一件糟糕的事。

　　但肯尼迪随后被邀加入 D.U.社（其前身是 Delta Upsilon 兄弟会），这是个级别较低的终极俱乐部，设在哈佛街 394 号一栋阴暗的、说话有回声的楼里，那里甚至欢迎犹太人和得奖学金的穷学生，罗伯特·本奇利（Robert Benchley）也是兄弟会成员，每年春天他们都会上演一部伊丽莎白时代戏剧的全男性版本。来自伍斯特的本奇利在 D.U.社制作戏谑模仿的旅行见闻，名为《带着枪和相机穿过消化道》（*Through the Alimentary Canal with Gun and Camera*）。"我接受大学教育不是任性而为，"他后来写道，"我选课都有明确目标，有自己严肃的思考，那就是不要选上午 11 点之前、下午 2 点半之后的课，星期六也不要有什么安排。这就是我的原则。我的教育建立在这牢固的基础上。"1912 年，本奇利、肯尼迪和其他 D.U.社成员吸纳了一位名叫詹姆斯·布赖恩特·科南特（James Bryant Conant）的年轻人，他虽来自波士顿，却出身贫寒①，有朝一日将

150

---

　　①　这里原文使用了 non-Brahmin Bostonian。波士顿权贵常被称为"波士顿婆罗门"，而出身贫寒者便被戏称为"非婆罗门波士顿人"（non-Brahmin Bostonian）。

成为哈佛大学的校长。①[42]

✎ 埃利奥特校长于 1909 年 5 月 19 日退休，距当年监事会批准他当校长，恰好是 40 年。令他极为不满的是，继任校长是阿伯特·劳伦斯·洛厄尔。洛厄尔在《哈佛毕业生杂志》上发表了一篇文章，抨击埃利奥特珍视的选课制度。"不管原因是什么，事实是，现在我们没能激发学生的想象力，"洛厄尔写道，"我们对知识和思想几乎没有什么自发的热情，没有野心去提升智识水平。人们期望选课制度能革除这种弊病，因为它允许每个人都有追求自己最感兴趣的话题的自由，但它只在某种程度上是必要的，却远非万灵药。鼓励每个人按自己的爱好做事，实际上等于孤立了他；在提倡个性的同时，它也打破了优秀学生之间那种共同的学术纽带，而恰恰是这种联系促使他们变得优秀。"[43]

洛厄尔是 1721 年毕业的约翰·洛厄尔牧师的后人，在 1877 年以优异的数学成绩从大学毕业。他是名杰出的长跑运动员，喜欢在睡觉前沿着北大街（现在的马萨诸塞大街）慢跑到波特广场。令人困惑的是，他上大学时从未加入什么终极俱乐部，或可能尝试加入而不得。他在法学院学习了 2 年，此后在波士顿当了 17 年律师，娶了他合伙人的姐妹（同时也是他的表姐妹），并被选入波士顿的学校委员会。他从 1897 年起兼任哈佛的讲师，并在 1900 年成为政治学教授。他教的"政府 10"课，是该校最受欢迎的课程之一，注

---

① 本奇利继续说道："在我那个年代，只要课程不冲突，学生可以选择参加目录上的任何课程。不能混合的东西，在哈佛只有苏格兰威士忌和杜松子酒。这就是所谓的选课制度。"他同时担任《哈佛讽刺》主编、哈佛戒指图章社（Signet Society）社长。参见文章《大学对我做了什么》，收录于《本奇利内心》（1942 年）一书。——原注

册人数超过 400 人。他和妻子未曾生育，曾匿名捐款建造新的报告厅，现在被称为洛厄尔讲堂（Lowell Lecture Hall）。

洛厄尔在发表于 1909 年 10 月 6 日的就职演说中，提出了选课制度改革建议，要求 16 门课程中，至少有 6 门集中在某个特定领域，其余可在各领域任选，并提出了全新的导师制，引导学生寻找方向。"如果我们能够提高大学生的求知抱负，整个国家的面貌将会为之改变，"他热切地说道，顺带批评了埃利奥特，"本科的目的不是培养隐士，不是把人关在囚室里独自做学术研究，而是培养那些适合在社会上占有一席之地并与同胞们共同生活的人。"[44]

然后他制定了新生住宿计划，这在后来给他造成许多麻烦，也给其他人带来深切痛苦。他说："一所规模较大、较新的校园能赋予学生广阔的视野，但如果不能把学生彻底融合在一起，使他们的友谊建立在天然的亲密上而非相似的出身上，这样的学校就会招致失败。如今这些联系在大学生活之初形成最为迅速，而一名学生的活动范围主要是在大学一年级时确定的。因此，新生们显然应该更频繁地聚在一起……大学的目标之一是对抗当今文明的缺陷，而不是去复制这种缺陷。"

第八章　哈佛与局外人

　　剑桥的查尔斯河处于潮汐盆地中，那里有大量的沼泽和淤泥滩，河岸满是泥浆，还有发霉的煤棚和散发腐臭的码头。这个地区很荒凉，未被开发，除了赛艇队和挖蚬工人外，很少有人光顾。但1902年，一个名为"哈佛河畔协会"（Harvard Riverside Associates）的组织，为着哈佛大学的利益，开始在博伊尔斯顿街以东的河边收购土地。1910年，查尔斯河大坝落成后，后湾区的这条潮汐河变成了一条宜人的溪流，洛厄尔校长决定在剑桥这一侧建造他的新生宿舍。

　　洛厄尔在建筑工地周围散步，他的狗紧跟着，建筑师查尔斯·奥·库利奇（Charles A. Coolidge，1881届）也陪着他。洛厄尔有着崇高的理想，希望年轻人在楼里打成一片，探索他们天生的相似之处，"把他们从早年教育、地域和财富的束缚中解放出来"。他坚持要求每个新生都拥有一间单独的卧室，每间书房都要有壁炉。洛厄尔是家族中第六代全面参与这所大学各项事务的人。他经常说："如果不是自己的母校，我无法想象谁会接受大学校长一职。"[1]

　　但前校长埃利奥特是他的眼中钉，总要坏他好事。埃利奥特住

在布拉特尔街和清新池公园路路口附近，离哈佛园只有 1.5 英里
（约 2.4 公里），他仍然是美国高等教育的头号发言人。他对洛厄
尔把新生与高年级学生隔离开来的计划不以为然。埃利奥特认为学
生应该在 18 岁上大学，3 年后毕业，而洛厄尔认为要 17 岁上大
学，4 年后毕业。埃利奥特是监事会成员，他一直密切关注他的继
任者。

　　这是一个大量建设努力赶上学生数量爆炸的时代。在洛厄尔校
长任期头几年，他监督建立了库利奇实验室、吉布斯实验室、格雷
植物标本室、音乐大楼、校长之家、怀德纳图书馆、德国博物馆，
以及戈尔、史密斯和斯坦迪什几个新生宿舍。怀德纳图书馆是乔
治·邓·怀德纳（George D. Widener）夫人送给她的儿子哈里·埃
尔金斯·怀德纳（Harry Elkins Widener，1907 届）的礼物，他不幸
在泰坦尼克号沉船中丧生。怀德纳夫人保管着他收藏的珍本书，直
到哈佛建好合适的藏书楼。在这之前，老戈尔楼里塞满了东西，很
容易着火，其他建筑物的地下室里也堆满了书。怀德纳太太全力赞
助了建造一座完整的大学图书馆的费用，估价 200 万美元。这座巨
大的建筑物是 1915 年毕业典礼时竣工的。[①]

　　1912 年，洛厄尔成为移民限制联盟（Immigration Restriction
League）的副主席，他敏锐地感觉到新移民——意大利人、希腊
人、斯拉夫人、俄罗斯犹太人——破坏了盎格鲁新教文化，威胁到
国家的福祉。与此同时，他在哈佛学院中构建"智识的、社会的凝
聚力"。1914 年秋，大学里的三座新生宿舍楼向 489 名大一新生敞
开了大门。住新生宿舍理论上是强制性的，但有 22 名新生住在其

154

----

　　① 从 1909 年夏天开始，马萨诸塞大道因建地铁被挖了个底朝天。1912 年
3 月，首列地铁在哈佛广场和公园街之间运行，把这段路程缩短至 10 分
钟。——原注

他宿舍楼里，46 人住私人宿舍或私人住宅，149 人住自己家中。被宿舍楼排斥在外的，是那些重上大学一年级的学生、"急需助学金"的人，以及黑人。[2]

洛厄尔认为，颂扬"民主"的同时把黑人排除在宿舍楼之外并不矛盾。他认为黑人学生"渴望避免不必要的敌对情绪"，因而乐于住在私人住宅中。他认为自己的说辞无懈可击。"让洛厄尔改变已下定的决心，甚至让他听别人的意见，是很难的，"他的传记作者、政治学教授兼哈佛学院院长亨利·阿·约曼斯（Henry A. Yeomans，1900 届）坦率地说，"洛厄尔对此很迟钝，他很难设身处地为别人着想。他有时做不出那些小心谨慎的解释去缓和矛盾，避免别人误解和反对，这只是因为他从来没觉得有必要去解释什么。"[3]

阿博特·劳伦斯·洛厄尔留着海象般的髭须，白色的衣领笔挺，在十九世纪他会是一位了不起的新英格兰人，但不巧他生活在二十世纪。

🐚 1914 年 6 月的那天，奥地利王储在萨拉热窝被刺杀时，对 52 岁的胡戈·明斯特贝格（Hugo Münsterberg）来说，从那一刻起一切都变了，虽然他远在萨拉热窝 4 000 英里（约 6 400 公里）之外，是哈佛杰出的心理学教授，写有十来本著作和众多杂志文章。但不久，他就会备受攻击，成为一名在异乡的陌生人。

1892 年，威廉·詹姆斯在处于德国黑林山的弗赖堡大学认识了明斯特贝格，在给约西亚·罗伊斯（Josiah Royce）教授的信中，他说明斯特贝格"非常有魅力，不是英雄式的那种吸引力，而是敏感而文雅的类型，长相温和而略胖，声音微弱，颇为自负，健谈，我认为他个人比较拘谨、讲究，却渴望使人愉悦，渴望发光发热……

他的头脑从不疲倦。这人本质上是一个在各方面都有伟大思想的人，一个真正的天才。自我来此之后我从未感觉如此强烈，他对我们的力量会有巨大补充"。[4]

阿博特·劳伦斯·洛厄尔，在十九世纪会是一位了不起的新英格兰人

　　1897年，34岁的明斯特贝格升任实验心理学教授。他早前曾反对犹太教，拥抱德意志民族主义，在哈佛他选择保留自己的德国国籍，想象自己在促进德美关系中扮演重要角色。他成为德裔美国人社区的领袖、德国文化的倡导者西奥多·罗斯福的朋友。但当他横加干预哈佛与德国政府的来往后，埃利奥特校长愤怒地告诫说："我希望，董事会也希望，你不要再把精力花在德国当局有关美国

事务或美国当局有关德国事务的交流或顾问之事上，而是把你的活动限制在自己的专业和论著工作中……不要再主动和德国当局联系了……多关心关心哈佛大学的事。"埃利奥特后来还力劝他去别处找一份政府工作。

随着 1914 年大战在欧洲的爆发，明斯特贝格在两国之间的平衡行动日渐失效。他继续为德国辩护，坚持认为德国先发制人是为了保护自己不受邻国的嫉妒和威胁，他猛烈抨击埃利奥特，声称这位前校长是反德派的领袖，致力于把美国拖入战争。在几封通信交流后，埃利奥特建议他"立即去咨询最信任的医生"，因为他担心这位教授会产生幻觉。但是，在课堂上，明斯特贝格是小心谨慎的人，从不提战争问题。

哈佛人毫不掩饰对法国、英国等协约国的同情。"这所大学从未在思想和行动上保持中立。"塞缪尔·埃利奥特·莫里森（Samuel Eliot Morison，1908 届）回忆道，他当时是美国历史的助理教授。1915 年 7 月，医学院的毕业生在法国布洛涅附近的海岸上为英国基地医院工作，这是由哈佛医疗小组组织的。但是本科生们并不想参战。《深红报》的编辑们反对陆军把在纽约普拉茨堡举办的夏令营的规模扩大，反对把大学生训练为预备役军官，坚称正是有备战，才会导致战争。校报 1915 年 3 月发表的社论说，通过鼓吹军国主义，这些营地"扼杀了大学生对如今可能还存在和平的信念"。[5]

同年 4 月，德国人在法国①伊珀尔的战场上使用了有毒气体。一团黄绿色的云气吹过了法国和加拿大兵团的防线，成千上万人窒息而死。5 月，一艘德国 U 型潜艇击沉了卢西塔尼亚号

---

① 应为比利时。

（Lusitania）客轮，造成 114 名美国公民和上千名其他国籍的平民死亡。明斯特贝格无助地看着这些新闻。"在大街上，大约有四分之一的哈佛同仁碰到我不再向我点头致意，"他写道，"大约有一半会致意，但所有人都是一脸的冷淡，甚至一脸的嫌恶，显然是担心让别人看到他认得我，不让自己做出会被谴责的举动……当然有四分之三的人千方百计要把我赶出大学。"他的人身安全受到了威胁。然而，埃利奥特和洛厄尔都不赞成要求他辞职的呼吁。[6]

但学生们终于行动起来了。1915 年 12 月 20 日，超过 1 200 人聚集在学生会大楼的会客厅里，来参加哈佛兵团的首次会议。校长洛厄尔发表讲话。希金森少校出席，谈到了参加内战的大学生们勇猛多谋的往事。联邦政府同意为该兵团提供步枪、刺刀和腰带等，供美军上尉康斯坦特·柯迪埃（Constant Cordier）麾下的 1 000 人使用。《深红报》的新编委会在一篇题为《情感与必要性》的社论中抨击了不抵抗主义。1916 年 3 月，大学飞行队成立。6 月，国会批准在全国建立预备役军官训练团。①[7]

1916 年 12 月 16 日星期六，上午 9 点刚过几分钟，明斯特贝格教授在拉德克利夫学院刚开始讲课时突发心脏病去世。那天，阳光在雪地上灿烂地"微笑"着，教授出门前对妻子说的最后一句话是："到春天，我们就会迎来和平！"然后他穿上皮大衣和防寒套鞋走了出去。"他开始讲课了，"女儿玛格丽特描述说，"可是，嘴上还说着话，他的身体却倒在了地板上。"[8]

美国在 1917 年 4 月宣战。5 月初，学校为应征入伍或进入预备

① 约翰·多斯·帕索斯回忆 1916 年毕业那年："法英两国宣传鼓动美国介入……教授们都快陷入疯癫了；憎恨德国佬成了一种狂热。我们编辑月刊的哈佛学生会楼上，在私密的房间里，行军的脚步声透过层层墙壁传到我们这里。"——原注

役部队的学生们举办特别的考试。毕业典礼后，校园成为密集军事训练的场所，新生宿舍也被征用为营房。法国军官教授战壕、机枪和手榴弹的知识，并指导在清新池附近建造样板战壕。木制的营房遍布剑桥公园。

詹姆斯·布赖恩特·科南特（1914 届）于 1916 年获得化学博士学位，并协助教授了"化学（二）"课程。1917 年 6 月，他作为政府毒气研究项目的负责人前往华盛顿，该项目后来演变为战争部（War Department）的化学战勤务队（Chemical Warfare Service），并雇用了1 700 名化学家。科南特被证明是组织生产毒气的能手。到 1918 年 3月，他的部队已经制定出大规模生产芥子气的配方，当年 6 月，战场上即使用了这种气体，用来对付德国人。接着，他在克利夫兰郊区的一家严格保密的前汽车工厂里生产了大量的路易氏剂。但直到战争结束后，路易氏剂这种带有天竺葵香味的油性液体才得以应用。

科南特在他的回忆录中写道："1917 年时我不认为，到了 1968年也不认为，用烈性炸药撕裂一个人的内脏，要好于以毒剂攻击人的肺或皮肤。一切战争都是不道德的。"1919 年，他回到哈佛，担任化学助理教授。[9]

据估计，在第一次世界大战中，有 11 319 名哈佛人在美国军队中服役，其中 375 人阵亡。

    ✍ 1916 年 2 月，洛厄尔校长和波士顿的 54 位知名律师签署了一份抗议书，反对参议院批准伍德罗·威尔逊（Woodrow Wilson）总统提名的路易斯·登·布兰代斯（Louis D. Brandeis）担任最高法院大法官。布兰代斯是德国犹太移民的儿子，1877 年从法学院毕业，协助创办了《哈佛法律评论》（*Harvard Law Review*）。人们认为他在政治和社会问题上具有进步观点，是位杰出律师。但是，前企业律师洛厄尔和代表最高财政利益的参议员洛奇对他的"职业声望"表示怀疑。他们认为布兰代斯在法律执业生涯中"没有道德原则"。这次抗议被称为"洛厄尔抗议"(Lowell Remonstrance)。但 11 名哈佛法学院的教授中有 10 名支持布兰代斯，前校长埃利奥特在一封公开信中写道："参议院若否决，将会是整个法律事业、法院、所有美国企业和整个国家的严重不幸。"1916 年 6 月 1 日，参议院批准了他的提名。[10]

而哈佛犹太烛台协会主席、1921 年毕业的哈里·斯塔尔(Harry Starr)还记得，他在大一时曾向哈佛学院的布里格斯院长诉说自己经济困难："他是一位和蔼可亲的老绅士，而我当时还是个小男孩，16 岁多一点，还没到 17 岁。他帮我在大学图书馆找到了一份工作。'年轻人，'他说，'尽力而为吧。哈佛永远不会让好孩子离开。'我是犹太人，他本可以轻易地打击我，但他是典型的那种波士顿高门出身。"[11]

1919 年，波士顿警察局投票加入美国劳工联合会，为争取更高的工资和更好的工作条件而罢工。这对统治阶级来说是一桩丑闻，标志着布尔什维克思想的渗透。洛厄尔校长鼓励哈佛的高年级学生放弃学业，加入维护治安的临时警察部队。144 名大学生被招募为特别警察或国家警卫队。而 26 岁的讲师哈罗德·约·拉斯基(Harold J. Laski)在一次公开集会上发表了讲话支持罢工者，这激起了校友和监事们的极大愤怒。洛厄尔却威胁说，如果学校解雇拉斯基，他就辞职。拉斯基是英国人，也是犹太人。他没有被解雇，但几个月后他离开了哈佛，接受了伦敦大学的教授职位。①

160

————————

① 拉斯基后来成为著名政治理论家、经济学家，1926—1950 年任伦敦政治经济学院教授，1945—1946 年任英国工党主席。在政治观点上，拉斯基最初赞成多元主义，1930 年后他转向马克思主义，强调阶级斗争和工人革命。

　　由于在明斯特贝格、拉斯基和其他一系列事件中捍卫了学术自由，洛厄尔校长收到热烈的赞誉和掌声。他在 1916 年至 1917 年的年度报告中表达了自己的观点："我们相信，如果有足够的光线进入，人们很快就会发现事物的真实关系，而这些关系只能通过这种方式被发现。"[12]

　　西里尔·威尔科克斯（Cyril Wilcox）1918—1919 学年住在新生宿舍。1920 年 5 月 13 日，大学二年级的春天，他在位于福尔里弗的家中卧室里吸入照明用的煤气，自杀身亡。他同为哈佛校友的哥哥，发现了一堆信件，揭露了学校存在一群参与同性恋活动的学生。他便把这些信件交给了代理院长切斯特·诺·格里诺（Chester N. Greenough，1898 届）。随后，校方成立了代号"法庭"的秘密委员会，逐一质询信件中提到的人，并向洛厄尔校长汇报。[13]

　　"法庭"发现，事件的"罪魁祸首"是一个国会议员的儿子，他在珀金斯楼（Perkins Hall）的房间是该组织的聚会场所。参加聚会的有穿女装的男生、波士顿来的男性、一个名为"金鸡"（Golden Rooster）的俱乐部来的"基佬"、穿制服的水手和校友等。一位线人说："我真搞不懂这些派对是怎样在学监眼皮底下举行的。"洛厄尔参与了对教授"心理学 A"课程的部门负责人的问话，该负责人"否认与同性恋有任何联系"，但最终还是失声痛哭，承认向课上一名学生提出发生性关系的要求。他坦白说，他"一直在撒谎来疗救自己，自以为成功了"。

　　1920 年 6 月初，14 名男性被判"有罪"，其中包括上述的部门负责人、国会议员的儿子、另外六名本科生、一名牙医学院的研究生、一名已毕业的校友和四名同哈佛无关的男子。这些学生们被要求立即离开剑桥。还有一名男生仅仅因为和其中一人有来往被开除了。格里诺在给这名男生的父亲的信中写道："这些人做出如此令人发指之事，以至于他们的密友都被玷污了，尽管他和主犯所行之事完全不同，但必须暂时离开学校。"

被开除的那名牙医学院的学生在 6 月 11 日自杀身亡。另一人在十年后自杀。国会议员的儿子后来结婚了，成为装修设计师和坚定的共和党人。整个事件直到 2002 年才被揭露出来，当时《深红报》一位富有进取心的记者阿米特·R. 佩利（Amit R. Paley，2004届）偶然发现了这些秘密文件。①[14]

✎ 在希金森少校于 1920 年 1 月去世后，洛厄尔校长收到了学校监事约·皮·摩根（J. P. Morgan，1889届）的来信，他十分关心希金森在董事会的接班人。"我不想让你认为我心胸狭窄，但出于工作安排的利益，我想我应该告诉你，我相信监事们都有此感，认为候选人决不该是犹太人或罗马天主教徒，尽管如此，比起后者来，前者自然更应该反对。"这位大银行家在 1920 年 3 月 2 日，从他在华尔街 23 号的办公室来信说，"我担心，犹太人首先是犹太人，然后才是美国人；罗马天主教徒通常先是天主教徒，然后才是美国人。"

但是遴选早已开始。董事会选了来自纽约的著名律师詹姆斯·伯恩（James Byrne），这是校董中首位天主教成员。伯恩是住在马萨诸塞州斯普林菲尔德的爱尔兰移民的儿子，1877 年，也就是洛厄尔毕业那一年，他获选入优等生荣誉学会，并担任毕业年级演讲

162

———————

①　根据理查德·诺顿·史密斯的说法，在另一起事件中，洛厄尔校长要求一名被揭露出同性恋身份的老年教授辞职。那位教授问洛厄尔，如果洛厄尔处在他的位置，他会怎么做，洛厄尔回答说："我会拿把枪把自己干掉。"——原注

人。"如果我们的高等教育如此隔绝彼此，一些学校只有新教徒才能上，其余的留给罗马天主教徒，这对国家来说难道不是一种严重的不幸吗？"3月3日，洛厄尔给摩根的回信中写道，并补充，"但现在还没人提名犹太人。"监事们确认了伯恩的当选。①[15]

✍ 1921年，五名被哈佛录取的黑人青年中有三名申请住在新生宿舍，但只有新贝德福德（New Bedford）来的小威廉·诺克斯（William Knox, Jr.）分配到了房间，当他来到剑桥并显露出他是一名黑人后，便收到菲利普·帕·蔡斯（Philip P. Chace）院长的一封电报，说学校搞错了，他的房间得重新分给别的男生。他可以在韦尔德楼租间房。诺克斯受到的不公正对待使他在新贝德福德的朋友小埃德温·乔丹（Edwin Jourdain, Jr., 1919届）很不高兴，他去了校长家，要求校长解释。洛厄尔平静地说，大学里的南方人越来越多，而黑人却很少，由于南方人对黑人不友好的特殊情况，人们认为最好的办法就是把黑人学生排除在新生宿舍楼之外。本身也是黑人的乔丹恭敬地表达了自己的不同意见。洛厄尔只是宽宏大量地握住他的手，道了声晚安。②

由罗切斯特的威廉·钱宁·甘尼特牧师（William Channing Gannett, 1860届）领导的一个哈佛校友委员会，开始悄悄地起草一份请愿书，反对这一隔离政策。"我们惊讶地发现，学院不歧视黑人的悠久传统被打破了，新生宿舍也被划了一道肤色的界线。"这

163

---

① 查尔斯·约·波拿巴（Charles J. Bonaparte, 1871届）是学校首位天主教徒监事，1891年当选。1919年选出了首位犹太人监事朱利安·威·麦克（Julian W. Mack, 1887年获法学学士学位），他是《哈佛法律评论》的创始成员。——原注

② 诺克斯于1925年获得理学学士学位，之后在麻省理工学院获得化学博士学位，并于二战期间参与了曼哈顿计划。——原注

份寄给校长和董事会的文件中写道，"过去，南方人到哈佛来，接受了北方习俗。他们在纪念堂吃饭，黑人也在那里吃饭，虽然是在不同的桌子上；他们住在黑人也住的宿舍里，虽然是在不同的房间。我们认为，大学应该为南方人提供最好的受教育机会，但我们不应该放弃我们北方的民主思想和哈佛的正义理念。我们不希望那些来剑桥接受教育的南方人认为哈佛放弃了它的传统。"[16]

洛厄尔校长同时也对"犹太人问题"深感不安。自 1900 年以来，该校犹太学生的比例从 7% 上升到了 21.5%。他想把犹太人的比例限制在 15% 左右。1922 年 5 月 31 日，学校发布了新闻稿，透露校方正在讨论"限制招生问题"之事。"我们目前没有足够的教室和宿舍，尤其是新生宿舍，来应对学生数量更大幅度的增长，"新闻稿说，"很自然地，随着这种讨论的广泛进行，我们应该关注大学里的犹太人比例。目前，限制招生的整体问题正处于泛泛讨论阶段，可能会在相当长一段时间内继续处于这个阶段。"①

事涉犹太人，即便不犯错，也会演变为一种挑衅。《纽约时报》6 月 2 日在头版刊登了学校的这一声明，并在后文中提出了这样一个问题："哈佛大学是打算继续保持作为一个民主机构，还是成为不宽容之中心？"6 月 3 日，马萨诸塞州立法机构的一名成员开始调查哈佛。6 月 5 日，波士顿市议会通过了一项谴责哈佛的决议。《纽约时报》6 月 7 日报道："由哈佛大学 40 名黑人学生组成的尼罗河俱乐部（Nile Club）认为，被指控的这些歧视是受到三 K 党的宣传鼓动。"[17]

1922 年 6 月 17 日，《纽约时报》刊登了洛厄尔与来自克利夫兰

---

①　大多数犹太学生住在沃尔特·黑斯廷斯楼（Walter Hastings Hall），那里被取了各种外号，比如"小耶路撒冷"。——原注

市的犹太裔校友阿尔弗雷德·亚·贝尼希（Alfred A. Benesch，1900届）的通信。"学生的反犹情绪正高涨，与犹太人人数的增加成正比。"洛厄尔写道，"如果他们的人数占学生总数的40%，种族情绪就会变得激烈。而犹太人的数量很少时，种族敌意就较少。学生们的这种种族情绪，阻碍了我们依靠个人亲密关系来软化反犹主义情绪的努力。如果这个国家的每一所大学都只招收一定比例的犹太人，我们在消除学生的种族歧视方面可能就不需要走很长的路了。"贝尼希回答说："您的建议，若按其逻辑推断，必然意味着只有全面禁止大学里的犹太学生，才能解决反犹问题。"

监事会——包括其唯一的犹太成员，美国纽约巡回法院法官朱利安·威·麦克（Julian W. Mack，法学士，1887届）在内——迅速批准成立大学教师委员会，以调查是否可能"更有效筛选入学候选人"。据亨利·约曼斯说，洛厄尔对他的建议在犹太人群中引起"针对他个人的怨恨"感到"惊讶"。但他认为，他所表达的原则适用于任何威胁"大学中典型的民主性质"的群体。甚至沃尔特·李普曼（1910届）这位《纽约世界》社论版的编辑，也承认自己"由衷赞同哈佛那些主张，去更平衡地分配犹太人以及其他带有显著文化特征的少数族裔……如果（他们）太过集中的话，不仅不利于犹太移民本身，也不利于哈佛。"[18]

1922年圣诞节的晚上，1919年毕业的维克多·克雷默（Victor Kramer）同洛厄尔校长在晚点了6个小时的波士顿至纽约的火车上，作过一番坦率的讨论，他随后告诉记者说，洛厄尔预言"如果犹太人不尽一切努力融入美国人民，美国的反犹情绪将增长到危险的高点。他建议犹太人解散那些排外的社团，特别是犹太烛台协会和犹太兄弟会，并放弃他们的宗教信仰，同非犹太人通婚……校长似乎很高兴，正如他所说的，纽约大学的犹太人学率从 60%降到了 30%。"但洛厄尔声称克雷默"极大地歪曲"了他的观点。[19]

　　杜波依斯随后在全国有色人种促进会月刊《危机》(*The Crisis*)的专栏文章中提到了哈佛"贵族式的朽坏"。"这不过是盎格鲁-撒克逊崇拜的复兴，对北欧图腾的崇拜，它剥夺了黑人、犹太人、爱尔兰人、匈牙利人、亚洲人和南太平洋岛民的公民权，而北欧白人通过野蛮的武力统治世界。"他的这番话，呼应着自己在 1890 年的毕业典礼演讲。[20]

　　✍ 这份反对新生宿舍排斥黑人的校友请愿书由 143 人签署，其中包括罗伯特·本奇利 (1912 届)、欧内斯特·格里宁 (Ernest Gruening, 1907 届)、塞缪尔·埃利奥特·莫里森 (Samuel Eliot Morison, 1908 届) 和沃尔特·李普曼 (1910 届)，请愿书在 1922 年 9 月提交洛厄尔和董事会。12 月，罗斯科·康克林·布鲁斯 (Roscoe Conkling Bruce, 1902 届)①写信给教务主任，要求给他的儿子小罗斯科·康克林·布鲁斯在新生宿舍中安排房间，小布鲁斯是埃克塞特中学的毕业生。老布鲁斯是哈佛杰出的学生，以极优等成绩毕业，并获选入优等生荣誉学会，他也是学校毕业演讲者、美国参议院首位黑人议员的儿子。洛厄尔亲自给他回信，说："我很抱歉地告诉您，在强制入住的新生宿舍里，我们从一开始就觉得有必要不安排有色人种学生。至于其他的宿舍和餐厅，它们是自由开放的，但在新生宿舍里，我相信您会明白为什么从一开始，我们就认为不可能强迫不同种族的人住在一起。"

166

---

　　① Roscoe Conkling Bruce (1879—1950)，美国黑人教育家。曾管理纽约市哈莱姆区的邓巴公寓住宅区，并担任哈里特·塔布曼 (Harriet Tubman) 出版公司的主编。

　　但布鲁斯曾与白人青年一起生活在霍利奥克楼，1923 年 1 月 4 日，他尖刻地回应说："强调美国人的种族差异意识，这是酝酿出许多冲突和悲惨事件的温床，避免去强调这些，便能培育出伟大的文化。我曾以为，健全的国家基础并非种族，而是文化……如果说美国是一个大熔炉，那么教育就是那神圣的火焰。"[21]

　　1 月 6 日，洛厄尔平静地回答道："很抱歉您认为我们的立场不合理……我们应该像对待白人一样，给予有色人种同样的受教育机会。但是，我们不应该强迫他们和白人建立起本就没有，或者可能很难意气相投的社会关系……（您认为）新生宿舍的强制性住宿不应只为 99.5% 的学生设立，而让剩下的 0.5% 没有着落，但在我看来，这是一个站不住脚的立论。"

　　布鲁斯在 1 月 9 日回复道："如果您愿意，请让爱尔兰人、犹太人、黑人深信，我们大学最古老、最尊贵的信念竟和三 K 党成员的一样，无论个人魅力、禀性以及能力如何，那人终将因其血管里流动的血液而无法成为完全合格的美国人。而您现在制造的怨愤，将来就会演变为冲突。"

　　这些通信发表在 1 月 12 日的《纽约时报》上，令洛厄尔懊恼不已。①

167　　那天晚上，一位名叫杰尔姆·戴·格林（Jerome D. Green，1896 届）的监事写信给洛厄尔说："在我看来，对待这么重大的事情，行动却如此不肯通融，这很不正常，它确实明显有悖于机会平等原则，管理此事的各委员未经深思熟虑便采取措施……就我个人而言，我认为这是一个严重的错误。"洛厄尔在 1 月 15 日

---

　　① 老布鲁斯把他儿子的申请当作某种测试。这个男孩当时还只是埃克塞特中学的一名新生，1926 年才进入哈佛大学。——原注

回复说："对于拒绝黑人的问题，董事会已经做了两次充分的讨论，结果都赞同宿舍开放以来一直奉行的政策。"但他们没有正式投票表决。

"我现在在这里过得很糟糕，"1月16日，洛厄尔对詹姆斯·福特·罗兹（James Ford Rhodes）吐露心声，"我感觉自己就像圣塞巴斯蒂安①一样，被乱箭射得千疮百孔。"[22]

第二周，《哈佛校友简报》（*Harvard Alumni Bulletin*）登载社论反对排斥政策："哈佛拒绝给予有色人种那些白人男性的特权，这种行为如果不是主动背离先前政策的话，它也不可避免地逆转了这种政策。大学迄今为止的政策，都是坚决地持开放立场。"1月25日，前校长埃利奥特在给杰尔姆·戴·格林的信中写道："洛厄尔校长最近犯的那些错误，对学校决不仅仅'只有微不足道的影响'。它们表明，董事会和监事会应该不断指出他在判断力和处事智慧上存在的问题。"

共和党众议员、前橄榄球队队长小汉密尔顿·费什（Hamilton Fish, Jr.，1910届）称该政策采纳了"南方的吉姆·克劳法"②。监事富兰克林·罗斯福（Franklin Roosevelt，1904届）则说："我们读大学那阵子，确实有很多有色人种的学生，但从未出现过任何问题。"杜波依斯在《危机》杂志中写道："我的高贵先生们，请想象一下，奴隶解放都60年了，一个奴隶的孙子居然在向哈佛的清教徒校长传授民主的基本知识！"[23]

1923年4月，"入学候选人筛选"教工委员会向监事会报告

---

①　Saint Sebastian（256—288），又译作"圣巴斯弟盎"。天主教的圣徒，古罗马禁卫军队长，在教难时期被罗马帝国皇帝戴克里先下令乱箭射死，但那些箭奇迹般地未能杀死他。身中万箭的圣塞巴斯蒂安是艺术史上常见的形象。

②　Jim Crow Methods of the South，1876—1965年间美国南部各州以及边境各州对有色人种实行种族隔离制度的法律。

说，学院应该"保持其传统政策，即学生不因种族和宗教遭受歧视"。该委员会警告说："即便诸如面试或智力测试这样的理性方法，如果现在作为一种甄选手段施用，也将不可避免地被视为隐蔽的手段，去过滤一些人，这些人被认为是不受欢迎的种族，或会被社会歧视。"监事会接受了该报告并核准了一项决议，其中写道："……根据新生宿舍的容量，所有新入学班级的成员都必须在新生宿舍住宿、用餐，但经哈佛学院院长允许可以在其他地方住宿的除外。在这条规则生效后，白人和有色人种必须一起生活、一起吃饭，任何人都不该因为肤色而被排斥在外。"[24]

这个决议意味着什么尚不清楚，但历史学家内尔·佩因特（Nell Painter）说，洛厄尔的种族隔离政策一直持续到一九五〇年代。黑人新生被分配到达纳·帕尔默楼（Dana Palmer House）或沃伦楼（Warren House）中。学校招生部门通过在录取时考虑"性格和体格"以及学业成绩，并将"地区平衡"作为一个因素，由于大多数犹太人生活在美国东北部，因此有效降低了犹太人的录取比例。从 1926 年开始，入学申请就要求提供护照规格的照片。[25]

✎ 乔治·皮尔斯·贝克教授（George Pierce Baker，1887 届）是著名的"47 工作坊"研究生戏剧项目的负责人。他通常会把学生写的剧本搬上舞台，其中一些后来在波士顿和纽约成功上演。他的学生包括西德尼·霍华德（Sidney Howard）、乔治·阿博特（George Abbott）、尤金·奥尼尔（Eugene O'Neill）、萨·纳·贝尔曼（S. N. Behrman）、罗伯特·埃·舍伍德（Robert E. Sherwood）、托马斯·沃尔夫（Thomas Wolfe）和菲利普·巴里（Philip Barry）等。1888 年，贝克开始在哈佛担任讲师，教授英语戏剧史。但此后他数次申请开设剧本写作课程，都被学校拒绝了，而拉德克利夫学院向他表达欢迎之情，于是1903年开始，他便教授拉德克利夫12名学生"英语47"课程。埃利奥特校长后来让他担任戏剧文学教授，"英语47"课程则催生了供学生讨论戏剧的"47俱乐部"，以及"47工作坊"，学生们在受邀嘉宾面前表演戏剧，受邀嘉宾则提交书面评论。

但洛厄尔校长和董事会数次拒绝了贝克有关修建专业剧院的提议，多年来还制造了其他障碍。对剧院的怀疑仍然存在，这是清教徒的一种禁忌。早在1762年，董事会就曾决定，任何学生若在戏剧中表演甚至只是看戏，"初犯者将由校长和导师酌情决定降级，再犯则会被暂时停学或开除"。波士顿直到1794年才有了第一家剧院。洛厄尔给了贝克一些破旧的闲置教室来训练他的编剧、演员、布景设计师、导演、制片人和舞台管理人员。工作坊在拉德克利夫的阿加西剧院里演出，但演出阵容不足。贝克主动提出自行筹钱建一座新剧院，但校方不允许他这么做。

贝克于1925年休学术假①。这年11月，他宣布断绝与哈佛的一切联系，接受了耶鲁戏剧学院首任院长的职位，耶鲁新建了一座剧院，并收到了100万美元的捐款。"我们不想他离开，但我们确实希望他如果留在这里，能够遵照我们给的条件。我们希望他继续使用现有的设施，直到他退休。"洛厄尔说。35年后，哈佛才建成自己的剧院。

🔁 荣誉退休校长查尔斯·威廉·埃利奥特，这位雄辩的智者、国

---

① 美国大学给予教师进行研究或旅行的带薪休假期，通常每工作7年给予1年的假期。

家的圣贤，于 1926 年 8 月逝世，享年 92 岁。

1927 年 6 月 1 日，阿尔万·富勒（Alvan Fuller）州长选中洛厄尔校长担任特别顾问委员会成员，以审查尼古拉·萨科（Nicola Sacco）和巴尔托洛梅奥·万泽蒂（Bartolomeo Vanzetti）的审判和定罪情况。这两位意大利移民，同时也是无政府主义者，被控在一起抢劫案件中谋杀两名男子，被判处电刑。这起带有种族主义和政治色彩的案件引起了巨大的争议，一个辩护委员会提请世界注意马萨诸塞州司法系统的不公。法学院的费利克斯·法兰克福特（Felix Frankfurt）教授是其中主要的批评者。法学院院长罗斯科·庞德（Roscoe Pound）甚至也警告案件审判中出现的"非美国的"原则，即"司法机制被认为是无懈可击的，是不容置疑的"，并且"如果某些人因为其他原因招人讨厌，那么他们即便因未曾犯过的罪而被处决，也要好过承认官方犯了错误"。[26]

州长的咨询委员会，也被称为洛厄尔委员会，举行了为期两周的听证会，在 7 月 27 日签发了一份报告，该报告不再考虑新出的证据，否定了合理的怀疑，并宣布萨科和万泽蒂有罪，两人因而在 8 月 22 日被执行死刑。洛厄尔因为发表了浅陋且自相矛盾的报告，玷污哈佛的名声，人们抨击他双手沾血。"你打算用血腥的报复来证明，这样的激进言论是正确的吗：一个持有不受欢迎的想法的人，在我们的法庭上得不到自由的审判？"小说家约翰·多斯·帕索斯（John Dos Passos）在公开信中写道，"身处高位的你们必须做出选择，今后为重组社会而进行的斗争是要非暴力的、富有建设性的，还是要充满不可想象的血腥和破坏性。该是你们充分认识到肩上重任的时候了。"布兰代斯说得对，洛厄尔"被特权蒙蔽了双眼"。[27]

✍ 1923 年，史密斯学院院长、美国大学妇女联合会会长埃达·路易丝·科姆斯托克（Ada Louis Comstock）成为拉德克利夫的首位全职院长。科姆斯托克院长（1897 年毕业于史密斯学院）出生于明尼苏达州的穆尔黑德市（Moorhead），她身材高挑，沉着冷静，据说很有魅力，在公开演讲时声音洪亮。1928 年，一群拉德克利夫的女性校友在科姆斯托克的支持下，要求董事会授予拉德克利夫毕业生哈佛大学的学位，并建议拉德克利夫在保持其独特身份的同时，成为哈佛大学的一部分。但是洛厄尔抓住这个机会，建议把拉德克利夫从哈佛大学完全剥离出去。在 1928 年 11 月的一次董事会会议上，他公开提出这一意见，认为拉德克利夫是哈佛的一大负担，尤其是它使用了哈佛的图书馆、分散了教师的时间和精力。

科姆斯托克震惊不已，但她不愿屈服，在接下来的几年中，她竭尽全力拯救拉德克利夫，同时又以似乎必要的顺从态度，卑躬屈膝地同洛厄尔打交道。"洛厄尔先生是足智多谋、意志坚定的人，他奋斗不息……几乎从未间断，有时让我们很焦虑。"她回忆道。但在 1931 年，董事会决定维持拉德克利夫的现状，只做一些小小的调整。"从长远来看，我认为那次斗争对我们有益。"科姆斯托克在 1943 年时说，"我们胜利了，并且有了一些帮我们的人，这原本是我们所缺乏的。"①[28]

---

① 在 1976 年的一次采访中，曾在 1923—1934 年担任拉德克利夫教务长的伯尼斯·布朗·克龙基特（Bernice Brown Cronkhite）猜测，劳伦斯·洛厄尔小时候被他的几位姐姐恐吓，这扭曲了他成年后的行为方式："嗯，你看小劳伦斯有这么强势的姐姐埃米·洛厄尔，还有另一位强势的姐姐帕特南夫人，她们都人高马大、酷爱指挥，他感到受人摆布，不能在她们面前表达自己。他年龄比她们小，人又比她们矮，我想这让他一开始就不太对劲。然后他还和他的表亲结婚了，妻子是一个非常体贴的人，但他们没有孩子。他不需要养育女儿。"——原注

埃达·路易丝·科姆斯托克，1923—1943 年任
拉德克利夫学院院长

　禁酒令①让那些平时爱喝上两杯的学生日子很不好过。他们没有
大量非法啤酒或葡萄酒可喝，便越发喝起了非法烈性酒。"杜松子
酒、苏格兰威士忌和黑麦酒等烈性酒是最容易买到的，因为它们的
保质期最长，因而也最受欢迎。"1922 年毕业，后来成了《大西洋
月刊》(Atlantic Monthly) 编辑的爱德华·威克斯 (Edward Weeks)
回忆道，"走私贩们在奥本山大街上走动，在宿舍之间串门。新生

---

　　①　1920—1933 年，美国推行全国性禁酒，禁止酿造、运输和销售含酒精
饮料。

的宿舍仅仅是表面上有学监管着。由于担心被发现，购买者很快就把瓶子喝空了。"

威克斯郁闷地想起了往年打牌和闲聊时喝的带姜和苦橙花的杜松子酒。他大四时的野餐变成一场劣质杜松子酒和葡萄汁的宴会。"胃还能忍受，它必须得忍着。但如果说痛饮有什么乐趣的话，那一定在其效果，而非酒的味道。"烈酒的流行对刚开始酗酒的人产生了不良影响。[29]

剑桥街道上，吵闹的小货车和冒烟的运货卡车日渐杂乱，打破了学校的安宁。洛厄尔校长计划用建筑物围成一道警戒线，把哈佛园"隔离"起来。1925 年，在戴恩楼（Dane Hall）原址上建了莱曼楼（Lehman Hall），接下来斯特劳斯楼（Straus Hall）、莫厄尔楼（Mower Hall）、莱昂内尔楼（Lionel Hall，以约翰·哈佛唯一进入哈佛大学的亲戚莱昂内尔·德泽西·哈佛命名，他毕业于 1915年，1918 年死在法国阿拉斯）和威格尔斯沃思楼（Wigglesworth Hall）相继落成。学生人数在他任内翻了一番，达到 8 227 名，洛厄尔聪明地预见了大学在硬件方面的需求，将兰德尔楼（Langdell Hall）、商学院（Business School）、化学实验室、生物实验室、范德比尔特楼（Vanderbilt Hall）、纪念教堂（Memorial Church）、狄龙·菲尔德楼（Dillon Field House）、新的福格艺术博物馆（Fogg Art Museum），以及教授俱乐部（Faculty Club）等加入要修建的大楼清单。

在修建大楼的过程中，洛厄尔把他好斗的个性表现得淋漓尽致。他走在成堆的泥土、砖块、附属建筑和混凝土楼之间的时候，像是成了另一个人。西奥多·皮尔逊（Theodore Pearson，1925 届）有天下午从他在霍利斯楼的窗户观察到了这种变化。在布里格斯教授的英语作文课上，他写道："校长在霍尔登礼拜堂前面的道路走着的时候，他是他平时的自己：低垂着头，肩膀悲观地弯曲着，步伐缓慢，挂着一根小小的手杖。而当他看到建筑工地时，形容为之一变：抬头挺胸，步伐加快，他的手杖——这是最大的不同——成了陆军元帅的指挥棒。"[30]

1928 年 11 月，一位匿名捐助者出现了，他有充足的资金，想法和洛厄尔不谋而合，这使洛厄尔为三个高年级建住宿楼的梦想成为可能。这项工程在三年内就完成了。邓斯特（Dunster）楼和洛厄尔（Lowell）楼在 1930—1931 学年起用；第二年又起用了埃利奥特（Eliot）、莱弗里特（Leverett）、温斯罗普（Winthrop）、亚当斯（Adams）和柯克兰（Kirkland）等楼，合并了新生宿舍楼以及高档住宅区"黄金海岸"的一些住宿楼。每幢新楼都有几百个套房、一个餐厅、一间公共休息室、一个图书馆和一间学监住所。令人吃惊的是，这位神秘的捐助者，竟是标准石油公司老板、耶鲁大学毕业生爱德华·斯蒂芬·哈克尼斯（Edward Stephen Harkness），他慷慨地捐出 1 300 多万美元。新生们于是全都搬进哈佛园中了。

洛厄尔在 1932 年 11 月的一次校董会议上宣布了他的辞职计划，与此同时，他不参与任何有关他继任者的讨论。在他担任校长期间，学校吸收的捐款是之前 6 倍，从 2 000 万美元增加到 1.26 亿美元。将近 2 万本科生从哈佛学院毕业。洛厄尔为大学的学术徽章恢复了光泽而感到自豪。"'考个 C 是绅士的标志'不再是学生用来表达信念或为懒惰找借口的话。"他在最后一份报告中写道，"而上等阶级一个世纪前普遍的鄙视苦读学生的词汇'开夜车的家伙'之类，我们再也没听过。"对于达到一定智力水准并付得起学费的盎格鲁-撒克逊白人男性来说，也不是必然能进这所大学了。

　　洛厄尔的最后一项举措是成立了"精英学会"（Society of Fellows），向 24 位杰出的学者提供研究基金，免除他们的教学任务，使其得以从事自己的研究工作，并给予丰厚的津贴，三年后允许续期。男生们住在大学里，一起用餐，享受著名教授的指导和友谊。他引以为豪地说："这样的氛围自然会给我国带来思想智识上的影响。"此后董事会又批准了另一位匿名人士提出的 100 万美元捐助计划。退休后，洛厄尔特别期待精英学会在埃利奥特楼餐厅举办的周一晚宴，而他正是那位慷慨捐助学会的人。①[31]

　　✍ 在富兰克林·罗斯福就任美国总统，以及希特勒被任命为德国总理后不久，董事会选举了詹姆斯·布赖恩特·科南特为哈佛大学校长。他是个出人意料的人选，一个北方出身的平民，一个局外人。他的父亲是多切斯特的光刻印刷工（Photoengraver），而他是家里第一个上大学的人，在叶绿素和血红蛋白的化学结构方面有重大发现，据说有获诺贝尔奖的希望。他曾编写或参与编写了五本化学教科书。1927 年升为正教授，1931 年任化学系主任。此后，他得以有空广泛阅读文学、历史和经济学方面的书籍。他的妻子格蕾丝·塞·理查兹（Grace T. Richards）是美国首位获得诺贝尔化学奖的西奥多·威·理查兹（Theodore W. Richards）教授（1886 届）的女儿，两人育有两个孩子。这时的科南特才 40 岁。

　　科南特回忆了他得知自己当选校长的那一刻。下午 3 点他接到一个电话，通知他洛厄尔校长正在去他实验室的路上。"他进来坐下，简单而相当冷淡地说，董事会当天早上选举我为哈佛大学校

————————

　　①　1930 年，董事会将正教授的年薪从 7 000—9 000 美元，提高到 8 000—12 000 美元。在大萧条时期，这些工资使教授们财务状况一度令人羡慕。——原注

科学家詹姆斯·布赖恩特·科南特

长……很明显这令他痛苦，因为这是他最坏的预期。"但第二次见面时，洛厄尔显得稍亲切了，承诺不再阻挠此事，"洛厄尔苦涩地说，埃利奥特也没有这样对待他"。[32]

科南特校长的抱负是让哈佛成为精英领导管理，而非贵族领导管理的地方，也同样要剔除教员中不能胜任的人、提高终身教职的标准、鼓励原创研究。他经常引用杰斐逊的话："从我们各种条件的人民中挑选出拥有天赋和美德的天然贵族（natural aristocracy），并用公共财政支持的教育加以培养，以不负公众关注。"他并非不知道其中的难处，在 1933 年 5 月 17 日写给妹妹的信中说："这在美国是最吃力不讨好的工作。一般来说，哪怕校长做了正确的事情，他也要预期到校友和其他人会有几乎一致的反对声音……但那是聘用合同的一部分，我希望自己已经准备好了……离开让人如此愉快的科学生活，我哭了好几次，但这一挑战不容拒绝。我不后悔，我相信将来也不会后悔。"[33]

第九章 哈佛反对极权主义者

　　科南特校长祖上当过农场主、鞣皮工和鞋匠，他人生第一个实验室是多切斯特家中的储藏室。他就读于罗克斯伯里拉丁语法学校，在那里，他得到了一位杰出的科学老师的鼓励。1910 年 9 月，17 岁的他进入哈佛大学。他住在林登街 5 号穆尼小姐的公寓里，在那里他和未来的小说家约翰·菲·马昆德（John P. Marquand，1915 届）成了朋友。科南特在三年内就获得了文学学士学位，并成功当选《深红报》的编辑。他说自己是在 1870 年查尔斯·波拿巴（Charles Bonaparte）等人创办的文学俱乐部"哈佛戒指图章社"的午餐桌上接受通识教育的。詹姆斯·科南特告诉他未来的妻子，他有三项抱负：成为美国顶尖的有机化学家，然后是哈佛大学校长，再是内阁成员，有可能是内政部长之类。[1]

　　科南特长得又高又瘦，一头棕色的头发，戴一副钢边眼镜，为人和蔼可亲，但为了达到自己的目的，他随时可以变得冷酷无情，固执但又有幽默感。正如他经常说的："时代要求教育出'意志坚定的理想主义者'。"在课堂上，他常常通过制造意想不到的化学爆炸来惊醒学生。他也是登记在册的共和党人，1916 年投票给伍德罗·威尔逊，1920 年投票给詹姆斯·考克斯（James Cox），1924 年投票给罗伯特·拉福莱特（Robert Lafollette），1928 年投票给阿尔·史密斯（Al Smith），1932 年投票给富兰克林·罗斯福。他喜欢和两个儿子去怀特山远足攀爬。1933 年 10 月 9 日，他的就职典礼在大学楼（University Hall）的教职工室举行，150 人出席，与之前的洛厄尔任职典礼上的 1.3 万人形成鲜明对比。那一年和约翰·莱弗里特在 1707 年的情况一样，没有游行和就职演说，也没有拉丁语演讲。[2]

科南特校长上台之初便采取行动，反对课堂点名，反对要通过拉丁语考试才能获得文学学士学位的规定，反对春季橄榄球训练，并很快取消了早上 7 点的起床铃声。他每月 16 次主持在校园里举行的校方会议，这让与会的地方官员大为恼火。他有个很大的目标——加快社会发展，这个社会充满活力、没有阶级之分，能够充分利用民主的潜力。他在上任第一年的年度报告中写道："可以说，任何具有非凡才能的人都能来哈佛接受教育，无论富人还是穷人，无论他来自波士顿还是旧金山。"他为南方和西部的学生推行哈佛国家奖学金（Harvard National Scholarships）制度。"许多没有经济来源的男孩有可能在未来的专业领域、商业和公共事务中出人头地。"他说，"这个国家需要他们的才能和品格。"他在国家奖学金管理中率先应用了学术能力测试（Scholastic Aptitude Test）。[3]

记者西奥多·哈·怀特（Theodore H. White，1938 届）①回忆

① 中文名白修德，美国新闻记者、历史学家和小说家，曾作为《时代》周刊记者在抗战时期访华。

道，科南特是第一个承认"呆瓜也是哈佛人"的校长，他指的是拿奖学金的学生和在学校与大波士顿①之间往返通勤的爱尔兰裔、犹太裔和意大利裔男生，他本人也属于这些人群。哈佛学院在达德利楼（Dudley House）留出一个房间，学生白天可以把纸袋装的午餐带到这里，课间可以在安乐椅上休息。"我们这些人在哈佛不是为了享受游戏、姑娘们、老霍华德的滑稽表演②、友谊、榆树、秋天的落叶、查尔斯河长满草的河岸。"怀特在他的回忆录中写道，"我们来这里是为了取得哈佛的徽章，上面写着'真理'，但这实际上意味着未来某个地方的一份工作，供职于某个官僚机构、某个研究所、某间学校、实验室、大学或法学院。"[4]

科南特认为奖学金应该覆盖每个年级 10% 到 15% 的学生。怀特曾获得本科生院提供的 220 美元奖学金和伯勒斯报童基金会（Burroughs Newsboys Foundation）提供的 180 美元助学金，两笔钱合起来足够支付一年的学费。他的同学有约翰·罗斯福（John Roosevelt）、伦道夫·赫斯特（Randolph Hearst）、马歇尔·菲尔德（Marshall Field，Jr.）和小约瑟夫·肯尼迪（Joseph Kennedy，Jr.）等。

科南特校长很关心教师队伍的质量。"我们是人类知识未来命运的传薪人，"他在自己首个年度报告中写道，"我们的教师必须是朝各个方向拓展知识前沿的学者……哈佛必须努力吸引世界上最有能力的研究人员和教师。"这种观点使基层教师们大为震惊，他们在洛厄尔的领导下过得很轻松，只要他们是受过良好教育的绅士就

---

①　大波士顿是新英格兰的都会区，包括波士顿市及新英格兰人口最多的城市及其周边地区。

②　指霍华德剧院（Howard Athenaeum），它是波士顿历史上最著名的剧院之一。它建成于 1845 年，最终于 1953 年关闭。

行。据《深红报》报道，由于担心被迫离职，讲师和助理教授急忙"深入怀德纳图书馆的丛林深处，以获取它的食物，即那些丰饶的学术成果"。此举的总体效果，是"撼动了哈佛式的冷漠，比革命、内战和全国学生联盟时期更甚"。[5]

✍ 恩斯特·弗·塞奇威克·汉夫施滕格尔（Ernst F. Sedgwick Hanfstaengl）又名"普茨"（Putzi），毕业于 1909 年，是颇受欢迎的学生。他是个生性快乐的大个儿，曾在大四那年的"速食布丁秀"中写过一首歌。他以活泼但铿锵的风格弹奏钢琴，一边喝着马提尼酒，一边唱着下流的情歌。普茨在 1921 年回到德国。"一年后，我遇到了拯救德国、拯救文明的阿道夫·希特勒。"他在毕业 25 周年的纪念文章中写道。1923 年啤酒馆暴动失败后，希特勒躲在汉夫施滕格尔位于慕尼黑郊外的别墅里，两人合作写出了纳粹党的《德国风暴》（The German Storm）进行曲。汉夫施滕格尔此后成为希特勒的新闻秘书。1934 年，在期待着自己毕业 25 周年返校活动的同时，他决定设立奖学金，奖励一名优秀的哈佛学生赴德国学习。1934 年 5 月 24 日，他写信给科南特校长说："获得该奖学金的学生必须在我的家乡慕尼黑的德国艺术中心工作一年半，接下来在德国其他大学学习。"几天后，在记者和摄影师的簇拥下，他在柏林一家银行签署了一张 2 500 马克的汇票，收款人是科南特，这一新闻传遍了整个世界。

汉夫施滕格尔直到最后一刻才动身去美国，报纸上已经制造了他是否真的会参加返校聚会的悬念。到达哈佛广场时，他遇到了抗议者，他们举着标语，上面写着"给汉夫施滕格尔一个学位：'集中营大师'""让他成为刑讯学硕士"，还有"焚书学士"。但《深红报》的编辑建议哈佛授予他荣誉学位，以示"两国友好"，而德国"恰好是一个世界强国"。《深红报》当时的编委会中的确没有犹太人、黑人和女性。[6]

在体育馆举行的欢迎毕业生返校活动中，普茨向他的朋友们行了几次纳粹礼，对摄像师至少敬了一次礼。1919届的五名校友举着"支持汉夫施滕格尔任年级学生主席"的牌子在操场上游行，并致纳粹礼。1924届的几百名学员昂首阔步，敬纳粹礼，他们身穿棕色短裤和吊带裤，上身是白色衬衫，戴着饰有羽毛的深绿色帽子。一辆运啤酒的卡车跟在队伍后面，向他们分发冒着泡的免费啤酒。整个活动气氛很好。1928届的学生穿着蓝白相间的骑师外套和白裤子，头戴帽子。1931届的学生都穿着酒吧服务员的白色夹克和围裙。约·皮·摩根也来庆祝他的45周年返校日，被拍到喝啤酒的照片。《纽约时报》及时地报道了这些事情。[7]

1934年8月，《柯利尔杂志》(*Collier's Magazine*) 发表了一篇普茨撰写的文章，把德国犹太人描述为"在政治体上吸血的水蛭"，颂扬希特勒是外科医生，砍掉了德国这棵树上的枯枝败叶。9月，校董们一致投票反对接受他提供的奖学金。"那个政党损害德国大学，打压全世界大学都信奉的基本原则。而这笔捐赠出于如此认同该政党的人，我们不能接受。"对于汉夫施滕格尔，科南特这样写道。第二年，哈佛向德国难民阿尔伯特·爱因斯坦和托马斯·曼颁发了荣誉学位。[8]

✍ 1936年9月18日上午10时15分，美国总统富兰克林·罗斯福在细雨中，从抵达剑桥的火车下车，坐上一辆汽车，驶过哈佛园的阵阵冷风。有1.5万名哈佛校友和世界上超过500所大学的代表聚集在那里。此时距当年清教徒的建校之举，已整整300周年。聚集在这里的校友反罗斯福新政情绪高涨。"这显然是科南特榨取富人油水的方法。"普林斯顿大学校长无意中听到一名浑身湿透的毕业生这般咕哝道。但是，当罗斯福总统在 10 点 30 分从讲台后方进入会场就座时，他收获了热烈的掌声。他在正装外面套了一件轻便的大衣，头上戴一顶丝绸帽子。他拒绝了多把雨伞。柯南特向 62 位世界顶尖学者授予荣誉学位，其中包括天文学家亚瑟·埃丁顿（Arthur Eddington）、物理学家亚瑟·霍利·康普顿（Arthur Holly Compton）、心理学家卡尔·古斯塔夫·荣格（Carl Gustav Jung）、布罗尼斯瓦夫·马林诺夫斯基（Bronislaw Malinowski）和让·皮亚杰（Jean Piaget）等。[9]

荣誉退休校长洛厄尔下午在桑德斯剧院主持了校友会议。洛厄尔曾威胁说，如果罗斯福受邀演讲，他就辞职，之后却和罗斯福有过几通奇怪的书信来往，讨论他在典礼上要做的事。"我们希望您选好主题，做一场简短的发言，它可以跟哈佛以及我国高等教育300 年的话题相关，而且我觉得您会乐于有此机会，从繁重的政务和政治演说中脱身出来。"洛厄尔在 1936 年 2 月写信给罗斯福，并补充道，"您认为下午的演讲时限大约为 10 分钟如何？这样能充分表达您的想法吗？"

罗斯福将这封信的复印件寄给了法学院的弗兰克福特（Frankfurter）教授，并附了一张纸条，上面写着："悄悄说，你个人觉得这封信怎么样？"他补充道，"我想，有些思想狭隘的人真的会以为，我可能会做持续一个半小时的纯政治演讲。"弗兰克福特回答说，洛厄尔需要好好上一堂礼仪课，但他建议总统不要理会"那些粗鲁无礼的询问和拐弯抹角的指责"。[10]

罗斯福的演讲以学校的一小段历史开始："今天，我们很高兴地记得，这次相聚来自 100 年前约西亚·昆西明确提出的延期动议。①当时许多哈佛的校友都为国家的现状忧心忡忡。那时的总统是安德鲁·杰克逊。在哈佛成立 250 周年之际，校友们再次陷入了严重的困境，那时的总统是格罗弗·克利夫兰。现在，建校 300 周年之际……是我当总统。"讲台上低声说出的最后这句，引发了长久的笑声，并伴随着雷鸣般的掌声。[11]

他接着说："我相信，哈佛的学生们充分参与了我们国家历史上每一出伟大的戏剧，这是哈佛的精髓所在。他们迎接了挑战，他们在挑战中看到了大学存在的目的。作为国家总统，我带给你们来自人民的祝福。我谨以国家的名义冒昧地请求你们珍视这所大学的传统，并实现其最高的价值……在如今这个现代猎巫时代，自由思想已经从它原本的家园中被放逐。哈佛和美国的使命，是去捍卫人类的自由思想，去高举真理的火炬。"

下午 4 点刚过，罗斯福回到火车车厢中，离开剑桥前往华盛顿。

🔖 约翰·菲茨杰拉德·肯尼迪（John Fitzgerald Kennedy）于 1936 年 9 月来到哈佛园，住在韦尔德楼 32 号。虽然 19 岁的他瘦骨嶙峋，6 英尺（约 1.83 米）高，149 磅（约 67.6 公斤）重，但他参加新生橄榄球赛，在游泳队游仰泳，加入英式橄榄球队和高尔夫球队。作为"新生烟民"（Freshman Smoker）委员会的主席，他提供了精心准备的娱乐活动，包括歌手格特鲁德·尼森（Gertrude Niesen）、"舞蹈节奏团"（Dancing Rhythmettes）、"六个幸运男孩"

---

① 1836 年，哈佛的 200 周年纪念晚宴结束时，小约西亚·昆西（Josiah Quincy, Jr.）动议说："这次校友大会休会，于 1936 年 9 月 8 日在这个地方开会。"该事件由小约西亚·昆西的《哈佛史》（*History of Harvard*）记载，由《深红报》转载。

(Six Lucky Boys) 的翻筋斗演出、弗兰基·弗里施 (Frankie Frisch)、迪齐·迪安 (Dizzy Dean)、雷蒙娜 (Ramona) 和她的钢琴，以及菲尔·莱恩 (Phil Layne) 和他的"摇摆乐队"(Swing Band)。1937 年 5 月 4 日，1 000 多名热情的年轻人参加了在纪念堂举行的烟民活动，肯尼迪主持仪式。他们喝着姜汁汽水，吃着甜甜圈和冰淇淋，叼着传统的玉米棒子制成的烟斗，摇瓶跺脚。1983年，詹姆斯·A. 鲁曼尼埃 (James A. Rousmaniere，1940 届) 回忆道："那是杰克①第一次明显地表现出卓越特质，人们第一次认识到他和我们有点不同。"[12]

一名贴身男仆和杰克同住，他在星期六的橄榄球赛后替杰克的朋友组织潘趣酒会。"杰克在上流社会和穷人中都有很多朋友，"另一位同学奥古斯塔斯·W. 索尔 (Augustus W. Soule) 回忆说，"他认识所有的裁缝和苏打水小贩，以及商店里的所有帮工。然而，他的行事却笼罩在亲哥哥小乔·肯尼迪②的阴影之下。杰克跟小乔住在温斯罗普楼，主修政治学，并加入了斯佩俱乐部，该俱乐部由几个欣赏其人品的纽约人主导。这使他略胜哥哥一筹，因为没有任何终极俱乐部向他哥哥伸来橄榄枝。

老乔·肯尼迪则在1937 年 6 月庆祝了他毕业 25 周年返校，并发表了捍卫新政的演讲。他遭到同学们的嘘声和嘲笑，但在 12月，罗斯福任命他为驻英国大使，这对他家来说是一个巨大惊喜。1938 年 5 月，他从英国回国，参加了小乔的毕业典礼，不知怎么回事，他满心以为学校会授予他荣誉学位。但这并未发生。在小乔获

①　肯尼迪的昵称。
②　即小约瑟夫·帕·肯尼迪 (Joseph P. Kennedy, Jr.)，老约瑟夫·帕·肯尼迪 ("老乔"，Joseph P. Kennedy, Sr.) 的儿子，肯尼迪家族第三代成员。

JOHN FITZGERALD KENNEDY
Born May 29, 1917, in Brookline, Massachusetts. Prepared at The Choate School. Home Address: 294 Pondfield Road, Bronxville, New York. Winthrop House. *Crimson* (2–4); Chairman Smoker Committee (1); St. Paul's Catholic Club (1–4). Football (1), Junior Varsity (2); Swimming (1), Squad (2). Golf (1). House Hockey (3, 4); House Swimming (2); House Softball (4). Hasty Pudding-Institute of 1770; Spee Club. Permanent Class Committee. Field of Concentration: Government. Intended Vocation: Law.

杰克·肯尼迪哈佛时期留影，来自 1940 年毕业班年刊

得学位的那天，老乔失落地与杰克离开学校来到海恩尼斯港（Hyannis Port）。"这对他是可怕的打击，"他的夫人罗丝·肯尼迪告诉传记作家多丽丝·卡恩斯·古德温（Doris Kearns Goodwin），"他对所有这些都抱有期望，到头来就很难接受希望落空了。"[13]

185　　老乔·肯尼迪认为，欧洲的战争将造成全球经济的混乱，并"摧毁一切"。到达英国后，他支持对希特勒和墨索里尼的绥靖政策，以此赢得张伯伦首相的友谊和尊重。老乔受到传奇飞行员查尔斯·奥·林德伯格（Charles A. Lindbergh）上校的影响，声称德国空军战无不胜。他赞成 1938 年 9 月 30 日的《慕尼黑协定》，该协议允许希特勒接管捷克斯洛伐克的苏台德地区，并支持与独裁者共存，这一立场与罗斯福的隔离政策（Quarantine Policy）相左。"毕竟，无论是否喜欢，我们都得在现实世界中共同生活。"老乔在一次演讲中说。但 1939 年 3 月，纳粹占领了捷克斯洛伐克的其他地区。当年春天，年轻的杰克去了波兰、立陶宛、拉脱维亚、俄罗

斯、土耳其、巴勒斯坦，还去了巴尔干半岛，回来向父亲作了汇报。

☞ 理查德·惠特尼（Richard Whitney，1911 届）的丑闻让华尔街的资本家和坡斯廉俱乐部成员感到沮丧。1938 年 3 月，曾任纽约证券交易所总裁、摩根大通董事会债券交易员的惠特尼被指控犯有重大盗窃罪。他毕业于格罗顿（Groton）中学，在那里他兼任橄榄球队和棒球队的队长。他在大二时加入哈佛大学校队。1912 年，他在交易所购买了会员席位，并于第一次世界大战期间在华盛顿特区的食品管理局担任"1 美元年薪高管"①。他经常在国会作证。但在禁酒令终结后，他在苹果酒厂的投资未能得到回报，他便向朋友、家人和信托账户借了 3 000 万美元，还盗用了岳父的遗产。1938 年末，他被关进"新新"监狱②。

　　这类事件刺激了哈佛教职工的共产主义"秘密小组"成员，在 1938—1939 学年，他们几乎每周聚在罗伯特·戈勒姆·戴维斯（Robert Gorham Davis，1929 届）的公寓里，成员包括格兰维尔·希克斯（Granville Hicks，1923 届）、丹尼尔·布尔斯廷（Daniel Boorstin，1934 届）、温德尔·弗里（Wendell Furry，1928 年毕业于迪堡大学），还有其他 8—10 名导师和指导员。"那是所谓统一战线的时代，共产党的立场是支持一切自由进步的团体。他们的座右铭是：'二十世纪的美国主义就是共产主义'。"1953 年，布尔斯廷这样向众议院非美活动调查委员会（The House Un-American

186

　　①　A dollar-a-year executive，最早出现于一战时期，当时美国各行各业的领袖纷纷向政府提供服务。
　　②　Sing Sing，纽约州的一座监狱，1825—1828 年建于哈德孙河的奥西宁村，曾以严厉的纪律而臭名昭著，官方名为新新惩教所（Sing Sing Correctional Facility）。

Activities Committee）解释。[14]

格兰维尔·希克斯写过几本书，也是一名共产党员。1938 年 9
月，他回到剑桥，以美国历史和文学一年合约教员的身份，加入哈
佛"秘密小组"。布尔斯廷在证词中说："他的出现给我们这个群体
增添了一定的吸引力。"希克斯回忆道："我们试图控制教师工会，
这并不困难，因为在那个对共产主义还算友好的时期，我们的政策
是大多数自由主义者所能接受的。我们支持这一地区的一切民主战
线活动。我们准备了两到三种传单，包括一份雄心勃勃的论反犹主
义小册子。我们讨论了马克思主义、欧洲局势和罗斯福新政。虽然
按照列宁主义的严格标准，我们不算好共产党员，但在当时，我们
这样的党支部大概颇具代表性。"①[15]

1939 年 8 月 23 日，苏联出人意料地与纳粹德国签署了互不侵
犯条约，一周后德国入侵波兰，迫使英国和法国向德国宣战。9 月
17 日，苏联入侵波兰东部，和德国佬瓜分土地。苏联的路线突然
180 度大转弯，戴维斯、希克斯和布尔斯廷退党了。戴维斯发现，
党内路线的转变"在政治上和道德上都是不可容忍的"。希克斯在
《新共和》（*New Republic*）杂志 10 月 4 日的一篇长文中解释了他的
政治变节行为。他后来告诉众议院非美活动调查委员会："我一直
说法西斯主义是真正的敌人，现在我不得不掉转方向，说出完全相
反的话，当然我不能那样做，除了与党决裂，我别无选择。如果我
是秘密党员，我可能会拖延几个月，焦虑不安，然后最终改变主
意，接受党的新路线。"[16]

---

① 根据鲍勃·戴维斯（Bob Davis）的说法，秘密小组成员没有花大力气去
招募学生。"我们确实想在智识上影响我们的对手，但我们隐约有种感觉，那就
是试图影响年轻人不太符合公正精神。"他作证说。——原注

✍ 科南特校长在 1939 年 9 月 7 日写给阿奇博尔德 · 麦克利什 (Archibald MacLeish) 的信中说，公众对大战爆发的反应"与鸵鸟极其相似，非常幼稚且胆怯"。但他又补充说："作为一间机构的负责人，我手下有 8 000 名年轻人，如果投入战争，他们可能会被枪杀，但我不会这么做，所以我不能多说什么。我不喜欢自己所处的道德困境，但在这个世界为之悲伤的时代，我的个人情感是件小事。"9 月 28 日，他改变了主意，宣布支持废除《中立法》(Neutrality Acts) 中的武器禁运条款。他说："我相信，如果这些国家被一个极权主义国家击败，作为现代文明基础的自由制度将遭受威胁。"[17]

然而学生们对此无动于衷。那年 10 月，杰克 · 肯尼迪在《深红报》上发表了一篇未署名的社论，重复其父亲的观点。"英国完全有可能——只是说一种可能——会输，"文章敦促罗斯福与希特勒开始秘密谈判，"它将使我们避免可能会发生的历史重演，即 1917 年大溃败——只是这次规模可能会更大。"哈佛大学学生会对 1 800 名本科生进行的调查显示，95%的学生反对美国参战，78%的学生认为即便英国和法国被打败了，美国也不该参战。[18]

苏联人于 1939 年 12 月入侵芬兰，德国人于 1940 年 4 月入侵挪威和丹麦。纳粹大军于 1940 年 5 月和 6 月快速穿越低地国家①进入法国。在温斯罗普楼的房间里，杰克 · 肯尼迪在梳理官方文件时，向一群速记员口述了自己有关英国外交政策的毕业论文，秘书们则负责打稿件——这在富裕学生中是常见的做法。他的论文题目是《论对慕尼黑的绥靖政策：英国民主政治从裁军政策向重整军备

188

————

① Low Countries，是对欧洲西北沿海地区的称呼，一般指荷兰、比利时、卢森堡三国。

政策缓慢转变的必然结果》。5 月下旬，他组织了一个委员会，为红十字会联合救援行动筹集资金，理由是"欧洲被占领地区人民的迫切需要"。红十字会的募捐碗被放置在学院食堂、新生联合会、博伊尔斯顿楼和怀德纳图书馆的门口。[19]

科南特正在紧张地准备着，但哈佛大学的财务主管小威廉·克拉夫林（William Claflin, Jr., 1915 届）劝告他说："希特勒会赢的，我们和他做朋友吧。"尽管如此，在 5 月 20 日，科南特加入协助盟国捍卫美国委员会①，它也被称为"威廉·艾伦·怀特（William Allen White）委员会"。5 月 29 日，他在全国广播中感到不祥地说："我们国家将要面临的是，在充满极权和破坏性的世界中被孤独地丢下，失去保护。德国军队现在完全有可能取得全面胜利。"然后他宣称："我相信美国应该采取一切可能的行动来确保打败希特勒。"他建议向法国和英国提供飞机和武器，并废除禁止美国公民在外国军队服役的法律。"我们提议的行动可能最终导致战争，"他继续说，"但是国家制定政策，不应出自对战争的恐惧。"[20]

哲学家拉尔夫·巴顿·佩里（Ralph Barton Perry）召集了要求介入战争的教员，组成一个"美国国防哈佛小组"。但学生们并没有被他们说动。《深红报》的编辑们抨击科南特的演讲，称美国可以和获胜的德国和平共处，并断言："我们这样武装起来，毫无疑问会走向一场更具毁灭性的战争。"在 1940 年的毕业典礼上，毕业演讲者谴责了援助同盟国的言论，称其是"荒谬绝伦的胡言乱语"，并宣称"美国不能再被拖入欧洲那样的无政府状态"。而在 1915 届的毕业年级日活动中，学生们向演讲者发出嘘声，因为他要

189

---

① Committee to Defend America by Aiding the Allies。

求学生们承担保卫美国民主的责任，就像他们在一战中所做的那样。[21]

但有趣的是，杰克·肯尼迪批评了《深红报》对科南特的社论。"未能建立军备并没有使英国幸免于战争，反过来可能让英国付出代价。"他在报纸所登的一封来信中警告说，"我们美国人是不是忘掉了这个教训？"杰克正忙着修订他那本以他的毕业论文为基础的《英格兰为什么沉睡》（*Why England Slept*）的手稿。他父亲鼓励他说："你会惊讶地发现，一本真正能让上流社会满意的书，在未来几年里将会对你有很大帮助……你有头脑，有去任何地方所需要的一切，所以让自己处于良好的状态，这样你才能真正做事。"这本书在 7 月下旬上市，成了畅销书。[22]

 科南特校长对学生们的困境并非不同情。"首先，我们不要指责他们缺乏理想主义，"他在 1940 年 6 月 12 日对犹太退伍军人组织① 说，"事实远非如此。相反的是，许多人过度沉迷于一种特别的理想，它很崇高但并不总能得到满足，那便是和平的理想。"②[23]

6 月 18 日在华盛顿，科南特参加了国防部科研委员会（National Defense Research Committee）的首次会议，这是罗斯福为动员国内科学家准备战争而成立的新委员会，一同倡议的还有卡内基研究所主席万尼瓦尔·布什（Vannevar Bush）博士、麻省理工学院校长卡尔·泰·康普顿（Karl T. Compton）博士、美国国家科学院主席弗兰克·朱伊特（Frank Jewett）博士、加州理工学院的物理

① Jewish War Veterans，犹太退伍军人是美国内战中犹太裔退伍军人在 1896 年成立的组织，旨在证明自革命时代以来犹太人一直为这个国家服务。

② 科南特接下来换了一种语气，指出："这就是极端左派对我们资本主义社会的批评：学生认为政府不值得捍卫。"——原注

学教授理查德·蔡·托尔曼（Richard C. Tolman）博士等。一个星
期后科南特被任命为国防部科研委员会负责炸弹、燃料、毒气和化
学战争的部门主任。7月3日，他在参议院军事委员会出庭，支持
征兵法案。

190

9月，新学年的首个周二，他在晨祷时对年轻的学生们发表讲
话："战争不是我们面临的最糟糕的可能，最糟糕的是极权主义的
彻底胜利。"10月，4 700名哈佛学生、年轻教师和雇员根据新出
台的《兵役与军事训练登记法》（Selective Training and Service Act）
的规定登记。11月，罗斯福第三次当选总统。然而，《深红报》的
编辑要求停止"莽撞地冲入战争"，并建议罗斯福"同德国达成尽
可能最好的和平——是的，甚至是那种丢下希特勒所控制的那片大
陆不管不顾的和平。"超过500名本科生签署了一份请愿书，反对
参战。①[24]

1941年2月，科南特向万尼瓦尔·布什发出特别呼吁，请求率
领国防部科研委员会代表团前往伦敦，在此期间，他要穿过U型潜
艇出没的水域，并暴露在不断空袭的敌机之下。"我想说，此行对
我在学术界的道德领导地位有一些小的好处……我相信行动胜于空
谈。"他写信给布什说道。事实上，德国空军正试图把英国人打得
粉碎。科南特和温斯顿·丘吉尔在唐宁街10号的防空地下室餐厅
共进了午餐，这条街有趣地得名于乔治·唐宁（George Downing）
爵士，他是哈佛大学第一届毕业生。隔天，他晋见了英王乔治六

---

①　在纽黑文举行的哈佛-耶鲁橄榄球赛中，两名哈佛学生在中场休息时嘲
笑科南特校长是战争贩子。一个扮演"约翰·哈佛1941"的青年躺在地上看
书，另一个扮演"科南特"，穿着长袍、戴着学位帽，手持一把带刺刀的步
枪，在他周围耍弄。然后"约翰·哈佛1941"抢过枪，追打"科南特"穿过赛
场，送给他一个化学实验用的曲颈甑！这场橄榄球赛，哈佛大学以28：0的比
分胜出，这是几年来头一遭。——原注

世，后者大谈雷达的最新发展，这是英国人在空战中行之有效的秘密技术。

回到美国后，科南特参加了在威廉斯堡举办的为期两天的监事 191
会议，令他惊讶的是，有那么多监事和他们的妻子认为，通过谈判达成的和平可能很快就会结束战争。他见了罗斯福，后者显然没有注意到英国的雷达体系，并且对他的报告很感兴趣。[25]

科南特如今呼吁立即宣战。"尽管战争是可怕的、毁灭性的，但奴隶制和国家的退化是更可怕的罪恶，"他在 1941 年 5 月的一次演讲中说，"我认为我们现在就应该战斗。"6 月他将荣誉学位授予万尼瓦尔·布什，称他是"一位带领科学家团队秘密工作，来协助我们军队的精明的管理者"，一同被授予荣誉学位的还有物理学家欧内斯特·奥·劳伦斯（Ernest O. Lawrence），他是加州大学伯克利分校辐射实验室的主任，在他面前"原子都会害怕"。当年夏天，布什任命科南特负责原子弹计划，隶属于科学研究与发展办公室的 S－1 部门。科南特一直对原子弹的可行性持怀疑态度，直到乔治·基斯佳科夫斯基教授向他保证："制造它没问题。"对于科南特和其他科学家来说，希特勒率先造出核弹的可能性是他们首先要忧虑的事。[26]

科南特和他的妻子在昆西街 17 号准备接待学生和教职工参加每周日茶会时，听到了日本偷袭珍珠港的第一份新闻简报。来客们聚集在门厅桌子上的一台收音机旁。美国在第二天的宣战团结了学生。经过几个月的争议和激烈的辩论，一种宽慰甚至是喜悦之情洋溢在哈佛校园中。面对眼前的任务，大家没有退缩。"我们意识到，我们将是操纵船只和大炮面对敌人的炸弹和破坏的人。我们知道，当一切结束后，我们中的一些人的名字会被刻在大学的青铜纪念碑上。这是我们的任务，我们不仅愿意而且渴望接受这种任务。"《深红报》编辑们庄重宣告。[27]

192　　　1941 年毕业的美国海军预备役少尉菲利普·罗·加泽基 (Philip R. Gazecki) 在珍珠港的亚利桑那号驱逐舰上服役时阵亡，这是哈佛在第二次世界大战期间的首位伤亡者。加泽基出生在威斯康星州的尼纳城，大学时住邓斯特楼，大四时曾任《海军科学公报》的编辑。"他是一个优秀的孩子，非常优秀的孩子，"海军科学与战术助理教授莱斯利·肯·波拉德 (Leslie K. Pollard) 中校说，"学校里的每个人都喜欢他。因为他有完美的自制力，没有人敌得过他。"[28]

几天后，文理学院的教职工投票通过了一项为期 12 个月的无偿服务计划。学院为本科生实施了强制体育训练计划，每周 4 次，每次 50 分钟的持续锻炼。在接下来的几个月里，海军和陆军逐步征用了这所大学的设施。海军后勤学校有大约 800 人驻扎在商学院。通信兵团每 13 周派出 650 名军官参加大学开设的电子学课程。海军通信学校每 5 个月就派 1 000 多名士兵住到哈佛园中，接受训练。一群群穿着制服的年轻人在园子里走来走去，列队走向教室。[29]

🐟 科南特校长估计，战争时期，他在波士顿和华盛顿之间乘坐的火车来回行驶了 50 万英里（超过 80 万公里）。基斯佳科夫斯基博士说，他"实际上是整个蓬勃发展的民用国防研究组织的发起人和管理者"。科南特与莱斯利·格罗夫斯 (Leslie Groves) 将军和尤·罗伯特·奥本海默 (J. Robert Oppenheimer, 1926 届) 博士在原子弹项目上密切合作。"科南特是那种冷静、坚韧的智者，他策划了曼哈顿计划的关键部分。"基斯佳科夫斯基说。1945 年 7 月 16 日清晨，第一颗原子弹照亮了新墨西哥州的天空，当时科南特正在阿拉莫戈多试验场。[30]

他在离炸弹 10 英里（约 16 公里）的营地里度过了一个不眠之夜。第二天他记录道："大约上午 10 点半到下午 1 点。那天风刮得很厉害，我们在帐篷里无法入睡，只得推迟测试。然后倾盆大雨下了大约一个小时！"他和格罗夫斯将军、万·布什将军以及其他几个人一起，从营地附近的一个稍高的地方，趴在沙漠地面上铺着的油布上。他的脚对着炸弹的方向，听着扩音器里的倒计时。快到早上 5 点半了，"倒计时十分漫长，"他回忆道，"接下来，一道白光似乎填满了整个天空，持续了几秒钟。我原以为会是相对快而明亮的闪光。亮光之巨大和持久让我十分震惊。我当下的反应是，出问题了，几分钟前还被当作一种可能性讨论并开玩笑地提到的大气热核转化，实际上已经发生了。"他有点睁不开眼，翻过身子，透过一片黑玻璃看到了"火团"。"到了那个阶段，它看起来像一场盛大的烟火表演，伴随着大量沸腾发光的蒸汽……这团气体迅速膨胀，变成了蘑菇云。"他握着格罗夫斯将军的手，格罗夫斯将军说："我觉得原子核还是颇有些本事的。"大约 60 秒后，大家不由自主地欢呼起来。[31]

科南特明白，使用原子武器会造成严重后果。1944 年 5 月，他在一份备忘录中指出："可能选项：国家之间的竞争，在下一次战争中毁灭文明，或者是计划将原子能从冲突领域移除。"但是他不能把这项秘密工作告诉校董或监事会，连他最亲密的朋友和顾问也不行。他在回忆录中写道："我自己的家庭也没能逃脱欺骗的毒害。"他"长期受苦的妻子"接受了"战争时期的这种现实，我不能告诉她我在华盛顿同布什做着什么工作，并且时不时要出远门"。

在大学的日常运作中，文理学院院长保罗·赫·巴克（Paul H.

1940 年的拉德克利夫学院宿舍

Buck）教授出色地担任科南特的代理人。巴克毕业于俄亥俄州立大学，是美国史专家，脾气好，处事明断。当董事会有人要求科南特下台时，校长在巴克的支持下制止了风波。"为了完成重要的工作，我必须得有这个头衔。"科南特告诉巴克，并说这是罗斯福的意愿。[32]

　　在战时紧急状态下，许多女性和哈佛男性一起上课。巴克院长和埃达·路易丝·科姆斯托克达成了一项协议，哈佛大学将依据法律，承担起教育拉德克利夫学院学生的责任，交换条件是拉德克利夫学院向哈佛支付大额的学费收入。1942 年圣诞节前的星期五，巴克乘火车去了纽约，目的是接科南特一起回去讨论这项协议，但科南特一直忙于处理他的秘密报告，他头也没抬，只问了一个问题：

"财务主管比尔·克拉夫林（Bill Claflin）批准了吗？""当然，"巴克说，"拉德克利夫的财务主管也通过了。"科南特说："那我没有问题了，就这样吧。"最初的计划是为女生单独开设大一和大二课程，但在接下来的几年中，向拉德克利夫学院开放的课程数量激增。"校园里开始流传两个段子，"科南特回忆道，"一个说，哈佛理论上不是男女同校，但实践中是；另一个说，男女同校的实际上不是哈佛，而是拉德克利夫了。"[33]

1942 年的拉德克利夫学院赛艇队

小说家艾莉森·卢里（Alison Lurie）1947 年毕业于拉德克利夫学院，回忆当时情况，她觉得这家学院像是哈佛的穷亲戚，"生活在那华美庄园的高墙之外，被阔亲戚接济，有些人还容得下我们，其他人则只是冷眼相待"。拉德克利夫学院的学生不得使用哈佛图书馆，不得参加纪念教堂的晨祷，不能加入戏剧俱乐部，不能参加《深红报》编辑竞选，也不准在宿舍外穿宽松裤。据卢里的说法，冬天时，羊毛及膝袜和松垮的棉质长裤让许多冻僵的大腿暴露在裙子下，就愈发显得穷酸了。后来得以进入哈佛的课堂时，她们却在导师面前"隐形"了，导师们仍然称上课的学生为"绅士们"，对女生的提问视而不见。"我们是'女孩'，哪怕 40 岁了也还是女孩，而哈佛每个瘦弱的新生都是光荣的'男人'。"卢里在她 1982 年的文章《他们的哈佛》(*Their Harvard*) 中总结道。[34]

战后，根据《退伍军人权利法案》(*GI Bill*)，老兵们来到校园念书，改变了校园氛围。"1946 年和 1947 年，我们学院的成熟学生群体让所有当时教授本科生的老师感到高兴。"科南特说。1947 年入学人数达到 1.4 万人的顶峰时，数百名退伍军人睡在室内体育馆的帆布床上，已婚学生则住在法学院和神学院之间的匡西特半筒式铁皮屋①里。战后入学的学生中有了更多的爱尔兰天主教徒、犹太人和来自中西部、西部的人。校长和教师们一道，成功制定了新的通识教育计划，把主要的学习领域划分为人文学科、社会科学和自然科学等，并要求修完其中一定的课程才能获得本科学位。[35]

1946 年，哈佛把荣誉学位授给了陆军的德怀特·大·艾森豪威尔 (Dwight D. Eisenhower)、海军的切斯特·尼米兹 (Chester Nimitz)、空军的亨·哈·阿诺德 (H. H. Arnold) 和海军陆战队的亚历山大·范德格里夫特 (Alesander Vandergrift)。道格拉斯·麦克阿瑟 (Douglas MacArthur) 也被邀请了，但未能出席。次年，科南特授予物理学家尤·罗伯特·奥本海默和恩里科·费米 (Enrico Fermi) 荣誉学位，接着又授予奥马尔·布拉德利 (Omar Bradley) 将军、诗人托·斯·艾略特 (T. S. Eliot，1910 届) 和国务卿乔治·卡·马歇尔 (George C. Marshall) 荣誉学位，马歇尔在演讲中发表

---

① 二战时制造的一种金属结构掩蔽屋，名字来源于罗得岛的匡西特 (Quonset Point)，这种铁皮屋最初在那里制造。

了著名的重建欧洲计划。

　　1947 年，中世纪学者海伦·莫德·卡姆（Helen Maude Cam）成为学校首位女性教授。但监事会采取了不同寻常的措施，阻止任命约翰·肯尼斯·加尔布雷思（John Kenneth Galbraith）为经济系终身教授。"在 1948 年之前的几十年里，监事们就没做过超出礼仪性质的事，不过值得赞扬的是，这以后，他们再也没有这样做过，"几年后加尔布雷思挖苦说，"他们其实也没做什么事。他们所起的作用，不如说是满足其尊贵地位、共同出席和慷慨地共享自信的需要。但没有一种行为模式是完全可以预测的，对于我的提名，使他们一改先前绅士般的满足和懒散，变成了热烈而雄辩的愤慨。"加尔布雷思推崇凯恩斯和罗斯福新政，在战争期间负责物价管制，并撰写了《战略轰炸调查报告》（*Strategic Bombing Survey*），质疑空中力量的有效性，这些事导致他树敌千万。科南特拒绝向监事们屈服，并威胁说，如果加尔布雷思的提名未获批准，他将辞职。监事们最终还是让步了。[36]

　　由于 J. P. 摩根公司合伙人托马斯·威·拉蒙特（Thomas W. Lamont，1892 届）的慷慨解囊，拉蒙特图书馆于 1948 年启用，向渴望已久的男生们开放。而拉德克利夫学院的学生则被排除在外，这是出于对她们自身安全和幸福的考虑。学校继续为拉德克利夫学院的学生提供怀德纳图书馆二楼的一间小房间，并且允许她们使用目录室。

　　✍ 科南特校长的治校政策是，在和平时期，大学不接受政府为机密研究提供的资金。"因为秘而不宣与追求知识，二者不能友好相处。"他这样跟监事们说。他不希望有人窥探教室，认为机密研究应该在政府实验室、军火库和试验基地进行。但科南特允许教授们在政府和武装部队担任顾问。1948 年，这所大学在卡内基基金会提供的 5 年资助下建立了俄罗斯研究中心（Russian Research Center）。这项合作事业涉及研究苏联的那些人类学家、社会学家、经济学家、政治学家和历史学家，他们向政府分享其知识。[37]

科南特坚决抵制雇用共产党员当教师。1949 年 6 月，他签署了全国教育协会教育政策委员会的一份声明，宣布共产党成员"不适合在这个国家履行教师职责"。他认为共产党员会像宗教狂热分子那样放弃他们的健全智识。他说："如果教师们不能独立思考，那么整个美国自由教育的精神将被颠覆。"但《深红报》战后的那些编辑视他为"缺乏原则，也没有识别力"的人，这类人"试图扼杀思想，修改保障公民自由的宪法，以达到其目的"。[38]

科南特在 6 月 22 日的一次演讲中对此做出回答："当前冷战时期，我不相信政党的一般规则适用于共产党。在我看来，共产党员是不能成为教师的。我不希望任何教育机构让这样的人获得终身教职……但这只是例外的要求，因为共产党是本世纪的独特产物。除此以外，我认为教授的政治观点、社会哲学和宗教信仰与大学无关，他作为普通公民合乎法律的行为也是如此。"

他的策略是为教师和其他人创造喘息的空间，因为他们的观点和信仰会被不小心地错贴上"红色"和"共产主义"的标签。在《深红报》的一项民意调查中，教师们以 218 票对 108 票支持这一立场，但学生们也以接近 2 比 1 的比例投票反对。有一次他在公开场合被问到，如果有位知名的哈佛教授走进他的办公室，宣称自己是共产主义者，他会怎么做时，科南特阴郁地开玩笑说："我会送他去看精神科医生。"[39]

科南特是颇具影响力的原子能委员会总务咨询委员会的成员，他强烈反对研发氢弹。据估计，氢弹的威力是投在广岛的原子弹的

50 倍，甚至 100 倍。他认为这种超级核弹是"种族灭绝的武器"，于是说服总务咨询委员会放弃氢弹，转而扩展核裂变项目。那是在 1949 年的秋天，当时苏联已经引爆了与广岛同等规模的原子弹。总务咨询委员会还建议政府充分解密关于氢弹的信息，以方便公众讨论。

根据科南特的传记作者詹姆斯·戈·赫什伯格（James G. Hershberg，1982 届）的说法，科南特此举"鼓舞"了奥本海默反对氢弹的立场。但是，杜鲁门依然决定实施制造氢弹的紧急计划，第一颗氢弹于 1952 年 10 月 31 日在太平洋上的伊鲁吉拉伯（Elugelab）岛爆炸，那个岛随后就消失了。①[40]

科南特还是一位杰出的冷战斗士。他认为美国需要 300 万到 350 万人的武装力量来保卫西欧和自由世界不受共产主义统治。1950 年 12 月，朝鲜战争爆发后，他在《展望杂志》（*Look Magazine*）上写道："我建议所有年满 18 岁或高中毕业的年轻人都参军，为国服务两年。"大学生和其他任何人一样，都不得推迟入伍。所有人都要做出牺牲。1951 年 9 月，大约 40% 的哈佛新生加入了陆军、海军或空军的预备役军官训练分队。

✍ 1952 年 10 月一个阳光明媚的下午，共和党总统候选人德怀特·艾森豪威尔、参议员亨利·卡伯特·洛奇（Henry Cabot Lodge，1924 届）和众议员克里斯蒂安·阿·赫特（Christian A. Herter，1915 届）乘坐的游览车在哈佛广场 6 000 人的嘈杂人群中缓缓停下。学生们推挤着车，争取机会和将军握手。他的外套被撕破了，

200

----

① 据 1950 年 2 月的报道，与英国团队一起在洛斯阿拉莫斯（Los Alamos）工作的德国物理学家克劳斯·富克斯（Klaus Fuchs）博士竟是苏联间谍。"那人知道一切，一切！"科南特悲哀地喃喃自语。——原注

车上的无线电天线和牌照也被扯掉了。但将军抓到每一只他能抓住的手时，便露出灿烂的笑容。在莱曼楼前，一个男学生搂住他的脖子亲吻了他。不管是共和党支持者还是民主党支持者，大家都为他欢呼。即使是面无表情的克里斯蒂安·赫特，为了竞选州长，也对人们的热情露齿而笑。[41]

　　一两周后，民主党总统候选人、伊利诺伊州的阿德莱·斯蒂文森（Adlai Stevenson）参加了周日上午 11 点在广场第一教区教堂举行的礼拜仪式。斯蒂文森州长随后来到科南特校长位于马萨诸塞楼的办公室拜访，他的儿子博登（Borden）在这所大学读二年级。大约 2 000 人聚集在马萨诸塞大道。州长和他的客人，其中有亨弗莱·鲍嘉①和劳伦·白考尔②，驱车前往马塞诸塞州州长保罗·德弗（Paul Dever）在司令酒店的招待会。但是鲍嘉在门口被酒店经理拦住了，他后来说酒店经理"不喜欢自己的长相"。经理匆忙地解释了一番，就让步了。等候鲍嘉的是美国众议员约翰·菲·肯尼迪和一些哈佛大学教授，有阿奇博尔德·麦克利什（Archibald MacLeish）、小亚瑟·迈·施莱辛格（Arthur M. Schlesinger, Jr., 1938 届）、约·肯·加尔布雷思（J. K. Galbraith）等人。[42]

　　艾森豪威尔胜选后，科南特于 12 月在纽约市的海军准将酒店（Commodore Hotel）和这位即将上任的总统会面，向他主张派遣更多军人到欧洲，并推广其全民兵役计划。即将上任的国务卿约翰·福斯特·杜勒斯（John Foster Dulles）把他叫到一边，委任他为美国驻西德高级专员。科南特兴奋不已，几天后就接受了任命。但正如

---

①　Humphrey Bogart（1899—1957），美国电影演员，他在死后的几十年还在全球观众和电影界保留着传奇性的地位。
②　Lauren Bacall（1924—2014），美国电影及舞台演员、模特及作家，以其低沉性感的嗓音闻名于好莱坞内外。

他在日记中所写的那样，他在元旦的董事会会议上宣布辞职时，却遭遇了"雷鸣般的沉默"。当时至少有三名国会委员正准备调查共产主义如何颠覆这个国家的大学，一些校董认为科南特不应在此时离开大学。[43]

科南特确实确立了禁止共产主义者担任教师和教授的原则，但还有其他棘手的问题等着他。比如，有位前共产主义教授，援引《宪法第五修正案》①，拒绝说出早前参加政治会议的朋友和熟人姓名，该拿他怎么办？科南特制订了一些指导方针，分发给了校董们。他认为，援引《宪法第五修正案》可能构成解雇的理由，但每个个案都应根据其本身的是非曲直加以考虑；应该鼓励哈佛教授充分而坦率地证明他们与共产主义的联系；大学不应该为被传唤作证的教授提供法律顾问。但科南特此时正奔赴在驻使西德的路上。他在政治权力场上走得比其他哈佛校长都更远。②

董事会任命巴克院长为一个特别行政委员会的主席，负责管理这所大学，直到觅得新校长。在科南特任职期间，大学捐赠基金从1.3亿美元增加到2.58亿美元。1950年，学费上涨了14%，达到600美元。

☜ 1953年2月25日、26日，三名哈佛校友——芝加哥大学的丹尼尔·布尔斯廷教授、史密斯学院的罗伯特·戈勒姆·戴维斯教授和格兰维尔·希克斯——在华盛顿的美国众议院非美活动委员会面前"友好"地作证。在泛光灯下，摄像机嗡嗡作响，他们把1938年

201

202

---

① 《宪法第五修正案》是美国权利法案的一部分，主要目的是以法定程序来防止政府权力的滥用，如规定"不得在任何刑事案件中被迫自证其罪"。
② 参议员约瑟夫·麦卡锡（Joseph McCarthy）威胁要取消科南特的任命。他写信给艾森豪威尔总统说，科南特表现出"对邪恶而复杂的共产主义阴谋可悲的无知"。但艾森豪威尔亲自出面干预，麦卡锡才做出让步。——原注

和 1939 年活跃在哈佛"秘密小组"的人的名字都供了出来，其中包括温德尔·欣克尔·弗里（Wendell Hinkle Furry），他后来升任哈佛大学物理系副教授。但是弗里次日收到传票要求作证后，根据《宪法第五修正案》拒绝回答任何有关共产主义或共产主义活动的问题。"我的拒绝绝不意味着我有任何过错，"他在听证会后的一份声明中说，"我强烈地感到，委员会就信仰和社会交往问题审问个人的作法与美国的自由传统完全不符。"

回到贝尔蒙特的家中，这位印第安纳州普雷里顿循道宗牧师的儿子，戴着眼镜、已经谢顶的物理学家，告诉记者，他与共产党没有任何联系，也不知道哈佛或其他任何地方存在任何有组织的共产党活动。他说他在二月初收到传票时就告知了巴克院长。巴克宣布，"哈佛校方将充分、深入地考虑"弗里的证词。[44]

董事会该怎么做？弗里有终身教职，被认为是位优秀教师，他从不将意识形态问题带入课堂，解雇他将会造成严重的后果。校董们决定听听弗里自己的说法。他用带着中西部鼻音的腔调，同校董畅谈。他不关心政治，但反对法西斯，并于 1938 年加入了共产党，对共产党协助西班牙保皇党的领导能力印象深刻。秘密小组的历次会议几乎完全是有关"自我教育"的。他们阅读了美国共产党主席厄尔·布劳德（Earl Browder）的著作，谈论时事，讨论其他学生组织的事务。"我只是一个进来坐坐的人，说到我感兴趣的事就发表下意见。"他说。除了渗透到教师工会的地方支部以外，不存在什么阴谋活动。秘密小组也收集会费。他两次退出，一次是纳粹和苏联签订条约后，一次是在 1940 年退出了一段时间。1942 年的一个星期天早上，他帮忙分发《周日工人》（*Sunday Worker*）。但他也承认向政府调查人员提供了虚假或不完整的信息：他曾在 1944 年告诉联邦调查局，自己没有理由相信申请机密职位的人会是共产党员。这不合事实。[45]

1947年，他最终退出了秘密小组，当时组里只有6个人。他不赞成美国共产党战后"猛烈攻击美国"的政策。当时他的理想破灭，因为党对原子弹的管控没有任何有价值的想法，而这正是他最关心的问题。

这显然是发自真心的坦白，现在轮到董事会考虑该如何处理此事了。巴克赞成年轻的政治学系副教授麦乔治·邦迪（McGeorge Bundy）提出的解决方案，即如果教授们事先与董事会坦白，大学应该支持他们援引《宪法第五修正案》来避免招供出他人，不这样做的话，便应考虑解雇他们。在这个方案框架下，董事会决定留下弗里。在1953年5月19日发布的一份声明中，哈佛校董对教师援引《宪法第五修正案》表示遗憾，但认为这只是"不当行为"，还不构成会被开除的"严重不当行为"。弗里在1944年间欺骗联邦调查局，虽属"严重不当行为"，但由于这发生于"非常不同的政治气候下"，为了学校的利益，董事会决定不解雇他，只让他留校观察三年。①[46]

董事会选举出了新校长——46岁的内森·马什·普西（Nathan Marsh Pusey），他原是位于威斯康星州阿普尔顿的劳伦斯学院院长，巧的是，那儿也是参议员约瑟夫·麦卡锡的家乡。1953年6月10日，监事们确认了这一任命，只有约瑟夫·艾尔索普（Joseph Alsop，1932届）和尤·罗伯特·奥本海默（1926届）投出反对

204

———————

① 董事会表示："我们对我们的一名教员援引《宪法第五修正案》感到遗憾……首先，我们认为所有教师充分和坦率的证词将揭示，如今的教育机构中几乎没有共产主义活动。但更重要的是，我们认为，使用《宪法第五修正案》完全不符合致力于追求真理的人应有的坦率。"还有两位非终身教师也被留任，他们——医学院解剖学助理教授海伦·迪恩·马卡姆（Helen Dean Markham）和社会关系学助理教授利昂·J.卡明（Leon J. Kamin）——都在国会委员会面前援引了《宪法第五修正案》。不过他们的合同都没有续签。——原注

票。普西出生于艾奥瓦州的锡达拉皮兹，1928 年从哈佛大学毕业，1935 年获得古典学博士学位。他是虔诚的圣公会教徒、共和党人，相貌堂堂，和蔼可亲，与妻子生育了三个孩子。但据说他在原则问题上很固执，不肯妥协。在上一届议会选举中，他一直是"关于麦卡锡记录的威斯康星州公民委员会"组织①的领袖。当他在哈佛社区地位飙升时，麦卡锡对其嗤之以鼻，并评论说："我不认为普西现在或者曾经是共产党的一员，但他是个狂热的反对反共人士的人……哈佛的失败换来威斯康星的收获。②"

10 月 13 日，普西宣誓就职几周后，参议员麦卡锡传讯弗里，要求他出席在纽约市进行的常务调查小组委员会会议。这位物理学家不出所料地援引了《宪法第五修正案》，麦卡锡愤然离开会场，要求知道为什么普西没有解雇弗里。麦卡锡宣称，将传唤弗里在公众听证会上作证，并给普西发了一通电报责骂他："即使是最糊涂愚蠢的脑子，也会不自主地意识到，证人拒绝回答是不是共产党员这一问题，就是说明他是共产主义者的最好证据。如果他不是的话，真理不能以任何可能的方式判他有罪。"普西冷冷地回答说："我不知道哈佛大学的 3 000 名教职工中还有谁是共产党员。"[47]

普西选择麦乔治·邦迪（耶鲁 1940 届）为文理学院院长，以取代保罗·巴克，这被认为是某种政变。34 岁的邦迪是洛厄尔校长的甥孙，曾是精英学会的年轻会员，以机敏过人而著称。他开设了一门很受欢迎的美国外交政策课程"政治学 185"。1954 年 1 月 15 日，在波士顿联邦大厦举行的听证会上，他成为共产主义问题的关键人物，并说服弗里放弃《宪法第五修正案》赋予他的权利，畅所

---

① 该组织以揭露麦卡锡议员滥用权力为己任。
② 意谓普西将反麦卡锡事务移至哈佛。

欲言地作证。

　　弗里在挤满了人的法庭里汗流浃背地发表了一份事先准备好的声明："尽管《宪法第五修正案》的真正目的一直是保护无辜者，但许多人误以为行使其赋予的特权就是承认罪行。我现在开始相信，如果我继续要求我的宪法特权，将会给我和我所供职的这个伟大机构带来不应有的伤害……我希望通过讲述我个人的政治史，去消除怀疑，并取得公众的谅解……我必须声明，我将恭敬地拒绝回答涉及他人姓名的问题。我要说明的是，如果有人的行为在我看来是犯罪，我就有义务揭露这些事实。我不是希望保护罪犯，使其不受起诉，我只想让无辜的人免受起诉。"

　　他继续讲述自己的党内活动，但拒绝透露同僚的姓名，这激怒了麦卡锡，他气冲冲地说："这是我们遇到过的最严重的蔑视国会案件之一。"但根据杰·安东尼·卢卡斯（J. Anthony Lukas，1955 届）的说法，弗里在回答他之前的援引《宪法第五修正案》问题时十分释然，还特别否认自己给学生灌输了思想。6 个月后，美国参议院对他是否蔑视国会进行投票，一个联邦大陪审团在 12 月对他进行了指控。[48]

　　但 1956 年 6 月，政府停止了这项起诉。美国联邦检察官称："本案的证据被认为不足以构成对被告进一步起诉的理由。"从 1940 年起一直担任副教授的弗里，一直到 1962 年才被任命为教授。①

───────────

　　① 1954 年秋天，联邦调查局通知邦迪，一位名叫罗伯特·N. 贝拉（Robert N. Bellah）的社会学研究生在 1950 年毕业时是哈佛大学的一名共产党员。据贝拉说，邦迪向他施加压力，要他把以前同伙的名字告诉联邦调查局，但他拒绝这么做。1955 年 5 月学校给了贝拉社会关系学系（Social Relations Department）的教职，附带一份条款，5 月 16 日普西在一封给邦迪的信中这样阐述："如果贝拉先生担任讲师期间，拒绝作证过去与共产党人的任何关系，那么董事会将不再与他续约。"贝拉在麦吉尔大学找到了一份工作，两年后又回到了哈佛，这次得到的教职合同没有附带条件。此事参见《纽约书评》，2005 年 2 月 10 日刊，第 42—43 页。——原注

第十章 最后的"大反抗"

1953 年 9 月，在神学院的开学典礼上，内森·马·普西校长首次发表了重要讲话，他宣称神学院"几乎到了令人绝望的紧要关头"，必须重振神学院，以满足大学巨大的精神需求。他说："这并不是说我们没有信仰，或者希望要有信仰，而是由于确然性已离我们而去，所有的事情都受到怀疑，我们担心会因此受到伤害，才会倾向于完全不信。"他说："我们现在急需的是复兴。"由于担心世俗主义的束缚，普西强调，旧的基督教形式传达了对人类状况的深刻而有价值的见解。"如果丢弃其形式，我们也会有失去真知灼见的风险。"[1]

普西校长温和、虔诚，就像坐落在大学楼前的约翰·哈佛雕像一样面无表情。富裕的校友们邀请他去他们宅邸和专属俱乐部，他们的奉承让普西感动。小约翰·戴·洛克菲勒（John D. Rockefeller, Jr.）与普西共度了一个周末之后，为神学院的复兴事业捐赠了 100 万美元。事实上，神学院的入学率在几年内翻了一番，很多申请者仍被拒之门外。普西招募了保罗·蒂利克①和克里斯特·斯滕达尔②这样的老师。1956 年 1 月，他宣布："现在有理

内森·马·普西

由相信形势正在转变。"第二年年初，他发起了一场筹款活动，筹得 8 000 多万美元。这笔钱被用来建造昆西楼（Quincy House）、莱弗里特楼（Leverett House Towers）、洛布戏剧中心（Loeb Drama Center）、卡彭特视觉艺术中心（Carpenter Center for Visual Arts）和

① Paul Johannes Tillich（1886—1965），基督教存在主义神学家、哲学家、新保罗主义者，被视为美国存在主义的代表人物。
② Krister Stendahl（1921—2008），瑞典神学家和《新约》学者，曾在哈佛神学院担任教授和名誉教授。

马瑟楼（Mather House）。感谢上帝永恒的恩典，在他18年的任期内，他筹集了高达6亿美元的巨资。[2]

在俄罗斯研究中心成功地获取苏联情报之后，普西校长还促成了区域研究的开展。中东研究中心和东亚研究中心成了学术活动的聚集地。国际事务中心任命亨利·基辛格（Henry Kissinger，1950届）为副主任。其他学科也迅速发展新的中心，建成了城市研究中心和人格研究中心。

二战的伟大胜利确立了美国各大学和华盛顿之间的关系。美国在一九五〇年代和一九六〇年代处于局部动员兵役状态。正如邦迪院长在1955年一份有关预备役军官培训的声明中所说的："我们承诺更大力地发展大学和部队各方面的联系，因为二十世纪中叶的特点是，我们处于既非和平也非战争的时期，这一时期，对技术的学术研究，无论是社会科学还是自然科学，都比以往任何时候更紧密地与国家防御相联系。"

从1953年到1963年，联邦政府资助哈佛的研究经费从每年800万美元增加到3 000多万美元，约占哈佛大学运营预算的三分之一。联邦政府成为这所大学最大一笔收入的来源。"我们已经到了必须更紧密合作的阶段，"普西在1961年承认，"而如果没有大学和大学里受过良好训练的研究人员的帮助，联邦政府也不能开展工作。"[3]

在邦迪院长办公室与《深红报》编辑们的每周例会上，普西笔直地坐在房间一角的硬靠背椅子上。"穿着他的三件式西装，他看起来就像一只粉脸兔子，而邦迪，蹲在他的桌子后面，就像狮子蹲在它的丛林巢穴中，非常享受与这份学生刊物的互惠关系。"杰·安东尼·卢卡斯（J. Anthony Lukas，1955届）回忆道。学生记者直接向普西提问，普西很少说话，问题多交由邦迪来回答。对于人事管理，校长也同样克制，允许邦迪自由发挥。[4]

普西很快下令禁止女生参加唱诗班和纪念教堂的晨祷。而当一 210
名犹太学生申请在教堂举行婚礼被拉比拒绝后，普西辩护说教堂仅
限于"基督教礼拜"。"哈佛大学的历史传统一直是基督教的传
统。尽管人们认为纪念教堂和任何教派都没有关系，但它一直被认
为是基督教徒的礼拜场所。"普西敦促"坚定地信奉宗教"的学
生，使用附近属于自己宗教的场所。董事会确实已经决定，只有新
教牧师主持的仪式才能在纪念教堂举行，它曾在1932年停战日举
行仪式，以纪念在一战中牺牲的哈佛人。这里也曾举办过由一位论
牧师主持的犹太人婚礼，还有几场未经官方允许的犹太人婚礼。但
问题不在于过去，而在于未来。[5]

"不要让任何人对纪念教堂传达的宗派主义含义感到困惑，这
有损团结。"1958年4月15日，心理学教授杰尔姆·西·布鲁纳
(Jerome S. Bruner) 在给《深红报》的一封信中说道。一个教员小
组向普西提交了请愿书，要求纪念教堂向所有宗教、所有派别开
放。董事会于4月21日周一召开了会议，并表现了它深邃的智
慧。校董们承认"今天的哈佛社会是个混合社会"，他们宣布，持
任何信仰的学生都可以在纪念教堂举行婚礼，由自己宗教的神职人
员主持。董事会说："纵观历史，哈佛大学一直觉得有义务为大学
社区的成员提供一个基督教礼拜的地方。在继续这样做的同时，哈
佛并不打算干涉任何教派或信仰的教义的是非。"普西在这一事件
中也看到光明的一面，他相信校园中的宗教气氛通过这些讨论得到
了很大的改善。[6]

科学家玛丽·英格拉哈姆·邦廷 (Mary Ingraham Bunting) 于 211
1960年被任命为拉德克利夫学院院长。她1931年毕业于瓦萨学
院，1934年在威斯康星大学获得博士学位。她特别关心受过教育的

女性所面临的"不被抱以期望的社会风气"，浪费她们的才能，无视她们的潜在贡献，会使社会不公。1961 年，她创办了"拉德克利夫独立研究"（Radcliffe Institute for Independent Study）奖助计划，作为女性研究生的研究和奖学金项目。她坚称："我们的部分特殊目的是向我们的学生传达，并通过她们再向其他人传达这样一个信息——成为一名知识分子与身为女性并没有根本的冲突。"1963 年，女生们开始获得哈佛文凭，上面有拉德克利夫院长的共同签名；拉德克利夫研究生院与哈佛研究生院合并；哈佛商学院的课程对女性开放。[7]

一位著名的社会评论家指出，普西校长善于制造"领导的假象"，炮制出鼓舞人心的格言，但说不出能镇住人的话。普西的思想是"矫揉的、模糊的、伪善的、保守的"，他"以平庸呼吁卓越，以胆怯要求清晰，以冗长呼唤说服力"。他体现了"高度的顺从"，花大量时间"来回奔波于金钱和上帝之间"。这些尖刻的话是芝加哥大学的丹尼尔·布尔斯廷教授（1934 届）在 1963 年为普西的一本演讲集所写的评论，他原先是共产主义者，此后成为国会的图书馆馆长。[8]

普西校长确实缺乏应对革命时代的想象力，而当时一切形式都已被打破。

☙ 1959 年，时任哈佛社会关系学系主任、人格研究中心主任的大卫·麦克莱兰（David McClelland）博士正在休学术假，他在意大利佛罗伦萨与蒂莫西·利里（Timothy Leary）博士共进午餐。利里是心理学博士，写过多篇科学论文和两本书，包括《人格的人际诊断》（*Interpersonal Diagnosis of Personality*）等。他带着两个年幼的孩子漫游欧洲。利里的妻子在 1955 年自杀身亡。作为位于奥克兰的恺撒基金会医院的心理研究主任，多年来他一直在研究心理疗法的有效性。他发现，心理疗法对患者的帮助，并不比对照组试验者多多少，这让他备感沮丧。如何转变人类行为？如何改变其想法？他在一台租来的老式奥利韦蒂打字机上敲出了自己最新的想法，将这手稿命名为《存在的交易》（*The Existential Transaction*），并把它递给了桌子对面的麦克莱兰。

利里情绪激动地告诉麦克莱兰："心理学家应该参与到他们正在研究的事件中。他们应该进入每个实验，与被研究对象做同样的，甚至更多的改变。"麦克莱兰扬了扬眉毛，回应说："就是说，我们不应该用统一和公认的标准来处理受试者、学生和病人，而应采取平等主义或信息交换的方法。是这样吗？"利里说："这正是我所想的。"利里掀起了人本主义心理学和人类潜能运动的浪潮。麦克莱兰当场雇用了他。[9]

利里时年 41 岁，来自马萨诸塞州的斯普林菲尔德，曾就读于西点军校，二战期间在军队服役，1945 年在亚拉巴马大学获得学士学位。他受聘在位于神学院路 5 号的人格研究中心担任为期三年的讲师，带一个心理治疗高级研究生研讨班。"让我们学会处理贫民窟、贫民社区中心、天主教孤儿院、婚姻诊所、监狱和其他人类自然栖息地的问题。"他让学生们动起来。

1960 年，利里在墨西哥度暑假。8 月，他在库埃纳瓦卡的一间别墅里吃了 7 个"神圣蘑菇"。"我经历了一次可以用许多夸张比喻来描述的经历，但最重要的是，毫无疑问，这是我生命中最深刻的宗教体验。"他在 1963 年写道，"在库埃纳瓦卡游泳池边的 4 个小时里，我学到的关于心智、大脑及其结构的知识，比我作为一名勤奋的心理学家在前 15 年中学到的要多。"他认为这种名为"墨西哥裸盖菇"（*Psilocybe mexicana*）的蘑菇是一种能改变大脑的强大物质，具有治疗价值。"他回到哈佛的时候，别的什么事都不说了。"研究生拉尔夫·梅茨纳（Ralph Metzner）回忆道。[10]

　　在麦克莱兰教授的小小支持下，利里启动了哈佛赛洛西宾（Psilocybin）项目，以研究 1958 年分离出的蘑菇活性成分赛洛西宾的惊人特性。他从新泽西州的山德士制药公司订购了一批赛洛西宾，该公司生产这种药物，并将其分发给有资质的研究人员。就在1960 年感恩节前夕，他收到了一个纸箱，里面有四个棕色的小瓶子，装着数百片粉红色的小药片，每片含有两毫克赛洛西宾。他开始进行赛洛西宾疗程，测试剂量和其他变量的影响作用。他组织学校教员和研究生参与这个项目。在麻省理工学院进行访学的奥尔德斯·赫胥黎（Aldous Huxley）建议他也组织艺术家、作家、诗人和音乐家一同参与。100 多名受试者在 4 个月内服用赛洛西宾，没有任何不良反应报告。

　　利里的同事理查德·阿尔珀特（Richard Alpert）博士当时在加州大学伯克利分校当客座教授，利里一直向他介绍最新情况，阿尔珀特便迫不及待地要开始自己的实验。如果著作出版妥当，阿尔珀特就可以稳稳获得哈佛大学的一个终身教职。"我真的是超棒的游戏玩家。"他回忆道。他有一辆奔驰轿车、一辆名爵跑车、一辆凯旋 500cc 摩托车、一架塞斯纳 172 飞机，还有位于剑桥的一间满是古董的公寓。但他并不满足："我觉得自己在教的心理学理论没有意思，心理学家把握不了人类状况，而我在教的理论，那些关于成就、焦虑和防御机制等等的理论，都不是问题的关键……整个东西都太空泛了。不够真诚。"

　　1961 年 3 月 6 日，他冒着暴风雪，出现在利里的家里，坐在厨房的桌子旁，首次接受试验剂量的赛洛西宾。"蒂莫西是个捣蛋鬼。我是个正接受训练的捣蛋鬼。"几年以后，他把自己的名字改成了拉姆·达斯大师（Baba Ram Dass），并这样回忆道。[11]

几位教授对两人的研究方法提出了质疑，但研究生们纷纷加入了这个项目。"蒂姆让我们接触到这种药物，但有个附带条件，那就是讨论班要有课程架构支撑，受试者需提交书面报告和其他数据。"梅茨纳回忆道，"每次会面结束后，我们都会如实填写冗长的调查问卷，记述当时情况，并进行测试。"[12]

  杰克·肯尼迪（1940 届）于 1960 年 11 月 7 日当选美国总统，这是第五位担任这一最高职位的哈佛校友。1961 年 1 月 9 日星期一，肯尼迪作为监事出现在哈佛校园中，参加监事会议。普西在会上发表了他的年度报告。这位候任总统对等候他的学生们喊道："我是来和普西校长讨论你们的成就的。我将代表你们的利益。"

普西在大学楼的报告中对肯尼迪说："我们不禁钦佩我们的同仁——新当选的总统——在遴选官员时所表现出的品位。事实上，如果哈佛的损失能让肯尼迪先生更容易地完成他承担的这项极其艰巨的任务，我们便感到高兴且骄傲。"下午，肯尼迪在欧文街的小阿瑟·M. 施莱辛格教授①家中与他磋商，并与大学的其他成员就他这届政府的人选问题进行了会谈。肯尼迪问施莱辛格是否准备好去白宫工作。当时在学校教授一门非常受欢迎的美国思想史课程"历史 169"的施莱辛格回答说："我不知道作为特别助理我要做什么，但如果您认为我能帮上忙的话，我非常愿意。"肯尼迪说："嗯，我

215

————————

① Arthur M. Schlesinger, Jr.（1917—2007），前文曾出现，他是本书作者的父亲。他于 1961—1963 年间担任肯尼迪总统的特别助理及御用历史学者，并详细地记录了肯尼迪任职期间所发生的事，集结成《一千天》（*One Thousand Days*）一书。

也不确定作为总统我将做些什么，但我确信白宫会有足够多的事情让我俩忙个不停。"[13]

　　邦迪院长骑着自行车来了，领带飞扬。肯尼迪任命他为国家安全事务特别助理。学校里被任命的其他人员包括加尔布雷思，他成为驻印度大使，赖世和（Edwin Reischauer）为驻日本大使，阿奇博尔德·考克斯（Archibald Cox，1934 届）为司法部副部长，大卫·贝尔（David Bell）为预算主任，艾布拉姆·蔡斯（Abram Chayes，1943 届）为国务院法律顾问。新任财政部长道格拉斯·狄龙（Douglas Dillon，1931 届）是学校监事。罗伯特·麦克纳马拉（Robert McNamara，工商管理硕士，1939 届）曾执教商学院，如今担任国防部长。罗伯特·肯尼迪，1948 年毕业生中的一员，成为司法部长。①[14]

　　1961 年春天，学生们发现他们的毕业证书是用机器打印出来的英文而非手写的拉丁文时，似乎格外不安，遂发起了一场支持古老语言的抗议。在一个温暖的 4 月的夜晚，2 000 名学生聚集在哈佛园里，倾听一位身着长袍的学者的拉丁语演讲，并走到广场的街道上制造混乱。第二天晚上，骚乱再次发生，剑桥警方逮捕了 4 名本科生。[15]

　　随后，学校拒绝批准学生委员会赞助民谣歌手皮特·西格（Pete Seeger，1940 届）的音乐会。西格因拒绝在众议院非美国活动委员会作证而被判藐视国会罪。普西坚持认为，学校不应允许遭起诉或定罪的演讲者和艺人登台表演，这一新近提出的主张让许多教职员工和学生不满。但两天后，他做出了让步，允许音乐会继续

---

　　①　在白宫待了几个月后，肯尼迪对记者打趣道："麦克（邦迪）已经大干起来了。我只希望他能留一些事给我做。"——原注

进行，只要西格同意不谈论政治或他的法律状况。

　　《深红报》的编辑们认为这一限制条件是可耻的，它触动了"哈佛承诺自由调查的关键核心"。他们颇具预见性地写道："马萨诸塞楼①的麻木冷漠在很多方面并不重要，但对普西先生来说，与当代哈佛的价值观和信仰脱节，最终可能会严重损害学校对其领导能力的信心。"[16]

✍ 在1961年8月在哥本哈根举办的一场关于行为改变的新方法的演讲中，戴着厚沉眼镜和助听器的哈佛大学心理学家利里博士，以超然和揶揄的口气说："超越西方生活的游戏结构最有效的方式，就是使用药物，那些引起强烈幻觉的药物……在适当的情况下，3小时内可以清理大脑皮层。人们便可以在宇宙维度中看透那些挫败人、折磨人的游戏。"

　　利里服用赛洛西宾超过100次。但是他的项目在大学遇到了阻力。梅茨纳承认："他们的一些书面和口头声明带有救世主般的过度热情，这让很多人感到厌烦。"一位心理学家抱怨说，那些"圈里人"认为没有参与过的人是"古板守旧"。该中心主任麦克莱兰对药物的社会影响发出了"不祥的警告"，他指出印度是这种社会的例子，这个社会（据说）由于过度使用迷幻药物而变得堕落。但是麦克莱兰仍然支持这项研究，他在1983年回顾此事时说："由于哈佛高度重视学术自由，校方最初并没有干涉这些活动。"[17]

　　据报道，该项目激发了本科生对迷幻药的兴趣，他们不能参与实验，但在其他地方可以买到药物。从别的学生手上，他们可以以合理的价格，买到来自得克萨斯州的佩奥特珠（Peyote buttons）。

①　马萨诸塞楼是哈佛学院现存最古老的建筑，为校长办公室所在地。

曼哈顿的一家公司提供的 400 毫克一剂的合成麦斯卡林
(mescaline)，价格为 4 美元。浸泡过麦角酸二乙酰胺①溶液的方糖
偶尔也会在哈佛广场上，以每块 1 美元的价格出售。根据马萨诸塞
州法律，除符合资格的研究人员外，持有麦斯卡林或佩奥特药物是
一项重罪。[18]

　　医学士安德鲁·托·韦尔（Andrew T. Weil）还是哈佛大一新生
时，在 1960 年秋天第一次见到利里。"我听说他在做赛洛西宾的实
验，就告诉他我很感兴趣，"韦尔多年后回忆说，"我想试一下。他
说他们不能找本科生做实验，但他鼓励我自己去找。我记得他告诉
我，这是他遇到的最了不得的事情，他认为在未来几年内大学里会
有定期的研讨会，人们一周一次服用这些药物，然后分析发生了
什么。"[19]

　　韦尔在大一和大二时至少服用了十几次麦斯卡林。"麦斯卡林
是一种能引起幻觉的物质，"他在 1962 年 2 月 20 日的《深红报》
上写道，"当你闭上眼睛，便会看到色彩绚丽的奇异景象，从简单
的几何图案到生动的色彩和三维的超凡世界景观。"有过这些幻觉
的人强调，简直难以描述它们和伴随而来的狂喜。然而韦尔也对利
里和阿尔珀特的活动提出了质疑。"他们的圈子里有很多癫狂之
举，不管他们本人是否直接参与其中。"他回忆道。他决定把调查
神学院 5 号发生的事情当作自己的分内之事。

　　1962 年 3 月 14 日，在该中心工作人员的一次特别会议上，反
对药物研究的人士指责说，赛洛西宾项目是不负责任的，实验人员
忽视或低估了它对参与者造成的永久性伤害。"我希望这只是学术
上的意见分歧，然而这项工作确实违背了学术界的价值观。"社会

———————

　　① LSD，一种强致幻剂。

心理学讲师赫尔伯特·C. 克尔曼（Herbert C. Kelman）博士说，"该项目给人以反理智的感觉。它强调的是纯粹的经验，而不是可用言语表达的发现。这是一种否认大多数心理学家所做之事的尝试。"但阿尔珀特称赞这项研究勇敢而富有成效地展示了改变行为的新方法，并向同事们保证，医疗服务医生会 24 小时待命以备不时之需。利里也为这项研究辩护。第二天，一名秘密潜入会场的记者在《深红报》的头版上报道了这一切。

　　紧接着，波士顿的报纸和通讯社报道了这件事。哈佛的毒品丑闻！马萨诸塞州公共卫生部宣布了一项调查计划，以确定赛洛西宾是否有害、会否上瘾。普西校长表达了对麦克莱兰博士的信心。学校与公共卫生部达成了一项协议。利里和阿尔珀特同意，赛洛西宾项目在管理上必须要有注册医生参加，但该医生不必一直参与管控。作为条件，公共卫生部同意不再追究该项目在过去的两年中是否具有合法性。当前研究被正式喊停，而未来的研究，将新成立一个教师委员会来监督。[20]

　　1962 年的夏天，利里和阿尔珀特在墨西哥锡瓦塔内霍的度假酒店度过，在那里他们建立了一个研究机构和意识提升（consciousness-raising）中心。9 月他们回到哈佛，和 12 个人一起住在牛顿中心一幢宽敞的三层楼房里。"在我们展开研究的第三年，校园里充满着使用药物的意识。"利里在他的自传中写道。安德鲁·韦尔表示，意识拓展是学校餐桌上最受欢迎的话题。但是新的教职员委员会不能接受阿尔珀特和利里对赛洛西宾药物的控制。10 月，这些离经叛道的心理学家宣布成立"国际内在自由基金会"（International Foundation for Internal Freedom），以"鼓励、支持和保护对致幻物的研究"，并炫耀自己计划在全国建立基金会中心。利里的教职在 6 月到期，他被继续聘用的可能性微乎其微。[21]

219

1962 年 11 月，本科生院院长约翰·厄·门罗（John U. Monro，1934 届）和大学健康服务中心（University Health Services）主任达娜·莱·法恩斯沃思（Dana L. Farnsworth）对麦角酸二乙酰胺、赛洛西宾、麦斯卡林和其他"扭曲心智"的药物的使用发出警告。"我们已经知悉，这些药物会严重加剧抑郁倾向，并引发其他危险的精神疾病。"他们发表在《深红报》上的声明称，"服用这些药物可能会严重危害精神健康和情绪稳定，即便对于那些看上去很正常的人也是如此。"而利里和阿尔珀特之后在给《深红报》的一封信中斗志昂扬地说："我们没有理由相信，意识拓展药物的体验比精神分析或哈佛学院四年的生活更危险……问题在于意识的自由或受控……是谁控制着你的大脑皮层？谁决定你意识的范围和边界？"[22]

安德鲁·韦尔，作为民族植物学家理查德·舒尔特斯（Richard Schultes，1937 届）的学生，对利里和阿尔珀特产生了极大的厌恶，并将他们的活动信息反馈给了门罗院长。1963 年 5 月 6 日，董事会投票决定解除利里的教职，并从 4 月 30 日起终止其工资，因为他没有遵守上课时间，未经允许擅自离开剑桥。他当时在锡瓦塔内霍的卡塔莉娜旅馆，为夏天开张的迷幻剂中心做准备。教务处了解到，1962 年春天，阿尔珀特在他的公寓里，私自将赛洛西宾交给了一名本科生。5 月 14 日星期二，普西与阿尔珀特对质。这位心理学家回答说，这件事纯粹是课外活动。5 月 27 日，普西宣布董事会解雇了他。

韦尔在《深红报》一篇社论中谴责阿尔珀特和利里："与其说是哈佛的教授，不如说他们一直在玩'教授游戏'，他们玩世不恭，无视大学的规章制度和诚信标准。"大卫·麦克莱兰告诉记者，利里和阿尔珀特服用的药物越多，"他们对科学的兴趣就越冷淡"。[23]

✎　肯尼迪总统以他的青春活力和理想主义愿景，成为学生运动的催化剂。1961 年、1962 年分别有 7 名和 16 名毕业生加入了和平队①。一个名为"警钟"（Tocsin）的和平组织吸引了 80 名成员，并于 1962 年在华盛顿游说核裁军。民权运动也如火似荼。1963 年夏天，一些哈佛学生到南方去从事选民登记项目工作。

　　加州的约翰·佩尔杜（John Perdew，1964 届）一时冲动，决定去佐治亚州的奥尔巴尼与学生非暴力协调委员会合作。1963 年 7 月初，佩尔杜在当地一家电影院举行的反对种族隔离的示威活动中被逮捕，并被控蓄意谋杀。他在监狱里待了 20 天才被放出来。8 月 8 日，他再次被捕，并被指控煽动叛乱，这在佐治亚州是死罪。他在萨姆特县监狱被关了 87 天，不得保释。跟他曾经同住柯克兰楼的朋友们为了替他辩护，筹集了几千美元。一个由三名法官组成的联邦政府工作小组裁定"叛乱"指控违宪后，他被无罪释放了。[24]

　　1963 年，来自路易斯安那州查尔斯湖的社会学研究生阿奇·加·埃普斯三世（Archie C. Epps III）和其他一些黑人学生成立了"非洲留学生和非裔美国学生协会"②，并为之申请正式的校园社团身份。但管理学生活动的教职工委员会裁定，该协会会员条款是歧视性的，因为它禁止白人进入，所以校方不予批准。埃普斯在给《深红报》的一封信中反驳道："本协会的原则挑战了这样一种预

221

───────

　　①　Peace Corps，美国政府向亚、非、拉美等地区派遣的执行其"援助计划"的服务组织。1961 年 3 月 1 日美国总统肯尼迪下令成立，隶属美国国务院。

　　②　Association of African and Afro-American Students，简称"阿非罗"。

设，即某个种族的人必须无处不在，而他们的无处不在才是衡量非白人种族自由的准绳。"经过 9 个月的争论，双方对该条款的修订版达成一致意见："通过邀请制，该协会的成员资格将向哈佛和拉德克利夫的学生开放。"这项规定意味着全黑人政策可以继续。这种排斥手段早前已被各大终极俱乐部采用。协会邀请马尔科姆·X（Malcom X）、拉尔夫·埃利松（Ralph Ellison）和詹姆斯·鲍德温（James Baldwin）来哈佛演讲。该校 4 600 名本科生中，黑人青年不超过五六十人。当时没有黑人拥有文理学院的终身职位。[25]

1963 年 5 月 11 日星期六，肯尼迪总统出人意料地来访剑桥，视察他的总统图书馆的备选地点。他在下午 3 点 45 分乘直升机抵达商学院。在行政副校长 L. 加尔德·威金斯（L. Gard Wiggins）和其他哈佛管理人员的陪同下，他视察了沿河的商学院房产、贝内特街的轮渡码头、剑桥艺术中心，以及现在美国人文与科学院所在的林荫山。大约 2 000 名学生在直升机旁等待总统返校。肯尼迪和一些人握了握手。三天后，监事会和董事会的年度晚宴在白宫举行。肯尼迪的六年监事任期即将结束。

他最后一次访问哈佛是在 1963 年 10 月 19 日一个温暖的星期六下午，他是体育馆里"深红 11 队"（Crimson Eleven）的球迷。哈佛大学当时对阵哥伦比亚大学。戴着墨镜的他抽着一支小雪茄，与助手戴夫·鲍尔斯（Dave Powers）和拉里·奥布赖恩（Larry O'Brien）聊天。他看上去晒黑了，很放松。他在中场休息后离开，去布鲁克兰（Brookline）的一处陵园为儿子帕特里克扫墓①。比赛以 3 比 3 打平。②

①　帕特里克·约瑟夫·肯尼迪（Patrick Joseph Kennedy）1963 年出生不久即夭折。
②　一个月后，即 1963 年 11 月 22 日，肯尼迪遇刺身亡。

✍ 1964 年 5 月，哈佛和拉德克利夫的一群学生参加了密西西比暑期项目，他们报告说，哈佛大学是中南公用事业公司（Middle South Utilities）的最大股东，该公司旗下有密西西比电力和照明公司。而密西西比电力和照明公司是该州寡头政治的产物，公司董事不少是杰克逊市的公民委员会①领导人。学生委员会请求校董宣布反对其投资支持的种族主义活动，并利用其影响力终止这类活动。学生委员会同时建议哈佛大学撤回其 1 000 万美元投资的 10%，用于保释在密西西比州因民权工作而遭监禁的学生。董事会拒绝了这些要求。[26]

中南公用事业公司第二大股东是马萨诸塞投资者信托（Massachusetts Investor Trust），该公司的顾问委员会包括哈佛大学的监事托马斯·达·卡伯特（Thomas D. Cabot，1919 届）。第三大股东是道富投资公司（State Street Investment Corporation），其董事长是保罗·科·卡伯特（Paul C. Cabot，1921 届），同时也是哈佛大学的财务主管。前三大投资者总共持有公司 4.5% 的股份。"被动地保留其在密西西比州的资产，是对哈佛的责任的草率否认。"《深红报》的编辑们写道，"大学还应该开始彻查其所有投资。"这是对哈佛有好处的事。

1964 年 9 月，学生争取民主社会组织（Students for a Democratic Society，以下简称"学生民主会"）加入校园社团的长队，在新生入学注册时招揽新人，寻求支持。"我们追求的政治和经济秩序中，和平与富裕是最为广泛的社会福利。我们追求一种参与式民主，让人们获得掌控自己人生的方法。"该组织的传单上写道。

223

---

① 杰克逊市位于美国密西西比州中部，是该州首府和人口最多的城市。公民委员会（Citizens' Council）是美国白人至上主义、极右组织的联合网络，集中在南方。

"警钟"的前主席托德·吉特林（Todd Gitlin，1963 届）是学生民主会的主席。1964 年 12 月，该组织游行支持在伯克利进行的言论自由运动，800 名学生示威者被捕。1965 年，该组织游行反对越南战争，反对美国在南非的投资，反对城市重建对低收入社区的破坏。[27]

1965 年 4 月 12 日，财务主管卡伯特宣布哈佛大学收到的捐款已超过 10 亿美元。自他 1948 年担任此职以来，捐赠基金额度几乎是以前的五倍。他把哈佛的钱投资在股票、抵押贷款、长期债券和房地产上。捐赠基金的收入如今占哈佛大学年度预算的 20%。卡伯特于 1965 年 6 月退休，接替他的是道富投资公司的副财政主管乔治·F. 贝内特（Goerge F. Bennett，1933 届）。贝内特也是中南公共事业公司的董事。"我们不会试图用我们的资本来达成社会目的，我们只是尝试把它放在能带来最好回报的地方。"他对《深红报》的记者说。[28]

资深校董查尔斯·阿·库利奇（Charles A. Coolidge，1917 届）也在 1965 年 6 月退休。他是波士顿瑞格律师事务所（Ropes & Gray）的合伙人。接替他的是埃克森美孚石油公司的首席执行官阿尔伯特·林·尼克尔森（Albert L. Nickerson，1933 届），他是首位来自全国性大型企业的校董。其他的校董有瑞格律师事务所的合伙人弗朗西斯·胡·伯尔（Francis H. Burr，1935 届）、巴尔的摩的威廉·卢·马伯里（William L. Marbury，法学学士，1924 届）、纽约律师里·凯思·凯恩（R. Keith Kane，1922 届）、金融家托马斯·史·拉蒙特（Thomas S. Lamont，1921 届），以及普西和贝内特。

✍ 1965 年 6 月 14 日，国家安全事务特别助理麦乔治·邦迪回到剑桥，在洛厄尔讲堂就约翰逊总统的东南亚政策发表了演讲。"邦迪说话一向尖酸刻薄，他在过去的几个月里，一直蔑视学术界对政府的批评，但此时讲台上的他是另一副模样。他礼貌、克制，并且偶尔和蔼地回答批评者的提问。"《深红报》的记者小本·W.海涅曼（Ben W. Heineman, Jr.）写道。他为美国向南越派遣作战部队和轰炸北越辩护说："我们在那里遇到的情况是，我们所承诺的社会利益，乃至更广泛的利益——东南亚人民和美国人民的利益——都受到威胁。"当被问及美国在越南的投入是否会有限度时，他说，"我们谈论的是在失败会带来严重代价的情况下，使用有限的军事、政治、经济和社会力量手段。"当时南越有4.2万美国军人，一年后达到近30万。[29]

1966年10月17日晚，普西校长乘坐豪华轿车抵达霍利奥克中心，与杰奎琳·肯尼迪共进正式晚宴，杰奎琳身着金色绸缎长袍，臂上披着黑色天鹅绒披肩。然后参议员罗伯特·肯尼迪也开车过来了。来自纽约的罗伯特与挤在门口的学生们握了握手，笑了笑，喊道："回去干活吧！"随后消失在通往顶层公寓的电梯里。包括董事会、监事会成员和"新边疆"①人士在内的贵宾们正在庆祝约翰·菲·肯尼迪政府学院的成立，该学院合并了公共管理研究生院与新的政治学院。学院院长理查德·埃·诺伊施塔特（Richard E. Neustadt, 1942届）宣布，国防部长罗伯特·麦克纳马拉将成为学院首位名誉研究员，他将于11月6日返回哈佛，与本科生进行非正式讨论。[30]

学生民主会的代表找到了研究院的巴尼·弗兰克（Barney Frank, 1962届），要求麦克纳马拉参加与《壁垒》（*Ramparts*）杂志

---

①　New Frontier，1960年7月，肯尼迪在接受民主党总统候选人提名的演说中提出"新边疆"的口号。1961年就任后制定"新边疆"的施政纲领。这里所说的"新边疆"人士，即指约翰·肯尼迪政府高官。

225 的罗伯特·希尔（Robert Scheer）关于越南的辩论。请求被拒绝
了。学生民主会在昆西楼外进行了喧闹的示威活动，而麦克纳马拉
则在学院内会见了随机挑选的 100 名学生和几位教授。在他离开
时，数百名示威者堵住了他的车，这位戴着眼镜的国防部长决定回
答几个问题。学生民主会的迈克尔·安萨拉（Michael Ansara，1968
届）协助他爬上了汽车引擎盖。

　　麦克纳马拉开始说话，但有人起哄称他是骗子和杀人犯。他眼
神坚定，神情严峻。"听着，我在伯克利上学，在那里待了四年，
做过很多和你们在这里做的一样的事情，"他喊道，"我和你们做的
事情是一样的，但有两个很大的不同……我更强硬，也更有礼
貌……并且我还更难对付！"大约 10 名哈佛和剑桥的警察把他带到
了附近的莱弗里特楼餐厅，他穿过大学里约 300 码（约 270 米）长
的地下通道，从柯克兰楼钻了出来。这件事让哈佛十分难堪。门罗
院长写了一封正式的道歉信，2 000 多名哈佛本科生在道歉信上签
了名。但是激进学生大受鼓舞。[31]

　　变革则是常态。犹太学生被允许在纪念教堂举行他们的至圣
日①仪式。拉德克利夫学院的学生被允许使用拉蒙特图书馆。终极
俱乐部出现了首位黑人成员——弗兰克·斯诺登（Frank Snowden，
1968 届）。阿奇·加·埃普斯三世是"阿非罗"的创始人之一，毕
业于亚拉巴马州的塔拉德加学院（Talladega College），曾担任学生
事务副主任。

　　这所大学招收了越来越多的黑人学生。1964 年新入学的有 28
名黑人，1968 年 51 人，1969 年 90 名，1970 年 125 人。"我们不仅

---

　　①　High Holy Days，又译作"敬畏十日"，指犹太新年、赎罪日及其之间的
时间，总共十天。

要学会与在乎我们肤色的陌生人相处,"华盛顿特区来的黑人学生赫伯特·W. 尼肯斯(Herbert W. Nickens,1969 年毕业)说,"我们还经常承受成为文化和人类学好奇心的负担:被人打量,有时会被贬低,经常被高估,但从未以黑人自己的角度看待这个问题。我们发现自己在黑人和白人之间徘徊,但每种文化都有自己的价值观、抱负、生活方式及其奖赏形式。"[32]

1967 年 2 月,隆冬时节,霍尔沃西楼一名大一新生邀请他的两位同学参加在麻省理工学院举办的"大麻派对"。另一名男生把这事告诉了学监,学监又告诉高级导师。早上 5 点左右,这位高级导师叫醒了躺在床上沉睡的那三名新生,盘问他们做了什么,并要求他们写下自己所犯的错误。这些男生被送到大学健康服务中心的精神病医生那里。吸食大麻似乎突然变得流行起来。"你必须认识到吸毒是一件严重的事情,"新生事务主任弗·斯基迪·冯斯塔德(F. Skiddy von Stade,1938 届)警告说,"一个人开始吸大麻,只是因为不知道自己在做什么……精神病患者才吸大麻。"

院长们担心的是,这一行为可能会引来毒品探员或剑桥警方的严厉打击。1967 年 4 月,门罗院长在接受《深红报》采访时表示:"如果有学生愚蠢到在校期间滥用药物,玩弄非法且危险的毒品,我们的看法是,他应该离开学校,为那些准备充分利用大学机会的人腾出空间。"据《深红报》的记者詹姆斯·肯·格拉斯曼(James K. Glassman,1969 届)报道,一群拉德克利夫学院的新生在霍姆斯楼举办大麻派对,直到北楼①学监听说了这件事,并把这几个女生送到了大学健康服务中心的精神病医生那里。[33]

———————

① 即今福兹海默楼(Pforzheimer House),绰号 PfoHo,是哈佛大学的十二座本科生住宅之一。1961—1995 年曾名为北楼。

接下来，本科生院院长门罗宣布辞职，并接受迈尔斯学院
（Miles College）的任命。迈尔斯学院是亚拉巴马州伯明翰市的一
所小型学院，主要招收黑人学生。他从 1958 年起担任这所学院的
院长，被学生们视为正直的人。1967 年 6 月，哈佛大学授予他荣誉
学位。他在哈佛的继任者是弗雷德·格里姆普（Fred Glimp，1950
届）。学费从 1 760 美元提高到 2 000 美元。

227　↩ 到 1967 年 9 月，连哈佛的青年共和党人联合会成员①都开始反
对战争。有近 50 万美国军人驻扎在南越，政府宣布从 1964 年入学
的这一届开始停止研究生教育。10 月，士兵和军警在五角大楼的游
行中殴打了数百名示威者。几天后，数百名哈佛学生在马林克罗特
楼（Mallinckrodt Hall）中静坐，挤满了走廊和会议室，并将陶氏化
学公司的校招人员扣留了 6 个小时。音乐大师约翰·芬利（John
Finley，1925 届）在抗议者中游荡，敦促同住埃利奥特楼的那些学
生离开，否则将面临被驱逐的危险。"我不喜欢看到我的朋友们一
路莽撞不顾后果。"他对《深红报》的记者说。低调地出现在活动
中的是路易斯·菲泽（Louis Fieser）教授，二战期间他曾在学校住
宅楼下的实验室里发明了凝固汽油弹。许多学生退掉了他们的助学
金来支持抗议者。②

可能有人会感到困惑，为何要邀请凝固汽油弹制造商陶氏化学
公司来到这躁动不安的校园。陶氏化学的工作人员也许该在校外寻
找有前途的人。

---

①　Young Republicans，全称青年共和党全国联合会（Young Republican
National Federation），它既有一个全国性的组织，又在各个州设有分会。
②　哈佛-拉德克利夫的学生民主会执行委员会实际上投票支持在外部抗议
陶氏化学，但反对静坐形式，不过极端分子推动了这一行动。——原注

也有一些教师支持这些学生。诺贝尔奖得主、生物学教授乔治·沃尔德（George Wald）表示，他们的行为是"完全正当的"，因为"情绪如此强烈时，良知就会突显出来"。人类发展研究教授埃里克·洪·埃里克松（Erik H. Erikson）表示，这些学生"致力于一个具有高度象征价值的问题，那就是凝固汽油弹。这是一个超越法律的问题"。但教职工投票决定让 74 名学生留校察看，另有 171 名学生受到警告。现在资料很清楚了，当时许多学生愿意违背法律并承担后果。

普西看不上那些激进的学生。"他们的论点始于一种假设，但他们却称之为'分析'，那就是西方社会，尤其是美国社会，是彻头彻尾地烂了，一个明智的人所能做的，就是期待自己尽其所能，加速这个社会灭亡。"他在 1968 年 1 月在年度报告中写道，"在他们的'分析'中，他们认为我们的大学已经完全被商业和军事机构接管。在他们看来，这些机构不值得尊重，丧失了他们所说的'合法性'，所以备受指责。应该通过暴力或任何有效的手段压制这些人，越快越好。"激进分子是"左翼中的沃尔特·米蒂①"，他们扮演着"革命者"的角色，"自以为在社会结构崩溃时，自己能登上废墟之巅发号施令"。

普西对"分析"的分析一如既往地好。法不责众的想法确实在激进分子的头脑中扎下了根。到 1968 年，联邦政府提供了 37.8% 的大学收入，相比之下，普西刚就职时只有 7.8%。难道哈佛已经把它所珍视的独立和正直出卖给了这个傲慢自大的国家？大量类似的修辞证明了这一点。[34]

①　Walter Mitty，电影《白日梦想家》（*The Secret Life of Walter Mitty*）的主角。

1968 年 3 月，林登·约翰逊（Lyndon Johnson）出人意料地宣布，自己将不再谋求连任总统，而将致力于越南的和平。但随后马丁·路德·金（Martin Luther King）遭遇暗杀；城市里爆发了骚乱；哥伦比亚大学发生学生暴动；罗伯特·肯尼迪遇刺身亡；伊朗国王穆罕默德·礼萨·巴列维（Mohammed Reza Pahlevi）陛下被授予荣誉学位。普西校长说："这位二十世纪的统治者发现，在那个古老的国家，握有权力是推进社会和经济革命的建设性手段。"11 月，尼克松当选总统。

马丁·路德·金之死是"哈佛校园中种族关系的分水岭"，赫伯特·W. 尼肯斯在 1969 年的《哈佛年刊》（*Harvard Yearbook*）中写道："许多人曾试图在我们的社会中逃避身为黑人的痛苦，但现在他们遇到了困难……只有在对所有黑人都怀有敌意的病态环境下，他才有可能被谋杀。这使我们从梦游中清醒过来……刺杀事件促使黑人转而融入一个有凝聚力、有自我意识的共同体。"[35]

马丁·路德·金去世几周后，"阿非罗"协会提出了"促成哈佛公平的四项请求"，包括提议建立黑人研究系。黑人激进分子尤其关注大学的课程设置，认为即便哈佛的代表们在城中找到聪明的黑人男生接受教育，大学里也几乎没有开设有关非洲裔美国文化或黑人历史的课程。受人尊敬的英语系没有开设任何一门课程，来讲述兰斯顿·休斯（Langston Hughes）、佐拉·尼尔·赫斯顿（Zora Neale Hurston）、拉尔夫·埃利松、理查德·赖特（Richard Wright）、詹姆斯·鲍德温和任何其他黑人作家的作品。但是学校当局反应迅速，宣布了一门名为"非裔美国人的经验"的新课程，学院成立了非洲和非裔美国人研究委员会，由经济学教授亨利·罗索夫斯基（Henry Rosovsky，1953 届）担任主席。招生主任蔡斯·彼得森（Chase Peterson，1952 届）会见了"阿非罗"的成员，并简述了一项计划，使该学院录取的黑人数量翻倍。

1968 年，哈佛大学陆军、海军和空军预备役部队招收了大约 350 名学生。五角大楼控制着军事课程的内容，选择了教官并授予他们教授职级。200 所大学的预备役军官训练队（Reserve Officers' Training Corps）命令 85％的初级军官去越南，其中包括哈佛大学的毕业生。学生激进分子发起运动，要把训练队赶出大学。1969 年 2 月 4 日，教职工投票决定取消训练队的课程及其教员任命。董事会接受了这些建议，因为教职工们有权这样做，但董事会仍表决，"如果能令人满意地达成新安排"的话，便仍然保留训练队。

普西称董事会认为，因为"厌恶一场不受欢迎的战争"而退出训练队项目是"目光短浅到极致"，是在给自己找麻烦。1969 年 3 月 25 日，普西出现在师生咨询委员会（Student-Faculty Advisory Council）面前，说："我认为保留训练队很重要。我个人觉得，大学生参军对美国来说非常重要。我确实相信，华盛顿政府仍然是我们的政府，军事力量仍然是我们的武器……当前认为军事工业复合体①是一件坏事的观点与现实不符。"[36]

普西的结局也来到了，尽管他像一个幽灵又存在了好几年。他不是善于在危急时刻应付自如的科南特。他顽固地拒绝承认美国对越南的干预是一场历史性的灾难，这让他失去人心，既激怒了教师，也助长了激进的学生。4 月 8 日星期二，春假归来后，近 500 名学生参加了在洛厄尔讲堂举行的学生民主会会议。第一位发言者要求学生民主会立即占领大学楼；而比较温和的声音认为，他们应

① Military-industrial complex，此名词最常被用来指美国社会，它由第 34 任美国总统艾森豪威尔在 1961 年的总统告别演说中首创。

该等到下周一获得学生的广泛支持之后再行此事；第三种声音则呼吁罢课；第四种声音要求不采取任何行动。学生民主会联合主席麦克尔·卡津（Michael Kazin，1970届）要求模拟投票，结果赞成立即占领的有140人，支持延迟行动的有180人。

然后，兴奋难抑的极端分子开始高喊："我们现在就出发。"其中一个名叫贾里德·伊斯雷尔（Jared Israel，1967届）的学生跳上舞台，拿起麦克风，抱怨那些根本不想占领什么建筑的"卖国者"。根据斯蒂芬·克尔曼（Steven Kelman，1970届）的说法，一个年轻人甚至拔出一把刀，称另一个学生是"黄肚皮的法西斯分子"。卡津接受建议，认为只有真正想要占领建筑的人才应该投票。结果仍然是否定的：150人赞成立即采取行动，180人反对。一小时后的最后一次投票也出现了同样的结果。[37]

集会结束后，数百名抗议者走上昆西街，前往校长普西的住所，高喊着"训练队必须滚，现在就滚"的口号。人群把四五个站在门口的哈佛警察推开，拥进了场地。迈克尔·卡津反复敲打前门，然后用刀把写有六项要求的布告钉在了门上。①普西确实睡在这屋里。人群散去，但极端分子在夜间秘密集会。许多人都是工人-学生联盟核心小组和进步劳工党（Progressive Labor Party）的成员，他们把古巴和毛泽东领导下的中国当作发展的典范。在学生民主会执行委员会早上9点的会议上，决定他们无视卡津和其他抵制该计划的人。中午，大约五十名学生进入了大学楼，赶走了院长们，占领了这座查尔斯·布尔芬奇（Charles Bulfinch，1781届）建造的大石楼，并将其重新命名为"切·格

① 这六条"没有商量余地"的要求涉及废除训练队，并减轻哈佛对廉租房的影响等内容。——原注

瓦拉楼"。他们相信一旦采取行动，卡津和其他人就会改变主意，他们最后也确实这么做了。

阿奇·埃普斯拒绝离开大楼，五六个学生把他从楼梯上抬了下来，推出了门。"在越南杀害人民，你要负责。"一名女性示威者对他喊道。他回答说："在越南杀人不是我该负的责任。你在这里使用了我认为你会反对的方法，那就是暴力和强迫。"女生说："你他妈的懂什么？"[38]

到了下午，哈佛园里的人数增加到一千多。那是一个晴朗的春日。数百名学生穿过大学楼敞开的大门，在一楼兜来转去，而学生民主会激进分子则在楼上的教职工休息室里讨论战术。这些"有文化的"激进分子打破了着装、个人卫生和性行为方面的禁忌，他们抽大麻，听摇滚乐，接受了学生民主会的一些观点。但"有文化的"激进分子追求的是感官刺激和个人解放。与此同时，校长和院长们在一次紧急会议上交换了意见。普西担心成千上万来自波士顿地区的大学生可能会拥入哈佛园中。他对院长们的粗暴态度感到震惊，并担心长时间的混乱会损害这所大学。

下午4点左右。富兰克林·福特（Franklin Ford，1948届）院长站在怀德纳图书馆的台阶上，宣布将紧锁校园大门，15分钟后，任何待在大学楼里的人都会以非法侵入遭到起诉。只有几个人离开了大学楼，而仍有几百号人留在哈佛园里。"有人相信学生民主会的要求是认真的吗？"普西在当天晚上发布的一份声明中争辩道。[39]

整个晚上，剑桥、波士顿、萨默维尔、沃特敦和大都会区的市政警察都聚集在纪念堂。到了凌晨4点，两百多名学生坐在纪念堂彩色玻璃窗下的橡木桌旁，剑桥警察局局长哈利斯（Hallice）命令"把那些用武力和暴力手段进入大学楼的人赶出去"。警员们协助清理台阶，并在大楼周围设置了警戒线。州警将驱赶大楼里的人群。哈利斯向众警员介绍了格里姆普院长和学生事务部主任罗伯特·沃森（Robert Watson，1937 届），他们将陪同州警进入大楼。[40]

快到凌晨 5 点，行动开始。警察用警棍把学生们从花岗岩台阶上驱散。示威者坐在房间和走廊的地板上，手挽着手，高呼："我们不动，我们不走。"格里姆普院长用扩音器警告他们 5 分钟内离开大楼，否则将被逮捕。事后有人怀疑，穿着靴子、马裤，戴着防暴头盔的警察挥舞着警棍闯进来前，是否真的过了 5 分钟。

普西校长在他住处的二楼用双筒望远镜观察这一切。整个行动 20 分钟就结束了。196 人被逮捕，用面包车和公共汽车带到东剑桥的第三区县法院接受审判和传讯。48 人受伤需要医疗护理，包括两起脑震荡、一起颅骨骨折。此后，剑桥警方向哈佛收取了 5 007 美元的"4 月 10 日警察加班费"，波士顿警方经校方讨价还价后只收取了 1 226 美元。

这次失败激起了所有学生对普西和校方的愤怒。学生们继续罢课。在体育场举行了群众集会，吸引了 1 万人。下午，在怀德纳图书馆的台阶上，人们集合在一起，用高音喇叭放摇滚乐。激进的学生们像老一代的宗教规劝者一样蜂拥而来，散发传单，示威，扰乱课堂秩序，组织讨论小组，纠缠着院长和教职工。有一天，150 名学生民主会示威者游行进入位于霍利奥克中心的大学规划办公室，激烈质问规划官员，并把哈佛大学和社区的建筑模型砸烂。又有一天，数十名抗议者在费伊楼（Fay House）台阶上与拉德克利夫的邦廷院长对峙，并高喊脏话。几位教授觉得有必要在怀德纳图书馆过夜，以阻止有人可能会去焚烧图书。

4 月 28 日，董事会宣布，训练队不应享有其他课外活动所没有

哈佛园的动乱，1969 年：激进的学生与警察对峙

的"特权或设施"。董事会承认，五角大楼可能无法接受这种情
况，而哈佛的训练队活动可以减少到尽快合法地结束现有合同。

 　在马丁·路德·金被暗杀后的几个星期内，"阿非罗"曾要求成
立一个黑人研究系，这一要求如今得到了坚定的支持。罗索夫斯基
委员会在 1969 年 1 月的一份报告中确认："对黑人学生来说，在美
国黑人文化的许多领域中，课程设置的缺失不仅仅是学术或教学上
的问题。实际上，这种缺失似乎很可能是哈佛黑人学生不满的最主
要原因……缺乏此类课程可能会让黑人学生认为哈佛大学对这些知
识和研究领域的重要性做出了负面判断，并由此推断出黑人自身并

不重要。"但教员们还没有抽出时间来解决这个问题，由此引发了
不满情绪。[41]

因此，"阿非罗"成员采取对策，提出了成立非裔美国人研究系
的决定，通过埃利奥特楼学监艾伦·海默特（Alan Heimert，1949
届），交由 1969 年 4 月 22 日的教工会议表决。该提案建议成立一个
由学生和教职员工组成的黑人研究部门，这被认为是一项不合时宜的
创新。哈佛大学唯一的黑人教授马丁·路德·基尔森（Martin Luther
235　Kilson）对此投下反对票，他刚被聘为政治学系的终身教授。基尔森
回忆说："这些激进的学生想要在非裔美国人研究系的运作中采取很
多政治行动，他们蔑视严谨的知识和学术价值观（有人称之为'白人
价值观'）。"但是教职工们屈从了"阿非罗"的要求。[42]

✍ 普西认为他打电话叫警察来解放大学楼是正确的决定，这是所
有选择中最不坏的一个，他的感情被教师们反复无常的支持弄得伤
痕累累。不知怎的，问题所在变成了警察，而非示威的学生。学
校教师组成的十五人委员会在 1969 年 6 月发布报告称："校长本可
以选择向全体教职员工和学生提出一套行动方案，目的是凝聚广泛
的共识。其过程可以是坚决而迅速的，它应当旨在动员忠诚度，防
止社区进一步分裂，早点结束学生占领行动。"对普西而言，那是
一次称得上利落干脆的周一指挥行动。"达成和执行决定的方式导
致并强化了不信任、沟通不畅，决策过程的缺陷问题在前几个月逐
渐显现出来。"①[43]

---

①　占领大学楼事件后，16 名学生被哈佛开除，但还保有重被录取入学的
可能；25 名学生被要求退学，不过该处罚后来暂停执行；102 名学生收到警
告。卡津曾被开除，后来又回来攻读学位，如今他是乔治城大学的美国历史教
授，成了改过自新的激进分子。——原注

学生民主会演讲者在毕业典礼上的表现让普西忍无可忍。典礼官恳求他允许那人发言，显然是为了避免讲台上发生难看的冲突。尽管有监事和董事们的压力，普西还是拒绝了；若屈服于威胁，就"配不上哈佛人"。当游行队伍出现时，第一典礼官道格·哈丁（Doug Hardin）走向他，普西说："我理解你想对这种威胁做出让步。"哈丁回答说他确实如此，而普西出于某种原因也做出了让步。

当时作毕业演讲的人是布鲁斯·艾伦（Bruce Allen），他是因占用大学楼而遭停学的六名大四学生之一。他长篇大论谈了六七项，或是八项要求，还说训练队支持瓦茨和越南的"帝国主义剥削"。他穿着西装，抽着烟。他说，荣誉学位获得者大卫·洛克菲勒（David Rockefeller，1936 届）和监事会主席克·道格拉斯·狄龙（C. Douglas Dillon，1931 届）需要训练队来保护他们的外国投资。"这场毕业演讲是一次暴行，一次猥亵，"这位年轻的革命家喊道，"作为学生，我们的利益不在于这些罪犯的茶党……关键在于联合人民与他们作战，我们应该离开这里。"六七个 1969 届的学生把他赶下了台。一百多名戴着红臂章的学生随后站了起来，高喊着"捣毁训练队，不要军事扩张"的口号走了出去。[44]

董事会意识到普西日渐不堪重任，便要求威利斯顿法学教授（Williston Professor of Law）阿奇博尔德·考克斯（1934 届）担任校长的安全事务特别代表，24 小时随时待命。在 1969—1970 学年，"破坏者"捣毁了国际事务中心，闯入大学楼，骚扰院长和几位教授，粗暴对待行政副校长，并试图烧毁训练队大楼，破坏其他一些课外活动。考克斯与哈佛警察局长罗伯特·托尼斯（Robert Tonis）密切合作，考克斯后来被称为"首席警察""将军"，甚至

"猪警长"。他后来协助打击犯了事的尼克松。①

但这是 1970 年 4 月。尼克松是总司令，他最亲密的顾问是亨利·基辛格（1950 届）。他们密谋入侵中立国柬埔寨以对付越共。就在他们这么做的时候，校园沸腾了。四名学生在肯特州立大学被俄亥俄州国民警卫队开枪打死，全国各地的学院和大学都举行了罢课。就连普西校长也觉得这"完全可以理解"，学生们想要放下正常活动，去表达异议，参加和平示威。"因此，我敦促学校所有行政人员努力适应我们的正常流程时不时被打断，比如在未来几天针对我国参与东南亚战争的行动。这是出于良知的感召。"他在 1970年 5 月 5 日如此宣称，换上了新的调调。[45]

与此同时，两所学校漫长的合并，已经迈出了巨大的步伐。1970 年 2 月，在第一次男女同校的实验中，150 名拉德克利夫学院的学生搬进了亚当斯楼、温斯罗普楼和洛厄尔楼，150 名哈佛男生搬进了拉德克利夫楼。事实证明，这种交换非常成功，9 月，330名女性搬进了哈佛的 5 栋宿舍楼。为了改善男女同校的生活，学校对《1943 年哈佛-拉德克利夫协议》作了修订。哈佛承担了拉德克利夫学院运营的全部费用；拉德克利夫向哈佛大学支付所有可用的收入；拉德克利夫保留了它的财务、行政、招生办公室、奖学金和其他机构，包括施莱辛格美国女性历史图书馆和拉德克利夫研究所。1970 年，海伦·霍·吉尔伯特（Helen H. Gilbert，拉德克利夫1936 届）被选为哈佛监事会首位女性成员，1971 年，玛丽·洛·邦迪（Mary L. Bundy，拉德克利夫 1946 届）也成功当选。但是哈佛

---

① 作家诺曼·梅勒（Norman Mailer，1943 届）于 1970 年 4 月中旬在桑德斯剧院发表演讲，批评"缺乏幽默感的激进分子"及其破坏性策略。"我们现在用自己的虚无主义程度来衡量我们有多激进，"他说，"对于理性思考来说，这是噩梦时刻。"革命者有两个选择，"一个是激进，另一个是思考。"——原注

文理学院还没有女性终身教授。

1971 年初，普西校长注意到学生态度的变化，感觉到"复苏的力量"正在起作用。激进派的支持率直线下降。他在 1971 年 7 月退休。他担任校长的几年对学校意义重大。讲座基金①数量从 122 个增加到 277 个。经营预算从 3 900 万美元增加到 2 亿美元。这所大学的实际使用面积增加了一倍。捐款增加到令人难以置信的 12 亿美元。[46]

法学院院长德里克·博克（Derek Bok）当选为下一任校长。普西成为纽约市安德鲁·威·梅隆基金会（Andrew W. Mellon Foundation）主席。

✎ 1969 年 9 月，18 岁的西尔维斯特·门罗（Sylvester Monroe）从芝加哥南区来到哈佛校园。在全是黑人的温德尔·菲利普斯高中，他从来没有听说过哈佛大学。但从高二起，他有了全新的经历。他在杜克大学"更好的机会"（A Better Chance）项目学习了一年，又在罗得岛纽波特的圣乔治学校读了三年书，随后来到剑桥。不过，正如他后来承认的那样，他当时既害怕又困惑，还受到了哈佛"阿非罗"协会的影响。这让他意识到可以"有意识地利用黑人身份观点"。然后，他开始觉得自己像"一只豚鼠，对哈佛管理层来说是一块黑色样板"，他在 1973 年 2 月发表的一篇杂志文章中写道："我们中的所有人都开始拼命寻找其他黑人学生，同时有意识地避免与白人学生或教员进行任何不必要的接触……在我们忍受了一整天白人学生和教授的傲慢态度之后，这就像一股清新的空气……我

___
① Endowed Chairs，是一种由私人资助的基金每年支付薪酬的教授职位。该基金可用于支付教师工资、研究和旅行津贴或其他相关费用，并将永久持续。

不再在男女混合的餐桌上吃饭，以避免与白人学生交谈时的空洞动作。"[47]

门罗在莱弗里特楼住了三年，与黑人室友、黑人朋友、黑人用餐的桌子、黑人舞蹈、黑人学生组织、黑人研究和黑人意识形态相伴，被孤立在白人大学里。他尖锐地写道："哈佛需要面对黑人的挑战，这是它把黑人学生带到这里所要承担的全部责任。同样地，学生们不得不与强烈的负罪感搏斗，因为他们自己身处哈佛，而家人仍在黑人贫民窟中挣扎。"门罗（1973 届）是一位才华横溢的作家，后来成为《时代》杂志的记者。

而另一个住在莱弗里特楼的黑人青年呼吁他的兄弟们积极参与学术事业，以改善黑人的状况。"我们必须认识到，在特定的学科中，有一些价值中立的分析工具是所有人都必须掌握的，它和政治倾向无关。"来自加利弗尼亚州萨克拉门托的科内尔·韦斯特（Cornel West）写道，"黑人需要一种知识，这种知识来自认真投入的知识分子的微妙理性，这些知识分子最重要的是增强黑人的意识……高水平的智力水平是必要的，因为改变世界的先决条件是理解它是什么，为什么，以及如何从它是什么转变为你认为它应该是什么……这是鼓励学术、鼓励解放的文化。"韦斯特一学期修六七门课程，学习了哲学、圣经希伯来语和阿拉米语，三年后以极优等成绩毕业。他当上了哈佛大学和普林斯顿大学的教授，成为人称"公共知识分子"的那种尖刻的社会批评家。[48]

哈佛承担起符合资格的黑人和女性的教育责任，是真理的必要条件，也奠定了它在二十一世纪继续发挥作用并取得成功的基础。

第十一章　种族和性别的大转变

阿奇·卡·埃普斯三世担任学生事务主任近 30 年，长期致力于改善本科生生活、维护学校传统和教学水平。他真的把家乡路易斯安那河湾远远抛在了脑后。他的办公室在大学楼二楼，可以俯瞰怀德纳图书馆、纪念教堂和举行毕业典礼的建校 300 周年纪念剧院。埃普斯已婚，有两个孩子，也和几代学生建立了牢固的联系。他喜欢穿配有领结的细条纹西装，翻领上有一朵花，为他尊崇的机构增光。"我经常在学年开始时站在哈佛园中，看着来自美国不同乡镇城市和其他地方的学生。"他在 1977 年写道，"总的来说，新学年的开始是最令人兴奋的，因为明显可以看出这个地方与社会上的其他地方有多么不同。"哈佛提供了改变的机会，让你成为自己期望的人，逃离你的过往。[1]

内森·普西之后，法学院院长德里克·博克升任校长，他是个高大、英俊、健壮的人，只有 40 岁，被认为是调解人和危机解决者。他曾在凌晨 1 点带着咖啡和甜甜圈出现，从而化解了兰德尔楼的一场麻烦。德里克的父亲是宾夕法尼亚州最高法院法官，祖父是《妇女家庭杂志》(*Ladies' Home Journal*) 的首位编辑。他在洛杉矶长大，1951 年毕业于斯坦福大学，1954 年毕业于哈佛法学院，是《哈佛法律评论》杂志编委。他专攻劳动法，是劳资谈判方面的专家。德里克娶了瑞典经济学家贡纳尔·默达尔（Gunnar Myrdal）的女儿西塞拉·默达尔（Sissela Myrdal），生了三个孩子。博克一家选择定居在布拉特尔街附近历史悠久的埃尔姆伍德，住在詹姆斯·拉塞尔·洛厄尔的老房子里，他在 1962 年将之捐给了哈佛。

由于政府削减资金、高涨的通货膨胀率、疲软的股市，资金变得紧张，学校出现了经营赤字。博克需要专业人士来打理这家市值 5 亿美元的法人团体，于是他聘请了四名副校长和一名总法律顾问，每人都配有若干特别助理。而老普西仅在一位副校长的帮助下便承担了这个重担。在普西的领导下积累的强硬当权派继续待在岗位上发挥作用，比如财务主管乔治·贝内特（George Benett，1933 届）和约翰·托·邓洛普（John T. Dunlop）院长。博克以过程为导向，墨守成规，决策缓慢。"重大改变要考虑不同群体的意见。"他表示，"重要的是别产生太多争议。"他相信他的关键任务是选贤举能，他仔细审查了每一个教员和行政管理的候选人。[2]

博克因其对校长概念的狭隘理解而遭受批评。他拒绝对与教育没有直接关系的问题发表意见。而他在各项事务上的意见多是空洞无物。他纸上谈兵，延误行动。"作为校长，他唯一明确的目标是避免其机构面临风险，并通过做出表面上的让步，来分裂和安抚他要操纵的拥护者，从而最大限度地减少可能威胁到机构的冲突。"《深红报》总编加勒特·艾普斯（Garrett Epps，1972 届）·在 1972 年 2 月写道。但这属于伟大的传统行为，它在成功之路上不会有障碍。[3]

这所大学在投资方面很脆弱。1972 年 2 月，"泛非洲解放委员会"（Pan-African Liberation Committee）和"阿非罗"的 54 名成员在

德里克·博克和他典型的美国家庭

大学楼示威，要求董事会出售其价值约 2 000 万美元的 68.3 万股海湾石油股票。海湾石油每年向葡萄牙独裁者支付数百万美元，以获得其在非洲南部的殖民地安哥拉开采石油资源的许可证。14 万人的葡萄牙军队占领了几个非洲国家。这些激进的学生宣称，哈佛助长了"每日发生在非洲的屠杀"。博克同意学生们向董事会提交请愿书，从而结束了示威活动，但校董们不准备出售海湾石油公司的股票，也不支持退而求其次的解决方案，它要求海湾石油公司就其安哥拉业务发布报告。

这一消息公布后，清晨 5 点 30 分，"泛非洲解放委员会"和"阿非罗"的 20 至 25 名成员闯入马萨诸塞楼，占据了校长的办公室。博克在可以俯瞰哈佛园的霍利奥克中心十楼的危机处理中心会见了副校长和院长们。经过几个小时的烦躁等待后，一名记者问博克，如果校友们向他施压，要求采取行动对付示威者，他会作何反应。"我不需要这份工作，"他回答，"校友决定不了我怎样管理这所大学。我决不会做任何伤害这所大学学生的事。"6 天后，学生们平静地离开了。博克已经证明了他的才能。他不是普西。[4]

博克认为，大学不善于对外部世界的政治问题做出集体的判断。如果大学管理人员的行为公平且始终如一，他们将花费大量的时间和精力来对待公共争议。撤资不能保证条件会被改善。象征性的姿态会很快被遗忘。出于社会目的而抛售股票，其代价会非常大。但最大的危险在于学术自由。如果大学坚持发起运动，迫使外部组织按照学生或教师认为最好的方式行事，那么校方就很难声称自己有权利不受外部压力的影响。尽管如此，博克还是同意成立一个由 15 名成员组成的股东责任咨询委员会，由相同数量的学生、校友和教师组成，就股东决议为董事会提供建议。它被誉为"董事会的良心"。

葡萄牙人民推翻了他们的独裁者，安哥拉获得了独立，但在 1977 年，南非问题再次出现：索韦托发生骚乱后的种族隔离，还有斯蒂芬·比科 (Steven Biko) 被谋杀。学生们组织了"南部非洲团结委员会"，并向该大学请愿，要求放弃持有的那些向种族隔离政权提供贷款的银行的股份，并支持股东要求企业撤出南非的决议。但 1978 年 4 月，董事会拒绝了这些提议。董事会称，通过向股东施加压力，而非"一场戏剧性的资产剥离行动"，它便可以做得更好。3 000 名学生在一把火炬的引领下游行抗议，他们聚集在约翰·哈佛的雕像前，发表演讲、演奏音乐。第二天早上，几百名学生拒绝离开大学楼的台阶，导致其当天不得不关闭。

学生们的激烈反应完全出乎校方意料之外。但博克在其校长任期内坚决抵制这些要求，获得"种族隔离的帮凶"称号。1986年春天，"南部非洲团结委员会"的成员在哈佛园中建起了棚户区，要求学校剥离它在南非的4.16亿美元股票，这让博克和董事会在毕业典礼周感到尴尬。那时纳尔逊·曼德拉正被关在开普敦附近的罗本岛监狱里。

1998年9月，曼德拉总统站在纪念教堂的台阶上，在建校300周年纪念剧院2.5万名欢呼的人们面前，接受了荣誉学位。曼德拉总统与学校库巴合唱团（Kuumba Singers）的每位成员一一握手，这个无伴奏合唱团体演唱了南非国歌。

✍ 1972年5月15日，临床心理学助理教授马蒂纳·苏·霍纳（Martina S. Horner）被任命为拉德克利夫学院院长。1961年，霍纳从布林·莫尔学院毕业，在密歇根大学获得博士学位，研究领域是女性及其成就。她的研究与邦廷所说的"无人关心期待的氛围"① 相反，她调查探讨了"避免成功的动机"，发现许多女性是性别角色刻板印象的受害者，担心自己若要成功，就得牺牲其女性身份。32岁的霍纳与物理学家约瑟夫·勒·霍纳（Joseph L. Horner）结婚，1972年被任命为拉德克利夫学院院长，博克早她一年担任哈佛大学校长。霍纳有三个孩子。她试图保持拉德克利夫学院作为保护哈佛女性利益的机构，而哈佛则是著名的男性堡垒。

1972年9月，女生们第一次搬到哈佛园中，拉德克利夫学院的200名新生分散在近1 000名哈佛新生中。博克致力于在几年内将

———————

① 当邦廷于1960年接管拉德克利夫学院后，她发现全国都盛行一种"无人关心期待的氛围"来阻碍女性教育，即便在拉德克利夫学院也是如此。

马蒂纳·苏·霍纳与哈佛校长德里克·博克。前者于 1972 年被任命为拉德克利夫学院院长

男女比例从 4 比 1 降至 2.5 比 1。"如果拉德克利夫学院的学生认为，无论拥有什么样的才能和成就，却只有她们才会因为人数超过一定数量而被拒之门外，她们可以因此得出哈佛轻视女性的结论吧？"他问道。但 1974 年对哈佛课程目录的调查显示，在 650 多页的课程目录中，只有四门课程被认为与女性有关。第二年，董事会合并了两个招生办公室，并对所有的申请采取了不分性别、平等准入政策。加大力度招收女学生、女教师和女管理人员。1975 年，教职工中女性占 7.7%，其中有 9 位女性终身教授。[5]

人们认为，科南特的通识教育项目需要进行重大改革。重新制定本科课程的工作交给了新任院长——经济学家亨利·罗索夫斯基（Henry Rosovsky，1953 届），他为此创建了 7 个工作组。

1976 年的学费、食宿费为 6 430 美元。

一九七〇年代的哈佛-拉德克利夫联合课程

❦ 在一九七〇年代早期，成员全是男性的社交俱乐部是岁月静好的历史残存之地，在镶嵌着木制装饰板的房间里，年轻人坐在皮扶手椅上，读着报纸，喝着饮料，玩着双陆棋（Backgammon）。非会员不许入内。社交俱乐部作为校园聚会中心的兴起完全出人意料之外。位于奥本街45 号的派艾塔（PiEta）俱乐部以酗酒和虐待女性闻名。1983 年，在派艾塔的入会仪式上，40 名年轻人被灌了几杯威士忌和伏特加，然后将啤酒通过臭名昭著的漏斗和水管装置（beer bong）直接灌进肚子里，10 名新成员最终被送进大学健康服务中心。随后，《深红报》调查了这些俱乐部，发现它们尽管不是官方认可的学生群体，却享受着大学给的好处，包括可以使用低成本的蒸汽供暖、内部电话、校友邮件列表和二年级学生的住房列表等等。

1984 年 4 月，派艾塔演讲者俱乐部的一份通讯报被公之于众，它使用暴力和粗俗的性画面来诋毁女性，实际上是在即将举行的派艾塔派对上招募轮奸犯。"哈佛大学对于反女性的暴力行为的态度和应对作法，才是真正的问题所在，"十几名愤怒的学生在给《深红报》的一封信中回应道，"虽然我们听过很多关于思想自由的言论，但很少提到其他非常基本的权利，即在一个不堕落和非暴力的环境中生活和学习……在哈佛，将女性视为完整的人还有很长的路要走。"博克校长说："某些群体（如这份通讯报中提到的那些群体）做出的低俗粗暴评论，在任何一个文明社会中都不会有立足之地。"[6]

当年 5 月，大学生活师生委员会通过了一项决议，给几家终极俱乐部最后期限，要么招收女生，要么社团资格被取缔。1984 年 12 月 10 日，委员会与 9 名俱乐部社长达成一致意见，各俱乐部恢复独立地位。监事会于 1985 年正式断绝了与俱乐部的关系。1991 年，一名来自东北部的学生声称她在派艾塔俱乐部被强奸，该俱乐部与她达成庭外和解，派艾塔将不复存在。但其他俱乐部也举办类似兄弟会的聚会，通常会收取入会费。

✎ 直到一九七〇年代中期，同性恋学生都不愿公开自己的身份。"同性恋学生协会"（Gay Students Association）甚至连列出 10 个学生名字提交给院长以获得官方认可都有困难。1977 年 9 月来到哈佛的本杰明·哈·沙茨（Benjamin H. Schatz，1981 届）回忆道："他们每年都因为总得有人当会长而感到歉意。"协会的大多数成员并没有出柜。女同性恋研究小组那些屈指可数的成员也保持低调。大学健康服务中心的顾问将同性恋视为心理压力的表现。1979 年，沙茨与拉德克利夫学院的盖伊·威廉斯（Gaye Williams，1983 届）共同创立了"反对歧视同性恋组织"（Gays Organized in Opposition to Discrimination），并开始公开发声。

　　"无论你喜不喜欢，你关心的某个人就是同性恋，而且很可能你并不知道。而你不知道的原因是他们不敢告诉你。"沙茨在《深红报》上写道，"只要他（或她）认为你可能瞧不起他（或她）的真面目，你们之间就会存在一道坚实的障碍。只有当大多数人意识到恐同症对自己的生活是有害的，这种情况才能都有所改善。如果异性恋者仍然主动地不去关心了解，大多数同性恋者将别无选择，只能继续生活在隐形和不被察觉的痛苦中。"[7]

　　1980 年 4 月的一个周末，沙茨组织了第一个同性恋认知日（Gay and Lesbian Awarness Day），它一开始就不顺利，一些橄榄球运动员新生骚扰了在菲利普斯·布鲁克斯楼（Phillips Brooks House）参加同性恋认知日舞会的学生。有人观察到约翰·A. 弗朗西斯（John A. Francis，1983 届）在离场时撞倒两名研究生，他在袭击了一名高年级学生洛厄尔·麦吉（Lowell McGee，1980 届）后被哈佛警方拘留。但是麦吉同意，如果弗朗西斯在同性恋认知日论坛上公开道歉，他就不提出指控。

　　几名反对同性恋者坐在大厅的后面，举着写有"安妮塔·布赖恩特是对的：同性恋者会在地狱里焚烧"①和"回到你的柜子里去"的牌子。但弗朗西斯告诉台下的一千名学生："我想这就是我

────

①　安妮塔·布莱恩特（Anita Jane Bryant），是活跃于上世纪五六十年代的一位美国歌手和反同性恋权利活动家。

249　成长的方式。我来自一个非常小的乡镇，那里没有公开的同性恋社区。我以前从来没有接触过它。"[8]

同性恋认知日的影响是巨大的。沙茨如今能走进餐厅，宣布同性恋权利活动，而不会遭嘲笑，也不会有人向他扔食物。1980年10月，六十多名学生参加了哈佛大学同性恋学生协会和拉德克利夫学院同性恋学生协会的首次联合会议。"哈佛有成百上千这样的人，他们害怕被朋友孤立，"沙茨说，"这个团体的存在是为了满足人们对社群的需求，满足他们每周至少几个小时聚在一起放松和聊天的需要。"①[9]

☙ 1970年，董事会首次有犹太裔成员当选，他是约翰·莫顿·布卢姆（John Morton Blum，1943届），耶鲁大学杰出的美国史教授。文理学院前院长亨利·罗索夫斯基是第二位犹太裔董事，于1985年当选。1989年，华盛顿律师朱迪斯·理查德·霍普（Judith Richards Hope，法学学士，1964届）成为首位女性董事。芝加哥大学前校长汉娜·霍尔本·格雷（Hanna Holborn Gray，1957年获得博士学位）是第二位，于1997年当选。首位黑人董事，康拉德·K.哈珀（Conrad K. Harper，法学学士，1965届），来自盛信律师事务所，在2000年当选。董事会的成员没有工资，每隔几周的周一，他们都会在洛布楼的卡伯特室中围坐在一张桌子旁开会。

像大多数哈佛校长一样，博克与本科生渐行渐远。他是个非常注重隐私的人。他的伟大成就是恢复了摇摇欲坠的校园的稳定。他建立了肯尼迪政府学院，制定了核心课程，使学生群体多

---

① 沙茨1985年从法学院毕业，一直担任旧金山同性恋医疗协会的执行董事，直到1999年辞职成为职业变装皇后。他在无伴奏四重唱合唱团"金赛糟透了"（Kinsey Sucks）中，以"瑞秋"身份登台。——原注

样化。1986 年，他主持了哈佛大学 350 周年校庆。他认为真理产
生于自由讨论和辩论的过程中。他自认"通情达理"。在他任职
期间，捐赠基金增至近 50 亿美元，这是一笔巨款。他在 1991 年
6 月离职。

1991 年 10 月的一个星期五，在泛黄树叶荫翳下的建校 300 周
年纪念剧院里，尼尔·利·鲁登斯坦（Neil L. Rudenstine）当着 1.5
万人的面宣誓就职。这位 56 岁的安德鲁·威·梅隆基金会前执行
副总裁身材瘦长、头发乌黑、举止谦逊，他的父亲是俄罗斯犹太裔
移民狱警，母亲是服务员，第一代移民意大利，在康涅狄格州的丹
伯里长大。他认为自己是"多文化、多民族、多宗教的产物"。
1956 年，他以最优等成绩从普林斯顿大学毕业，1964 年在哈佛大
学获得博士学位，研究文艺复兴文学。1968 年，他回到普林斯顿大
学担任教务长，并顺利带领普林斯顿大学过渡到男女同校。他的老
朋友博克校长评价说："他少年老成，但保留了人们喜欢的孩子气
品质。"[10]

作为校长，鲁登斯坦面临的挑战是如何在一个信息和知识以前
所未有的速度增长的日益复杂的世界里，维持和加强哈佛的地位。
他更感兴趣的是强化、整合和协调，而非扩张。他致力于多元化，
并把振兴奄奄一息的非裔美国人研究系当作首要任务。他召集了 9
个学院的院长组成顾问团，以讨论更重大的问题。"作为一个国家
或一种文明，如果我们不能确保创造性和经过考验的思想的流动，
我们就无法繁荣……卓越、开放、服务，这些都是我们的标准。"
他喜欢这样说。怀着无限的奉献精神，他为这所大学筹集了数十亿
美元的资金，但他自己却陷入了一种极度疲惫的状态，需要一个假
期。他感受到了大学任职的痛苦。[11]

"鲁迪"需要那质朴友好的天赋和智慧，再加上可以动摇根基

的多样化需求。1991 年 11 月 11 日的晚上，送信人偷偷摸摸地把最
新一期的保守派学生杂志《半岛》（*Peninsula*）送到了校园。这一
期是讨论同性恋话题的"特别合刊"，封面上有个爆炸的粉红色三
角形，还有一些文章证明同性恋是"糟糕的选择"，不符合基督教
精神，是对社会的破坏。有一节列出了一些团体，它们"致力于帮
助同性恋者，去改变他们的生活方式"。

双性恋及同性恋学生协会于 11 月 15 日星期五在哈佛园里举行了
一次抗议集会，吸引了几百人。普卢默基督教道德教授彼得·约·戈
梅斯牧师（Peter J. Gomes，神学士）宣布自己是同性恋的时候，人们
震惊了。"我是一名基督徒，同时也是一名同性恋。这种现实对某些
人来说是不可调和的，但对我来说，这可以通过慈爱的上帝、活着的
救世主达到调和，"他用洪亮的声音说道，"同性恋不是因为道德意
愿不够而无法成为异性恋。"据《时代》杂志报道，这是一份革命性
的声明，来自于美国七大牧师之一的纪念教堂牧师。英国文学及比较
文学教授芭芭拉·约翰逊（Barbara Johnson）也宣布自己是同性恋。
"作为哈佛众多女同性恋教员之一，我需要感受到你们的力量，"她
说，"我们是存在的，我们是相爱的，我们是坚强的。"[12]

戈梅斯曾是普利茅斯的一位黑人浸信会教徒，他给《深红报》
写了一封信，将反同性恋的歇斯底里症比作西班牙宗教裁判所和塞
勒姆女巫审判。在这两个例子中，一种顽固的逻辑和对混乱宇宙的
恐惧，在普通虔诚和正派的人身上激发出了邪恶，由于他们自命不
凡于其理性、美德和同情心，这种邪恶情感便愈加令人发指。"我
和其他任何同性恋基督徒都不需要再接受那些定义，把我们排除在
圣礼和教会事务之外。尽管我们的性身份不同，但我们和我们的信
徒教友都是堕落人类的一部分，都生活在基督牺牲的光芒中，都共
享了同一个没有腐败堕落的、按照上帝模样创造出来的形象，并都

领有恩典和荣耀的希望。"[13]

　　哈佛大学一个由5名学生组成的名为"忧心的基督教徒"（Concerned Christians）的团体要求戈梅斯辞职。因为他是个异教徒，他宣扬同性恋不是罪。但是鲁登斯坦校长支持戈梅斯的观点，他说："我不认为大学的任务是对可能存在争议的问题进行教义测试，这些问题是当前神学辩论的一部分，不同宗教信仰的理性人士都可以持有不同的观点。"[14]

　　后来，当黑人学生协会邀请纽约城市大学的伦纳德·杰弗里斯（Leonard Jeffries）教授在桑德斯剧院就犹太人在非洲奴隶贸易中的共谋问题发表演讲时，紧张局势升级。杰弗里斯是一个臭名昭著的种族主义者、反犹主义者和恐同者。希勒尔协调委员会主席沙伊·阿·赫尔德（Shai A. Held，1994届）组织了8个反对该演讲的团体联盟，其中包括双性恋及同性恋学生协会、亚裔美国人协会、拉德克利夫学生联合会、拉美裔协会、南亚协会、积极反对种族主义和民族中心主义协会等。基尔森教授给《深红报》写了一封信，指责杰弗里斯代表了"反理性和神经质的民族中心主义道路"。"虽然有些犹太人从事奴隶贸易，但大西洋奴隶贸易是基督教世界的罪恶行径，而非犹太教的。"基尔森说，"哎呀，如果杰弗里斯花点时间阅读而不是煽动情绪，他可能甚至还会说，奴役结构的另一个主要组成部分是非洲社会本身。"1992年2月5日，约450人冒雨在纪念馆外举行了和平示威。

　　那年4月，《半岛》杂志发出传单，宣传一个名为"挥舞铁铲：现代性与黑人作为性解放范例研讨会"的论坛。传单上是一位黑人女性在白人观众面前脱衣的形象。《半岛》的克里斯·G.韦尔戈尼斯（Chris G. Vergonis，1992届）解释说："演讲者……将提出论点，认为黑人家庭的崩溃……很大程度上是由于二十世纪五六十年代白人自由主义者的行为，他们认为黑人是性解放的典范。"
253　基尔森把《半岛》杂志信徒称为"男学生种族主义者"。随后，由
查希尔·拉·阿里（Zaheer R. Ali，1994 届）和阿特·A. 霍尔（Art
A. Hall，1993 届）领导的黑人学生联合会发表了一篇题为《在哈佛
种植园中》（*On the Harvard Plantation*）的传单，谴责这种敌对气
氛。黑人学生联合会说："无论是被迫像奴隶一样出示身份证件，
还是成为媒体私刑的受害者，黑人一直面临着某种形式的种族骚扰
的可能与现实。"[15]

　　4 月，鲁登斯坦向本科生委员会坦白道："今年目睹了校园里发
生的一系列事件，我可以说，我看到人们受伤害的程度和伤害他人
的程度，以及某种言论、某种行为在多大程度上确实造成了伤害，
让我有时惊讶，有时不安……我认为从任何长期历史来看，无论我
们的问题是什么，问题有多少，我们作为一个社会团体、一个学术
机构，是处于一个更好的环境中了，因为我们比过去更具包容性。
但这意味着有更多的紧张和冲突，到目前为止，即便是紧张冲突也
好过把其他人排除在外。不过痛苦和人的损失是真正的代价，我认
为你们不得不清醒地认识到这一点。但我们不能放弃。"[16]

　　在最初的几年里，鲁登斯坦不得不聘请了 3 名副校长、4 名院
长和 2 名教务长，这占用了他大量宝贵的时间。他不喜欢委任别人
做事，对细节有一种病态的迷恋。他不使用电脑，总是坐在马萨诸
塞楼一楼办公室里的一把直背木椅上，手写笔记和信件。他有慢性
背痛，导致背部从中间开始弯曲，好像要把整个世界都扛在了肩
上。他体重下降了，显得疲倦、沮丧、脾气暴躁。1994 年 5 月开始
的 21 亿美元资本运作带来了额外的压力。据医学院院长说，他在
1994 年 11 月底因"不明原因的严重疲劳和消耗"而病倒。但在
1995 年 2 月底又回到了办公室。[17]

❦ 1990 年春天，来自密歇根州罗切斯特市的穆克什·普拉萨德 254
(Mukesh Prasad) 上了一门叫作"印度神话与形象"的课程，这是
比较宗教与印度研究教授黛安娜 · L. 埃克（Diana L. Eck）开设
的。普拉萨德是印度比哈尔邦移民的儿子。他还参加了宾夕法尼亚
州的一个印度教夏令营，向他的教授提了上千个问题，比如教授在
波科诺山中的上师都教什么，他在课堂上学了什么之类。埃克（史
密斯学院 1967 届）是一位来自蒙大拿州博兹曼的卫理公会信徒，
能够阅读梵语，她惊讶地发现，自己竟然在教美国出生的印度教徒
他们自己的宗教传统。她回忆道："我的班上一直有一些来自印度
的学生，但那一年像穆克什这样的学生的出现，标志着新时代的
开始。"[18]

1965 年通过的《移民和国籍法案》终结了对亚洲人的歧视性排
斥，允许穆克什这样的人及其家庭来到美国。新移民包括穆斯林、
印度教徒、佛教徒、耆那教徒、锡克教徒、神道教徒和琐罗亚斯德
教徒。1996 年秋天进入哈佛园中的 6 656 名大学生，经学院确定约
18% 来自亚太地区（1198 名），8% 是黑人（549 名），7% 的西班牙
裔（493 名），6% 是其他国家（429 名），1% 为美国原住民（44
名），43% 为白种人（2 874 名），以及 16% 的其他种族（1 069
名）①。"我们的校园已经成为一个新的多元文化和多宗教的美国实
验室。"埃克教授写道。穆克什·普拉萨德和迈蒂·乔杜里（Maitri
Chowdhury）是纽约扬克斯人，他们的家族来自孟加拉，在 1993 年
的毕业生代表选举中，他们是得票最多的人。1997 年，穆克什从约
翰霍普金斯医学院毕业，开始在曼哈顿行医，专攻耳鼻喉科和头颈
外科。

---

① 哈佛如今已不再区分学生的宗教信仰。——原注

255　　二十世纪六十年代，黛安娜·埃克在贝拿勒斯印度大学①学习了一年印度传统。在这座恒河沿岸的古城，她遇到了虔诚的男男女女，他们崇拜着众多的神，据统计有 3.3 亿个神。为了理解这一奇怪的现象，埃克研究了梵文文本，并勤奋地绘制了瓦拉纳西的神圣地图，记述了它的庙宇、圣殿和道场挤满了河岸，河边的沐浴台阶让人可以接触据说是来自天堂的浑浊水流。她找到了婆罗门、导师、僧侣和讲故事的人。她对上帝的看法彻底改变了。她开始引用《梨俱吠陀》："真理是一。人们用很多名字称呼它。"然而，耶稣仍然是她窥见上帝本质的透镜，这是她自身的传统。

　　埃克在 1991 年创立了多元文化项目，以记录美国宗教的多样性。她让她的学生在全国各地的家乡寻找和研究伊斯兰中心、锡克教礼拜的谒师所，以及印度教、佛教和耆那教的寺庙。"当我们对神的理解更多时，多元化的进程就开始了。"她写道，"美国的新困境是如何达成真正的宗教多元化。"[19]

　　1998 年，校长鲁登斯坦邀请埃克和她的搭档多萝西·A. 奥斯汀（Dorothy A. Austin）担任洛厄尔楼的联合学监。奥斯汀是圣公会牧师，也是新泽西德鲁大学的心理学及宗教学副教授。②

✍ 埃普斯院长继续在大学楼的办公室里密切关注着学生的福利。1997 年 2 月，他警告学生不要参加俱乐部主办的活动，以免危及自

_____

①　Banaras Hindu University，位于印度古城瓦拉纳西。贝拿勒斯是瓦拉纳西（Varanasi）的古称。

②　2004 年 7 月 4 日，在戈梅斯牧师的主持下，埃克和奥斯汀在纪念教堂举行了婚礼。婚礼上诵读了来自哥林多教会和马萨诸塞州最高法院关于同性婚姻合法化的判决。400 位来宾在洛厄尔楼餐厅享用了晚宴。——原注

已或者受伤。"在过去的几年里，许多终极俱乐部都发生了不当行为，并且还在增长，令人不安……学院将毫不犹豫地把终极俱乐部的非法活动报告给警方。此外，我们希望提醒大学社区，由于他们的政策和作法，这些俱乐部几乎毫不尊重礼仪和学院的原则，包括女性的平等权利。"[20]

1997 年 3 月，"拉德克利夫妇女行动联盟"的成员们在校园里贴满了海报，上面写着"终极俱乐部糟透了"和"支持你们当地充满阶级偏见的家长制精英堡垒：去参加终极俱乐部派对吧"。在 1999 年初，迫于责任和来自毕业生会员的压力，A.D.、猫头鹰（Owl）、不死鸟 S.K.（Phoenix S. K.）、德尔斐（Delphic）、斯佩这些终极俱乐部要么对非会员关闭了大门，要么只允许少量非会员进入。首个女性社交俱乐部"塞内加"（Seneca）成立于 1999 年春天，接着是伊西斯（Isis）、蜜蜂（Bee）、昴宿星（Pleiades）、萨布利耶尔协会（Sabliere Society）。伊西斯俱乐部于 2002 年至 2003 年间，在特罗布里奇街租了一套一居室的公寓，这里是女生们在外过夜、看电影和每周午餐的地方。

充当调解人角色的阿奇·埃普斯是忠诚的象征，他在 1999 年退休。两个儿子分别于 1998 年和 2003 年从这里本科毕业。

🐦 鲁登斯坦校长确实把非裔美国人研究系提升到了最高的级别，他与杜波依斯人文学科教授小亨利·路易斯·盖茨（Henry Louis Gates, Jr.）密切合作，聘请了许多杰出的非裔美国学者，如科内尔·韦斯特（1974 届）、夸·安东尼·阿皮亚（K. Anthony Appiah）、劳伦斯·D. 博博（Lawrence D. Bobo）、伊芙琳·布鲁克斯·希金博特姆（Evelyn Brooks Higginbotham）和威廉·威尔逊（William Julius Wilson）等。韦斯特教授以其煽动性

258 真理：哈佛大学与美国经验

的演讲和布道式的激昂风格吸引了数百名学生来研究非洲裔美国人。1998年，他和威尔逊教授一道，被董事会提拔为大学卓越教授。

拉德克利夫学院院长琳达·S. 威尔逊（Linda S. Wilson）和哈佛大学校长尼尔·利·鲁登斯坦，他们在1999年监督了哈佛和拉德克利夫学院的最终合并

257　　　1999年10月1日，在鲁登斯坦的监督下，哈佛和拉德克利夫的合并终于圆满完成。这些女生随后被哈佛大学录取，而拉德克利

夫高等研究院则被剥离出来，专门研究女性、性别和社会。历史学家德鲁·吉尔平·福斯特（Drew Gilpin Faust）被任命为该研究院的首任院长。

2001 年毕业典礼后，鲁登斯坦宣布了他的辞职计划。这位人文主义者在这 10 年间内心充满矛盾地领导着大学，给捐赠基金带来了惊人的增长，从 1991 年的 47 亿美元涨到 2000 年的 191.5 亿美元，仅在 2000 财年就激增了 46 亿美元。随着国际发展中心（Center for International Development）、大学环境委员会（University Committee on the Environment）、心智行为计划项目（Mind/Brain/Behavior Initiative），以及其他七项战略重组计划的完成，他对学科和方法的组合创新的雄心壮志得到了回报。2000 年，学校在商学院南边的奥尔斯顿购买了 48 英亩地，加上二十世纪八九十年代分别购置的奥尔斯顿的几片土地（共计 52 英亩），董事会保证这片离哈佛园不远的土地，将来可用于建成一座二十一世纪新校园。

但总会有意料之外的事情发生。2001 年 4 月的一天，大约 50 名"进步学生劳工运动"的成员在下午 1 点 30 分左右进入马萨诸塞楼，带着一袋袋食物、水瓶和睡袋，开始静坐，要求哈佛所有职工的最低工资上调为每小时 10.25 美元。激进的学生们承诺不会围堵校长的办公室，也不会伤及财产，并且尊重这里的工作人员。鲁登斯坦称静坐"不符合学术团体的基本原则"，并拒绝在大楼被占领期间进行谈判。但当地食堂员工、文书、技术工人、看门人和保管员的工会开始支持这一行动，外部人士也加入了示威活动。哈佛园中冒出了一个帐篷城。集会到了第 9 天，吸引了 700 人，并引来全国性媒体。[21]

21 日，哈佛同意成立委员会来解决哈佛的劳工问题，包括外包和最低生活保障金问题。"作为一家有社会责任感的机构，哈

佛关心所有个体雇员的个人福祉，致力于达成一种能反映人道和
原则性的就业实践。"鲁登斯坦宣布道。这被认为是学生们的胜
利，他们随后在哈佛园中举行了庆祝活动。激进分子清理了他们
占据的马萨诸塞楼的房间和走廊，拿走了海报，喷洒了消毒剂，
然后列队走出，接受拥抱和红玫瑰。"对于那些认为学生领导力
已成为过去的人，我建议你们到马萨诸塞楼来！"这是参议员泰
德·肯尼迪（Ted Kennedy，1954 届）在华盛顿通过公共广播系统
发出的声音。老师们赞扬了学生们的"道德勇气"，并反对任何
实质性的惩罚。[22]

✍ 2001 年 3 月，董事会选择劳伦斯·亨·萨默斯（Lawrence H.
Summers）作为哈佛大学第 27 任校长，此前的候选人还有密歇根
大学校长李·卡·博林杰（Lee C. Bollinger）和哈佛大学教务长哈
维·弗·法恩伯格（Harvey V. Fineberg，1967 届）等人。46 岁的
萨默斯是经济学家，拥有财政部部长的从政经验，是哈佛的第一
位犹太裔校长，他描述自己"身份明确但几乎不算虔诚"。他的
家人在二十世纪初离开了欧洲，所以犹太大屠杀事件对他只是
"历史问题，而非个人记忆"。反犹主义也与他的经历"相距甚
远"。他的父母是宾夕法尼亚大学的经济学教授，叔叔保罗·塞
缪尔森（Paul Samuelson，1936 届）和舅舅肯尼斯·阿罗
（Kenneth Arrow）都曾获诺贝尔经济学奖。他跳过了十二年
级①，1971 年进入麻省理工学院，三年就毕业了。1982 年，他获
得哈佛大学博士学位，是洛厄尔楼的住校经济学导师。1983 年，
28 岁的他成为终身教授。1991 年，他离开哈佛大学，到世界银

_____

① 美式学程的十二年级（12th Grade）相当于我国的高中三年级。

行工作。克林顿当选总统后他进入财政部，与当时的财政部长罗伯特·鲁宾（Robert Rubin，1960 届）紧密合作，1999 年升任财长。萨默斯是三个孩子的父亲。[23]

劳伦斯·萨默斯押注于生命科学

　　萨默斯以咄咄逼人、挑衅、霸道、傲慢和大胆而著称。他认为尊重一个人最好的方式就是和他争论。"哪怕在他 3 岁的时候，无论你对他说了什么，他都会回答'不！'然后就开始争辩，"他母亲说，"这可能会让你发疯，但这是他的学习方式。"就在世贸中心被毁一个月后，他在纪念教堂的台阶上被任命为校长。他庄严地接受了两把沉甸甸的银钥匙、两枚古老的哈佛印章和学校特许状的复印件，并在演讲中宣称，哈佛自始至终的目标都是追求真理本身，而不是为了有形的回报或世俗的影响力。他感叹许多哈佛人对基因和染色体的区别一无所知。他说二十一世纪受过教育的人都需要具

260

备测量、分析和校准等科学方法的知识。

新上任的萨默斯把已是弗莱彻校级终身教授（Fletcher University Professor）的科内尔·韦斯特召到他位于马萨诸塞楼的办公室，表达了校长对韦斯特在校外活动过于活跃，以及其课程涉嫌乱给分的担忧。韦斯特曾骄傲地自称非洲黑人的第七代后裔。他写了至少 13 本书，经常出现在电视上，巡回演讲受人欢迎，甚至还发行了一张名为《我的文化概论》（*Sketches of My Culture*）的唱片，内含一首要求争取自由的说唱歌曲。"让我们头脑清楚，让我们不再受骗。种族是美国生活中最具爆炸性的问题，是美国社会中最难的困境。这是美国最敏感的神经。"他的说法呼应了杜波依斯的话。关于他自己，他写道："科内尔·韦斯特是一个标志。穿三件套。硬挺的衬衫。袖扣。非洲式发型。四肢抖动，头向后仰，拳头举在空中。他是衣着帅气的人，从头到脚。"[24]

这次会见过程很糟糕。萨默斯称韦斯特的唱片是"哈佛的耻辱"。韦斯特回答说，哈佛的传统"有多重阐释，我和你们一样，都是哈佛传统的一部分"。韦斯特记得当时自己怒气冲冲地走出办公室，心想：我是一个自由的、有自尊的黑人，不能容忍他那种态度。第二年，他以 1943 届宗教学校级终身教授的身份回到普林斯顿，在那里呼吸更加顺畅。他在电影《黑客帝国》的续作中扮演了一位名叫韦斯特议员的锡安长老，并因此声望不朽。他在哈佛的招牌课程"美国黑人研究导论"注册人数在 2001 年达到了 584 人，而在他离开三年后，课程注册人数下降到了 17 人。[25]

萨默斯对待韦斯特的方式似乎证实了他性格粗暴的传言，在接下来的几年里，他尽职尽责地与非裔美国人研究系主席"斯基普"·盖茨①教授保持联系。萨默斯支持盖茨的计划，借助非洲语言项目和新的非洲研究专业，将该系改造成非洲和非裔美国人研究的中心。学校聘请了五名新教员，其中包括一名语言人类学家，他是嘻哈音乐方面的专家。该中心教授九种语言：斯瓦希里语、巴马纳语、豪萨语、伊博语、基孔戈语、马拉加西语、特维语、科萨语和约鲁巴语。盖茨在 2003 年 10 月的一个黑人校友周末活动上说："我对萨默斯校长充满信心，不仅如此，我碰巧还很喜欢他。"萨默斯回答说，他之前担任财政部长和世界银行首席经济学家的经历"只是试图在和斯基普·盖茨谈判前做最不充分的准备"。在科学中心座无虚席的演讲大厅里，萨默斯接受了师生们长时间的起立鼓掌。[26]

但他与学校教师的关系仍然存在问题。2004 年夏天，萨默斯否决了系里一致通过的将终身教职授予嘻哈音乐专家玛西莲娜·摩根（Marcyliena Morgan）的决定，加速了她和丈夫、备受尊敬的社会学教授劳伦斯·D. 博博投奔斯坦福大学。博博被任命为斯坦福大学种族和民族比较研究中心的主任，摩根成为传播学终身助理教授。盖茨称他们的离职是"毁灭性的"，但表示有信心找到有才能的教授来取代他们。[27]

事实上，在 2003—2004 学年 32 个终身职位中，女性仅占 13%（相比之下，鲁登斯坦在任最后一年的比例为 36%），而在新的 22 个任命中，仅有一名女性获得终身职位。高级教员里，女性占 18%、约 81 个职位；非终身职位的初级教员中，女性占了 34%、200 多个职位。然而 2004 年 3 月，招生主任宣布录取的新生中女性

---

①　"Skip" Gates，即文学批评家、教育家小亨利·路易斯·盖茨（Henry Louis Gates, Jr.）。

首次超过男性。亚裔美国人（18.9%）、非洲裔美国人（10.3%）和拉丁裔美国人（9.5%）人数也创下了纪录。①

263   萨默斯校长无法完全不受种族和性别偏见的影响，但他以经济学家的身份应对了多元化的挑战，致力于解决他眼中的核心问题——那个时代不断加剧的收入不平等。在过去 30 年中，富人子弟和穷人子弟之间的人生前景差距明显地扩大了。在全国范围内，收入最高的四分之一的学生在高中毕业 5 年内获得文学学士学位的可能性是收入最低的四分之一的学生的六倍多。"精英高等教育中，只有 10% 的学生来自收入较低的那一半家庭，我们做得还不够。"萨默斯在 2004 年 2 月警告美国教育委员会说，"由父母经济情况带来的日益增长的不平等，从来都不是美国梦的定义。"[28]

哈佛学院的表现稍好一些：16% 的学生来自下层的家庭。但萨默斯并不满足。在他的领导下，董事会决定，收入低于 4 万美元的父母无须支付子女在哈佛大学的任何学费，收入在 4 万至 6 万美元之间的家庭只需支付 2 250 美元，而非先前的 3 500 美元。董事会，包括它的两个新成员，罗伯特·鲁宾（Robert Rubin）和前国会预算办公室主任罗伯特·丹·赖肖尔（Robert D. Reischauer，1963 届），决心更加努力，以接纳全国各地高中毕业的那些有才华但家庭经济拮据的学生。

"我们希望发出最强烈的信号，表明哈佛对所有经济背景的优秀学生都是开放的。"萨默斯对美国教育委员会表示，"很多时候，家境一般的优秀学生并不认为上大学是他们该有的选择，更不用说

---

① 在担任校长的前两年，萨默斯任命了三名女性副校长和两名女性院长，其中包括法学院的埃琳娜·卡根（Elena Kagan，法学博士，1986 届）。——原注

上常春藤盟校了。长期以来，我们的大门一直向有才华的学生敞开，而不考虑他们的经济情况，但许多学生根本不知道或不相信这一点。我们决心改变人们的认知和现实。"

　　哈佛学院甚至减免申请费，支付赴哈佛的旅费，并为书本费、冬衣费、医疗费和其他特别费用提供资金。①

264

　　①　2003—2004 年，三分之二的哈佛本科生获得了各种形式的经济资助，包括奖学金、贷款，并可获得工作机会，学校的资助总额接近 1.1 亿美元。将近一半的本科生得到了平均超过 2.4 万美元的资助。（包括学费、食宿费、医疗和学生服务费用在内的大学学费为 37 928 美元。）哈佛大学的奖学金总额为 7 300 万美元，在 2004—2005 学年间增至 8 000 万美元，比前六年增加了 49%。奖学金资助的增加使学生毕业时的平均助学贷款从 1998 年的 14 600 美元降至 2003 年的 8 800 美元。而全国毕业生平均债务接近 2 万美元。2003 年，哈佛大学设立了一个总额 1 400 万美元的校长奖学金项目，以资助公共服务领域和学术领域的优秀研究生。——原注

第十二章　未来的哈佛大学

2004 年 4 月 24 日，哈佛大学校长出席在剑桥查尔斯酒店举办的一次会议，被评论说，哈佛大学的无形权力和影响力在与华盛顿的力量作对。"他们已经放弃国家责任了，"拉里·萨默斯说，政府政策"被严重误导"，"我认为，联邦政府撤出对如此重要的科学领域的资助，这对我国极少数有能力填补这一空白的机构来说，大大加重了其道德义务，"他说，"填补这样的空白是我们这种大学最高、最好的目标。"

萨默斯校长提到的是布什政府限制向研究人类胚胎干细胞的科学家提供联邦资金的决定。这种稀有细胞如果培养得当，理论上可以发育成任何人体组织，有一天可能被植入人体，培育为健康的大脑、心脏或淋巴结。这项研究有望治疗肌肉萎缩症、糖尿病、白血病、艾滋病、卢伽雷症、帕金森症、阿尔茨海默症和脊髓损伤等。
"干细胞系是二十一世纪的一个核心工具。"萨默斯对受邀嘉宾说。但是，乔治·沃·布什（George W. Bush）认为，在实验室里培育受精卵细胞，让它长成一团包含 100 个细胞、只有铅笔尖那么大的球，然后再提取干细胞，扔掉其他细胞，这是罪孽，它表明一个人死了。

萨默斯进一步承认，对于哈佛干细胞研究所，他感觉自己"参与了一项真正意义深远的重大创造"，该研究所为私人资助，他们也是这次研讨会的发起者。在他的设想中，干细胞研究所将坐落于哈佛在奥尔斯顿占地 100 英亩的新校园中心。奥尔斯顿有汽车商店、电视台和星超市（Star Market），铁路纵横交错。来自文理学院、医学院和公共卫生学院的研究人员和教授们将在那里夜以继日地工作，解开人类细胞的奥秘。同样，商学院、政府学院、法学院和神学院的成员将协同探索新技术的伦理、社会和商业层面问题，覆盖所有基础研究。

"我们重视真理本身，但我们还因为理解真理可以对这个世界产生深远的影响，对千百万人的生活产生深远的影响，而重视真理。"在一个春日，萨默斯无畏地修改了哈佛的校规。[1]

身材高大、步履蹒跚的拉里·萨默斯计划利用生命科学的革命为人类、美国、哈佛大学、他自己、他的家人和朋友带来光明的未来。"我相信下一个硅谷……将在生物医学领域产生，在与延长人类生命、改善人类生活质量有关的技术和产品中产生。"他在 2001 年 11 月说。他认为，波士顿地区以其生命科学领域的资源和专业知识的集中程度，可与十五世纪佛罗伦萨的艺术领域相比较。资金已到位：哈佛捐赠基金在 2004 年 9 月达到 225 亿美元，并计划启动 40 亿美元的资本基金。他的计划已经结出了硕果，他与麻省理工学院成立了一个 2 亿美元的合资企业——布罗德研究所（Broad Institute），由埃里克·史·兰德（Eric S. Lander）担任所长，研究人类基因组的临床应用。微生物科学计划、系统神经科学中心、医学院 2.6 亿美元的新研究大楼的建成，以及联邦政府为非洲艾滋病计划提供的 1.07 亿美元的公共卫生学院拨款等，都促进了大变革。[2]

268

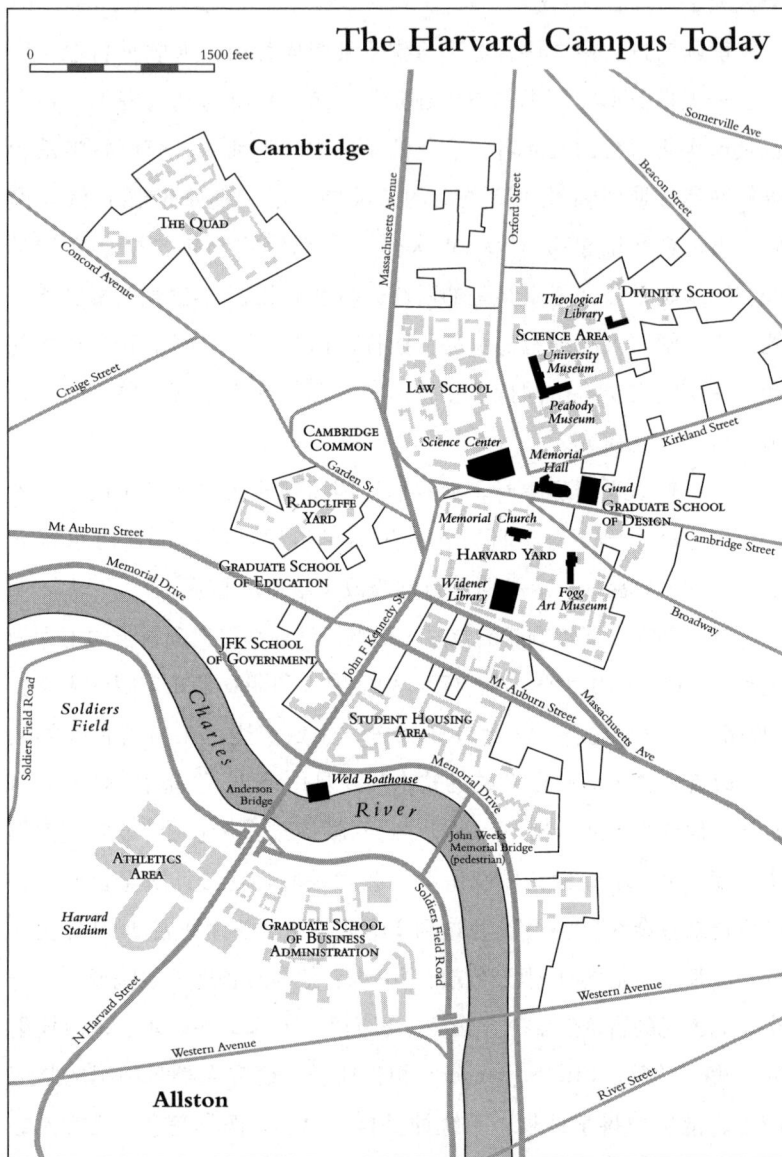

The Harvard Campus Today

今日哈佛校园

萨默斯对生命科学的兴趣是由他自己的霍奇金氏病经历所激发。霍奇金氏病是一种淋巴系统细胞的紊乱疾病，这个病在他年轻时几乎要了他的命。"大约 20 年前，我花了不少时间在哈佛最好的教学医院之一接受治疗，我一度怀疑其疗效。但最终还是痊愈了。"他在查尔斯酒店的研讨会上解释道，"疗程结束时，我问了这样一个问题：在科学发展的哪个阶段，在相关研究发展的哪个阶段，有哪些发现使我的治疗成为可能？答案是在我接受治疗之前大约 10 年或 15 年……我想，我非常幸运，这个研究项目被如此积极和迅速地推进了。"

萨默斯恰当地把哈佛大学描述为"一个权威寓于理念之中而非理念寓于权威之中的机构"。他具有哈佛大学校长职位固有的权力感。在胚胎干细胞的问题上，他的大学敢于反对国家以寻找真理。然而，这所大学是与联邦政府紧密联系在一起的。2002—2003 学年，哈佛的年度运营预算接近 25 亿美元，31% 由捐赠基金支付款项覆盖，21% 来自学生，约 17%（4.12 亿美元）来自联邦政府，这其中超过四分之三来自美国卫生与公众服务部和美国国立卫生研究院。如果大学行事与政府命令偏离太远，那将会有麻烦，但不断增长的捐款提供了一些保护。①[3]

萨默斯特别任命史蒂文 · E. 海曼（Steven E. Hyman）为副校长，他是位著名的神经学家，曾任美国国家精神卫生研究所所长。海曼 1974 年毕业于耶鲁大学，1980 年毕业于哈佛医学院。他和萨默斯一样热切，要把生物医学研究的发现转化为实际应用，并兜售

---

① 2004 年 11 月，哈佛大学的两个科研小组向该大学的干细胞研究委员会和三个机构审查委员会申请克隆人类胚胎。研究人员计划将供体细胞的细胞核植入去核的卵细胞，然后获取与供体遗传物质匹配的干细胞。这种技术被称为细胞核转移或治疗性克隆。——原注

"技术转让"，就是把大学的研究发现出售给私人公司，这是达到理想目的的最好手段。"技术转让的目标是使技术商业化，造福民众，"海曼在 2003 年 4 月对《深红报》的记者说，"对于大学和发明者来说，从专利授权中获得收益并非不合理，这些收益大部分都被用于资助更多的研究。"对于联邦政府基金资助的研究，1980 年的《拜杜法》（*Bayh-Dole Act*）已放宽其商业化限制，哈佛大学在 2003 年获得了 2 430 万美元的特许权使用费。但与预期的总收入和特许权使用费相比，这只是九牛一毛。[4]

🦢 法学院不想冒失去联邦资助的风险，已屈服于政府的压力。

在一九九〇年代，军队征兵人员拒绝签署法学院制订的不歧视承诺，其中包括性取向信息将受到保护条款，因此不得使用法学院职业服务办公室的设施。这些征兵人员是应哈佛法学院退伍军人协会的邀请来到校园的，该学生组织为他们提供了一间办公室。这在克林顿政府时期还相安无事。但 2002 年 5 月，美国空军告知大学，法学院的政策违反了 1996 年的《所罗门修正案》（*Solomon Amendment*），该修正案规定，法学院和大学如果不能为军方征兵人员提供充足的权利，政府将拒绝发放联邦资金。后来，在 2002 年 8 月，法学院院长罗伯特·C. 克拉克（Robert C. Clark）宣布，空军将不受"不歧视承诺"的约束，可以在校园里正式招募新兵。"我认为，绝大多数法学院反对任何形式的性取向歧视，"克拉克说，"但与此同时，我们大多数人不情愿地接受了这样一个现实，那就是这所大学承担不起失去联邦政府资金的损失。"[5]

萨默斯没有挑战五角大楼对《所罗门修正案》的新解释，因此受到了严厉的批评。但是一个由各法学院和学生组成的联合团体——"学术与机构权利论坛"（Academic and Institutional Rights）提起诉讼，称修正案是违宪的，新任法学院院长埃琳娜·卡根，以其教授之才能，组织其他52位哈佛法学院教授完成了一份法院临时法律顾问简报，来支持学术与机构权利论坛的诉案，该简报由玛莎·路·米诺（Martha L. Minow）教授起草。

2004年2月，政府律师在费城的一家联邦上诉法院辩称，法学院限制军队征兵人员进入校园的做法对国家安全构成了潜在威胁。律师们对法官们说："当教育机构对征兵关上大门时，他们就直接干涉了联邦政府根据宪法规定的征兵职能，从而损害了国防。"但是，上诉法院在2004年12月裁定《所罗门修正案》违宪。[6]

❧ 本科生们还在继续他们由来已久的对教学质量的抱怨。2004年4月，一位名叫卢克·史密斯（Luke Smith）的大四学生在《深红报》上抗议道："哈佛学院赋予其低劣的教育项目以名望，在给学生提供建议和教学的繁琐细节上，哈佛的神秘感却成了现实。"最好的研讨课和大课都被超额预定了。校方便着手进行一项历史性课程评估，它承诺要清除之前陈腐的历史性课程评估。饮酒被认为是学校的祸害，哈佛橄榄球赛的庆祝活动也受到了限制。

萨默斯校长和董事会的成员，包括新任财务主管詹姆斯·弗·罗滕伯格（James F. Rothenberg，1968届），计划在2004—2005学年的冬天认真考虑在河对岸建新校区的重大决定。除了生物技术中心，位于新校区的科学中心可能还包括工程中心、创新计算中心、量子科学和技术中心、系统神经科学和行为中心、系统生物学中心、化学生物学中心、微生物科学中心、环境科学中心和全球卫生中心等。2001年，萨默斯曾在他的格兰德伯格演讲（Grandberg lecture）中开玩笑说："现代大学可以被看作是一个医学综合体，里面有一些附属的其他领域的教室。"但是奥尔斯顿校区也将包含几个新的本科生宿舍和一个新的学生活动中心。事实上，不同种族、不同宗教、不同性别的学生、研究人员和教授的混合，跨院系、学科和学校的合作，将创造协同效应，取得成果，找到新的疗方，这是萨默斯和董事会的设计意图。

272

　　然而，在 2005 年 1 月，萨默斯却遭受猛烈的抨击，因为他在一次学术会议上发表言论说，性别的先天差异可能是男性获得数学和其他科学高等学位多于女性的一个因素。萨默斯后来改口说："我说错了，我说话的方式无意中给有才华的女孩和女性传达了令人气馁的信号……人类在科学领域出类拔萃的潜力，在某种程度上并不属于某一性别。"他匆忙任命拉德克利夫研究院院长福斯特发起新计划，旨在加速提高女性在科学和学术领域的地位。

　　但他这离经叛道的想法在教职工中掀起了风暴，而他先前对科内尔·韦斯特的处理和他的专制管理风格早已令教职工不安。2 月 15 日，在大学楼举行的一次气氛紧张的会议上，教授们质疑他能否继续管理大学，并要求他辞职。埃克教授对他说："校长先生，我问您一个问题，这是我勉为其难、带着尊重的态度问的。对于您是否适合领导我们的大学，已经出现了日益扩大的信任危机，您将如何应对？"还有人指责他制造了恐惧和威胁的氛围，无视他们的意见，并对他们百般侮辱。萨默斯接受了惩罚，多次道歉，并谦逊地承诺会做得更好。董事会次日公开声明支持他。①

　　"如果哈佛大学在二十世纪初的挑战是在保持其新英格兰根源的同时，成为真正的全国大学，那么我们今天要面临的挑战是根植

---

① 2006 年 6 月，劳伦斯·萨默斯辞去哈佛大学校长职务。

于美国传统的同时，成为全球大学。"萨默斯曾经这样很好地概括了哈佛的困境和吸引力。

　　这所大学能否再撑过370年还是个问题。然而，欧洲的大学已经存在了近1 000年，期间伴随着起起落落的帝国。

附：热爱学问——1877 年以来的哈佛和中国

中国教授

1877 年，哈佛大学校长埃利奥特和董事会成员决定设立一个汉语教席，并聘请中国本土学者来担任此职。然而，要找到受过良好教育的中国绅士，愿意来到美国，教远在半个大陆之外的"白鬼"学中文，十分困难且耗时。一位名叫萧德（Knight）的波士顿商人曾在中国居住，并担任过美国领事。1879 年 9 月，他终于从宁波聘请了一位名叫戈鲲化的三品官员①，任期三年。

戈鲲化大约 40 岁，此前出版过两本诗集。他曾担任重要的政府职位，包括同知之职。他不会说英语，尽管他曾教过英国和法国学生官话。富有幽默感是他最显著的特点。校方许诺他可以乘坐往返上海的头等舱，月薪 200 美元。同时，他的妻子、五个孩子、女仆人和翻译，都可以随行。1879 年 7 月 2 日，戈鲲化和他的家人乘坐格仑菲拉斯号（Glenfinlas）轮船，于 8 月下旬抵达剑桥。

　　埃利奥特校长认为，哈佛人的中文知识将使他们在中国政府部门任职时占据优势，在土木和采矿工程、铁路管理、法律事务和美国领事事务方面也有很好的机会。但是，对当时的普通哈佛学生来说，在哈佛园中选修中文课令人生畏。每天得学习五小时：两小时是老师教学，三小时在外自由练习。老师在黑板上写一个字，学生跟着他念，直到这个字牢牢地印在他的脑子里。但这样的文字有成千上万个，学习任务十分繁重。

　　威妥玛（Thomas Wade）爵士的《语言自迩集》一书，是需要深入学习的教材。但官话似乎没什么实用价值，因为在美国的大多数中国人都来自中国南方，他们讲粤语，这是一种与官话截然不同的语言，以至于戈教授自己都听不懂。但无论如何，在原定开始汉语教学的那天，申请人还是出现了，不过首次背诵课被无限期地推迟。

　　戈教授决定向在波士顿地区有兴趣的人提供中文教学。与此同时，他还与拉丁语教授乔治·M.莱恩（George M. Lane）一起学习英语，他教莱恩教授中文。

　　戈教授很喜欢他最初涉足波士顿和剑桥社会的这段日子，他总是穿一件深蓝丝绸短上衣，里面的衬衫领子缝着金色钮扣，蓝色丝绸制成的大衣下摆，缎子做的无檐便帽上绣一颗红色的丝绸钮扣，脚蹬柔软的白色过膝皮靴。一天下午，他乘马车到波士顿去，正是工人们下班的时候。"三个苦工进来坐在他旁边，"一个偶然观察到的人回忆道，"其中一个看着他惊叹地问，'哇希哇希？'②戈教授没有理他，过了一会儿，那个苦工又问了他一遍。教授于是回答

---

　　①　戈鲲化曾捐过一个五品宁波候选同知的官，并非三品。
　　②　他在学中国人说话，"哇希"原指中国人经常从事的洗衣工作，后指代中国人。

道：'先生，不要这样！在中国有两个阶级，学者和哇希，就像在美国有绅士和恶棍一样。'"

戈教授一家住在剑桥街717号的房子里。一名波士顿记者是这样描述戈夫人的：这是个身材矮小的女人，头发乌黑，前额饱满，指甲留得很长，右手腕上戴着一根弯曲的银手镯。她穿着上等的丝绸衣服，上面有独特的褶皱、光泽和弹性，这是西方制造商无法复制的。她因脚小"蹒跚而行"。大儿子被描述为"一个14岁的聪明男孩，穿着蓝色的宽大短上衣，剃光了头发，后脑勺挂着根很长的辫子"。他和弟弟身披蓝色的锦缎长袍。两个小女孩穿着绣有金色和彩色的丝绸长袍，往后梳着一头黑发，两边盘成一个圆形，用红丝带扎着。

1880年初，戈教授邀请了他所有的新朋友，在家里举办聚会庆祝中国新年。

哈佛的第一位中国学生

首位从美国耶鲁大学毕业的中国学生是一位名叫容闳的杰出青年，他出生的小村庄离葡萄牙侵占的澳门不远。基督教传教士曾教他英语，并把他送到香港的教会高中。1847年，18岁的容闳乘着一艘飞剪式帆船来到美国。他在1850年进入耶鲁大学，1854年毕业。

"我在美国接受的教育无疑扩大了我的精神世界和道德视野，并向我揭示了封闭的无知之眼永远无法看到的责任。"他后来写道，"我下定决心，让中国正在崛起的一代享有和我一样优越的教育条件。通过西方教育，中国可能会复兴，变得开明和强大。"在接下来的 18 年里，容闳游说北京朝廷派人到美国接受教育。

　　1872 年起，朝廷派出留美幼童，经费由上海海关提供，容闳担任学生监督。每年有 30 名年龄在 12 岁到 16 岁之间的幼童被派往美国，在美国的学校接受教育，专攻陆军、海军、数学和工程方面的科学，并在 15 年后返回政府部门工作。

　　第一批中国学生在 1872 年底被派遣到康涅狄格河谷的家庭寄宿，在当地学校上学，学习英语、拉丁语和希腊语，打棒球、橄榄球和曲棍球。这些男孩大多来自中国南方，出身贫寒，因为特权阶层的成员对离开"中央王国"不感兴趣。男孩们定期在肄业局的哈特福德办公室相聚，接受中文和儒家经典的特殊教育，以确保他们不会"因外国知识而隔绝"。1874 年秋，他们中有几个人进入了耶鲁。耶鲁在 1876 年的毕业典礼上授予容闳荣誉学位。

　　1880 年 9 月，1873 年出洋幼童肄业局派来的男孩中的一位——丁崇吉，来到哈佛校园，成为哈佛的第一个中国学生。丁崇吉曾就读于马萨诸塞州霍利奥克的一所高中，以全班第三名的成绩毕业。

　　但这个教育使团陷入了混乱。容闳决定让这些孩子少花点时间学习中文，多接受西方教育，这一决定让代表团的保守派成员感到震惊，其中包括最高级别的专员，他向北京报告了容闳的异端邪说。而许多男孩丢弃了他们的长袍，剪掉了他们的长辫，改信基督教，并与美国女孩约会。容闳自己也娶了美国女子。此外，美国总统继续禁止中国学生进入西点军校和海军学院，反华运动也在不断发展，尤其是在加利福尼亚州，那里有成千上万说粤语的劳工住在贫民区。政客们呼吁停止中国移民。清廷后来突然取消了这个使团，召回了所有的学生。那是 1881 年的夏天。

　　在回到中国之前，丁崇吉完成了大一的学业。戈教授对此深感悲痛，却一直坚持教书直到 1882 年 2 月初因肺炎病倒才停止。当埃利奥特校长来看他时，戈教授挣扎着从床上爬起来，解释他因病而错过了教学时间，但是和蔼的埃利奥特告诉他不要担心，要好好休息，早日康复。

1882 年 2 月 10 日，《深红报》刊登了两名中国学生的故事。这两名中国学生住在马萨诸塞州的北安普顿，最近回到上海，却在当地遭到拘留和虐待。地方官员携款潜逃。他们的亲戚嘲笑他们是"洋鬼子"。其中一名学生写道："我希望能回到亲爱的、博爱的新英格兰，那里的老师比母亲慈爱，朋友比姐妹亲切，同学比兄弟友善。"

一周后，戈教授去世了。在哈佛大学阿普尔顿小教堂里，他的灵柩上放着一顶褐色毛皮的中国官员帽，周围环绕着一圈彩色珠子。埃利奥特校长说："他是一位异教徒绅士，却教会许多基督徒如何有价值地生活和忍耐痛苦。"

他的遗体经防腐处理后被运回了中国。埃利奥特和其他一些人建立了慈善基金，每年付给他们家 300 美元，直到孩子们长大成人、接受教育。"如果您同情这些孤苦无告、活在悲惨境地中但仍然保持生活趣味的陌生人，希望缓解他们突然失去生活来源、衣食无着的拮据状态，都可以向该基金捐款。"恳求信中这样写道。

不久后，同年，时任美国总统的切斯特·艾·阿瑟（Chester A. Arthur）签署了首部排华法案，禁止除了商人、教师、学生及其仆人外的大多数中国人进入美国。

在接下来的 20 年里，只有两名中国学生被哈佛大学录取。陈联祥 1868 年出生于广州，在赫蒙山高中接受教育，1892 年进入哈佛大学劳伦斯科学学院，1897 年毕业，获得理学学士学位，是哈佛大学首位华裔毕业生。他回到广州，在公立高中教化学、地理、世界历史和英语，后来在香港的一家化学实验室工作。

另一位是陈文杰（音），1872 年出生于广州，1898 年进入哈佛的劳伦斯科学学院，一年后离开学校，在美国移民局做翻译，后成为茶商，在曼哈顿百老汇 2525 号开了一家餐馆。1904 年 12 月 24 日，他在新泽西州的纽瓦克与葆拉·亚当斯（Paula Adams）结婚。

首位长期在中国海关工作的毕业生丁崇吉，1920 年向哈佛捐赠基金捐献了 1 000 美元。

中国主动求变

1901 年，数次被西方帝国主义和日本帝国主义打败后，慈禧太后和北京的帝制政府在 20 年后几乎发生了完全的逆转，宣布新政策将采用"以西方之强，补中华之不足"，允许寻求现代教育的中国年轻人去日本、美国和其他国家留学。1905 年，以古典文献知识为基础的科举制度被废除。

1906 年 7 月，44 名中国青年，作为一个新的留学生团，来到剑桥参加哈佛的暑期学校，接受英语、德语和法语的特别教育。他们住在私人住宅里，在纪念堂用餐，9 月份入学，分散在几所学院和技术学校里。15 名学生留在了哈佛。

"这些中国来的年轻人，无疑都是精心挑选出来的，获得了良好支持，有足够的时间在国外获得全面培训，他们充满雄心要为国效力，因而成为令人瞩目和钦佩的团体，他们的学习进展和前途命运在未来几年将得到哈佛大学教授的热切关注。"埃利奥特校长说。1909 年，已在任 40 年的他即将退休。

1907 年，天津北洋大学的教育项目主任查尔斯·丹·坦尼（Charles D. Tenney）参加了哈佛联合会为帮助中国饥民举办的义演活动，共筹集了 146.05 美元。坦尼说，大约有 400 万人居住在约 4 万平方英里的土地上，他们靠树皮和水煮树根为生。学生们表演了由马岱君（1909 届）创作的两幕短剧《一间中国学校》（*A Chinese School*），其中包含了民族乐器演奏、唱歌、踢毽子。

哈佛中国学生俱乐部于 1908 年 10 月 24 日举行了第一次会议。当时有 31 名成员。俱乐部每隔几周就会在会员的房间里开会，宣读论文，进行非正式辩论。

朝廷已同意从各种关税和盐税中支付 4.5 亿两白银的赔款，以赔偿因支持义和团运动而致的错误。义和团运动是 1899 年由一群崇尚强身健体的信徒发起的反对外国人的起义。1908 年，西奥多·罗斯福总统（1880 届）批准减免中国应支付给美国的约 1 200 万美元庚子赔款，以设立中国留美学生教育基金。

为了给哈佛和其他大学输送一批合格的年轻学者，北京西山附近的郊区建立了一所名为清华学堂的留美预备学校。中国政府成立了游美学务处来管理这个项目。1909 年，首届庚子赔款奖学金考试在北京举行。

中国学者选择哈佛

20 岁的张福运在 1910 年 7 月参加了考试，是 72 名符合奖学金资格的学生之一。他来自山东省一个中产家庭，曾在教会学校学习英语。在清华学堂，他的英语老师，一位韦尔斯利学院的毕业生，建议他去耶鲁，她有一位表亲在那当教授，但是张福运一位毕业于康奈尔大学的化学老师建议他说："如果你想成为橄榄球运动员，那就去耶鲁。想成为学者，就去哈佛吧。"他选择了哈佛。

在启程前往美国之前，张福运与中国政府签署了保证书，由两名省级官员共同签名，承诺在美国停留不超过 7 年，并在回国后为政府效力。但他可以去他喜欢的任何大学，学任何专业。在美国留学局朋友的建议下，他穿了一套上海裁缝定制的西装，带着要复习的经典著作，剪掉了长辫。

1911 年 9 月，张福运和他的同学吴康来到波士顿。第二天早上，他们乘地铁去了哈佛广场。"到了之后，我们直接去大学楼找哈佛学院的秘书，"张回忆说，"没有准备，没有介绍信，没有任何正式文件来证明我们是谁。我们告诉他们我们是（清华）赔款奖学金得主，他们都毫不怀疑。"因为掌握一门古代语言，即古代汉语，张福运直接被分到了大二的班上。他们每月领取中国驻华盛顿大使馆留学生管理处发放的 80 美元津贴。

"在哈佛，人人都得给自己找到救赎——你要么淹死，要么学会游泳，"张福运回忆说，"而我知道自己想学什么。"

他的抱负是在中国建立一家西式银行，打破外国对银行系统的控制。但后来，他在政治学课上了解了美国宪法，了解了马歇尔大法官和司法审查，便决定要当名法官。他说："有了成文的宪法后，就必须得有机构来裁决审判是否违宪。我想当法官，来做这件事。"

中国的情况变化很快。慈禧太后死于 1908 年，1911 年满清贵胄被赶出北京。孙中山被选为新成立的共和政府临时总统，但很快军事领袖袁世凯接管了政权。军阀统治着中国的大部分地区。然而，张福运每月的津贴并未断绝。他学习了英语、政治学、经济学、国际法、数学和德语，并为进入法学院做准备。他是国际俱乐部和中国留学生俱乐部的成员。毕业于 1915 年。

中国品格

哈佛大学拉德克利夫学院的首批中国学生于 1915 年入学。胡周淑安获得了清华学堂的奖学金，之后在马萨诸塞州的布拉德福德学院准备了一年，被评为"优秀学生"，"有独特的精神面貌，而在对人生的道德和精神态度上，她远远优于我认识的大多数年轻女性"。她专注于学习德语。

另一位是来自上海的牛惠珠。她的父亲牛尚周是 1872 年被幼童出洋肄业局派往新英格兰的 30 名男孩之一。牛尚周此前住在马萨诸塞州斯普林菲尔德的美国家庭中，后来在新罕布什尔州埃克塞特的菲利普斯学院学习，直到 1881 年被迫回国。他的英语知识为他在上海的江南制造局谋得一个职位，让他得以将四个孩子送到国外接受教育。1907 年，他把 10 岁的惠珠送到波士顿，由格雷斯·霍尔布鲁克（Grace Holbrook）夫人监护。惠珠在弥尔顿学院读了两年，之后去了北剑桥女子学校，最后到拉德克利夫学院。她父亲想让她成为一名教师。

惠珠的表兄宋子文也在哈佛大学，其胞妹宋美龄就读于韦尔斯利学院。但是惠珠的父亲警告她不要和她的表兄来往，提醒她宋家支持孙中山，而牛家支持袁世凯。他写道："因此，你必须非常小心，如果你和宋家有任何关系，那会毁掉你父亲的职业生涯，我会丢掉船厂的工作。"他说，"如果我或我的家人跟反叛分子有关系，人们会说我们也是反叛分子。"随后宋美龄的姐姐宋庆龄，在 1915年 10 月嫁给了孙中山。

宋子文是"翻转俱乐部"（Flip-Flap Club）的成员，这是一个旨在社交的校际社团，张福运认为它很不严肃。"我们哈佛、康奈尔和麻省理工学院的人对加入这一阵营不感兴趣，"他在接受采访时表示，"他们大多来自耶鲁。"

后来，张福运成为中国留学生联盟的主席，宋子文是《中国留学生月刊》的编辑。毕业后，宋子文花了一年时间在纽约学习银行和金融知识，此后便与孙中山在上海会合，协助组建了国民政府的银行系统。1917 年，张福运毕业于哈佛法学院，成为法学院首位中国毕业生。

"我在剑桥待了 7 年。在学生时代，我必须努力工作，生活也很艰难，因为我必须找到自己的救赎，而不是寻求同情或怜悯。然而，哈佛给了我一颗自由的心，教会我要自由，要人道，要为增进人类福祉而努力。"回到中国后，张福运加入了外交部，并于 1923 年被任命为北京交通大学校长。

牛惠珠 1918 年毕业于拉德克利夫学院，胡周淑安 1919 年毕业于纽约大学。两人都在美国嫁给了中国男子，然后回到了中国。

1918 年，有 64 名中国人在哈佛大学注册。"来自中国的留学生人数是其他国家的两倍多。有 25 名来自加拿大，21 名来自日本，其他国家来的不超过 7 名。"哈佛新任校长劳伦斯·洛厄尔在给北京的哈佛华北俱乐部主席的一封信中写道。本科院里有 6 名中国人，文理研究生院有 20 名，工程与矿业学院有 21 名。

1918 年竺可桢获得气象学博士学位。来自上海的竺可桢①将为理解台风和季风做出开创性的贡献。开创性的著作《中国近五千年气候变化的初步研究》结合了他对气候变化的原创性研究，至今仍是经典。

---

① 竺可桢实际上是浙江绍兴人。

开拓中国研究

1921 年，也就是戈鲲化去世 40 年后，哈佛大学终于再次聘得一位中文教师，他是来自天津的赵元任。赵元任在 1910 年的庚子赔款考试中名列第二，1914 年毕业于康奈尔大学数学专业，1918 年获得哈佛大学哲学博士学位。他曾任教于清华大学，并在伯特兰·罗素的中国巡回演讲中担任翻译。1922 年，赵元任在上海出版了《爱丽丝梦游仙境》的白话文译本。

赵元任有自己独特的汉语教学方法，他先让自己的三名哈佛学生学习口语——它以北京话为标准——然后再学习书面语。他自己编写了教材。1924 年，他离开哈佛前往欧洲，追逐自己在语言学、音韵学和音乐方面的兴趣。回到中国后，他协助创建了汉语的罗马拼音系统，即用拉丁字母书写汉语。1928 年，中国政府采纳这套系统作为官方音标。

1924 年，下一任中文导师梅光迪因上海周边军阀派系的战争而未能出席大学开学典礼。梅光迪当时遇到了困难，因为他无法兑现从哈佛寄来的汇票来支付去美国的旅费。他在 11 月初才来到剑桥。他是反对以赵元任为代表的白话文运动的古典主义者。①

梅光迪扩大了中文课程，开设了一堂为期三年的语言课，并提供文学和哲学课程。

1928 年，哈佛燕京学社的建立迈出了巨大的一步，这要归功于

---

① 梅光迪经由赵元任推荐，来到哈佛任教。梅光迪实际上不反对白话文，反对的是主张废除文言文的白话文运动。

铝业大亨查尔斯·马·霍尔（Charles M. Hall）捐赠的 650 万美元，他努力促进亚洲和巴尔干各国，还有土耳其的高等教育。哈佛大学和位于北京的燕京大学（一所教会学校）同意共同开拓中国研究新领域，并与中国其他五所教会大学——山东齐鲁大学、福建协和大学、华西协和大学、岭南大学和金陵大学——共享成果。

它们的共同任务是"在美国兴趣和批判方法的刺激下，鼓励在中国的东方学研究"。该研究所将提供"中国文化领域的研究、指导和出版设施"。哈佛大学商学院院长华莱士·布·多纳姆（Wallace B. Donham）和燕京大学校长司徒雷登（J. Leighton Stuart）在该项目的发展中发挥了关键作用。

司徒雷登预测，新研究所将成为"巩固美中友谊的重要因素，这对整个环太平洋地区的政治未来至关重要"。教员们的交流几乎立即就开始了。1929 年春，燕京大学的洪业教授开设了哈佛大学首门中国史概论课"中国 24：中国历史研究入门"。

燕京学堂位于哈佛校园博伊尔斯顿楼地下室。在裘开明先生的指导下，文学院图书馆的藏书从 1928 年的 4 526 册中文书、1668 册日文书，增至 1932 年的约 8 万册中文书和 4 200 册日文书。

中国政治

宋子文被任命为南京国民政府的财政部长。他的妹妹宋美龄嫁给了国民党主席蒋介石，蒋介石抛弃了他此前的妻妾，改信基督教。宋子文的弟弟宋子安 1928 年也毕业于哈佛大学。

宋子文与外国重新谈判并改订了先前的不平等条约，调整外债，并引进了新的税收制度。他任命自己在哈佛的朋友张福运为国

家海关总署署长，负责在不影响业务的情况下，从外国人手中夺回
中国海关的控制权。新的指导方针侧重于提拔优秀的中国人担任高
层管理职位，并实现工资和福利平等，但西方列强拒绝放弃确保其
优越地位的"治外法权"特权。

在地球的另一端，1930 年 2 月，哈佛大学的辩手们在废除治外
法权的问题上与一支中国辩论队争论。1929 年毕业于哈佛大学的中
国代表队队员维克多·K. 邝（Victor K. Kwong）说，美国人不明白
中国人是文明的民族。

"中国人不全是洗衣工和餐馆老板，也有更高层次的人、受过
教育的人。不管西方国家愿不愿意，中国都要废除治外法权。治外
法权废除后，中国不会变得更加混乱，相反，外国的干涉才是暴动
频发的原因之一。"而哈佛人举了很多例子，对中国能否自治表示
怀疑。中国选手以三比一赢得了比赛。

1931 年 9 月，日军内部的极端分子在沈阳制造了"事变"，为
日军占领"满洲"酝酿借口。中国的爱国主义反应迅速，成为新的
民族精神。哈佛大学中国留学生俱乐部发布了一本小册子，上面写
道："日本暴行在中国东北造成了巨大破坏……'满洲'危机需要
全世界的密切关注。"

俱乐部成员协助中国国防联盟（Chinese National Defense
League）筹集资金，为中国购买了 2 000 架飞机。"如果在东京投下
炸弹，我们的目标就能实现，因为日本的房子都是木制的，很容易
着火。"俱乐部秘书 C. C. 梁说。但日本人很快在"满洲"建立了
傀儡政权，并将其改名为"满洲国"，溥仪这位最后的满清贵族可
悲地当了傀儡皇帝，随后日本军队侵略了上海的部分地区。

1931 年至 1932 年，有 40 名中国学生在哈佛大学注册入学，其
中 23 人在文理研究生院，其余的人在哈佛学院和工程、商业、法

律、建筑、公共卫生、风景园林和城市规划学院就读。

学习中文

1934 年 9 月，多切斯特的奖学金生西奥多·哈·怀特（Theodore H. White，后取中文名白修德）进入哈佛大学，在大一结束时，他决定专攻中国历史和语言。在一些中国研究领域的教育工作者中盛行的理论是，本科生或年轻人掌握不了中文，须靠强力死记硬背才能学会那成千上万的表意文字，但白修德此前已能熟练阅读拉丁语、德语、法语，并能流利说希伯来语和意第绪语（以及英语），便很想一试。他的"中文 1"老师总想给他挂科，以证明那个盛行的观点，但白修德因为担心失去奖学金，每天学习到凌晨两三点，迫使他牢牢记住了这些汉字。

他在自己的回忆录中写道："在博伊尔斯顿楼的那些日子里，每一个汉字都是靠记忆力牢牢记住的，就像一磅重的钉子钉进木板一样。"班上的其他同学——三名研究生在教授越来越大的压力下开始萎靡不振，但白修德坚持下来了，教授最后给了他一个 A。然而，当白修德最终来到上海和北平的街头时，却证明了他辛辛苦苦的学习，毫无用武之地！

一九三〇年代的哈佛汉学是"充满象形文字和师徒秘传的学科"，40 年后，白修德回忆说："要学习汉语，首先要有法语资格，因为东方学几乎被视为法国文化的一个分支……老师从来不告诉我们，几乎所有的汉字都有音符，音符代表发音，而意符表示字义……哈佛那时是最好的学校，而如今看来，这却是一出学术喜剧。"

在三年级时，白修德被指派了新导师费正清，后者刚刚结束在中国的四年旅居生活，热切地想让人了解那里的情况，并认为研究中国历史和文化十分重要。费正清来自南达科他州，是个高个子，有着一头浅棕色的头发，1929 年以最优等的成绩从哈佛大学毕业，并获罗德奖学金在牛津大学待了一年。他把 1934—1935 年毛泽东的长征视为划时代事件，这是白修德在剑桥认识的唯一一持这种观点的人。此外，费正清希望用中文来加深对中国及其文化和政治的直接了解，而不是借用甚至滥用其他外语来做研究。

费正清去了中国

费正清特别感兴趣的是中国海关总税务司，该机构由清政府建立于 1854 年，负责在中国港口征收关税，但其工作人员中却有英国人和其他外国人。1929 年在牛津，他遇到了哈佛校友马士（Hosea Ballou Morse，1874 届）。马士在中国海关工作了 35 年，退休后出版了研究清朝对外关系的三卷本著作。费正清从英国来到中国，希望成为首个仔细研究中国有关"蛮族事务"管理文件《筹办夷务始末》的西方学者。

但他首先必须学习中文。

费正清在北平东部一条尘土飞扬的胡同里安顿下来，开始深入学习中文，从裴德士（William Bacon Pettus）博士在华文学校（College of Chinese Studies）教授的北京方言四声开始。每天早晨，费正清穿着中式蓝棉袍，抵抗着冬日的寒意，回到书房，在中文老师的帮助下，四周围绕着中文课本和汉字卡片，攻克这门难学的语言。他在老北平的大街上和市场上闲逛时，练就了基本的交谈技巧。

费正清与具有现代思想的中国学者交上了朋友。一天晚上，他和北京大学校长胡适、社会研究所所长陶孟和、中国地质调查所所长丁文江一起在东兴楼餐厅用餐。在给家里写信时，他写道："身边有'当代伏尔泰'胡适给我夹竹笋和鸭肝，大家都很友好，这让我很惊讶。我不明白为什么要给人夹菜，但我没有反对，在中国传统酒的帮助下，我觉得自己可以畅所欲言，告诉他们一切事情。"

新婚不久，费正清参观了东南海岸的通商口岸，在那里他研究了美国和英国领事官员们发黄的账目。他的妻子费慰梅（婚前名维尔玛·坎农，Wilma Cannon），是拉德克利夫学院 1931 年的毕业生，是艺术史专家，研究佛教石窟寺庙、古代石墓雕刻、青铜器。他们与梁思成、林徽因是好朋友，并和他们一样对中国古代建筑充满热情。在北平，他们与其他美国学者——欧文·拉铁摩尔（Owen Lattimore）、韦慕庭（Martin Wilbur）、卜德（Derk Bodde）、席克门（Larry Sickman）、宾板桥（Woodbridge Bingham）、哈罗德·艾萨克（Harold Isaacs），以及年资较浅的外交官员约翰·戴维斯（John Patton Davies）、柯乐博（Edmund Clubb）和谢伟思（John Service）等——打成一片。

由于资金不足，费正清在北平西山附近的清华大学找了一份教授欧洲历史的工作。日本军队此时已占领热河省，并渗透到长城以南。他写道："1935 年底，北平上空弥漫着日本即将入侵的气息。狡猾的日本军队正在进行精神骚扰活动。一个小个子军官带领一队人，骑着高壮长腿的马，大摇大摆地走过我们的胡同。"

日本人对这些大学施加压力，认为它们是颠覆思想和不满情绪的中心。费正清无助地看着清华大学打包书籍和设备，准备将其教师和图书馆迁到华南的自由空气中。

1935 年的圣诞节，费正清和费蔚梅向北平告别，他们在中国的
朋友命运悬而未决，这使他们在感到松了口气的同时，又觉得十分
内疚。他带了完整一套《筹办夷务始末》，在接下来的 20 年里，他
一直致力于这项工作。

哈佛大学 300 周年

1936 年 8 月，费正清一家搬进了温斯罗普街 41 号的黄色房子
里，据他估计，这里离怀德纳图书馆约有 200 码（约 183 米）远，
这样费正清四分钟内就可以坐在书堆中的办公桌前了。他渴望获得
学术地位，建立自己的学术地盘。他对中国文人仕女、古代学术传
统怀有沉重的责任感。

1936 年 9 月，哈佛大学举行了 300 周年校庆，纪念这间学校在
1636 年由马萨诸塞湾殖民地大议会批准成立。来自世界各地的大学
代表齐聚一堂。中国白话文运动的领军人物胡适被授予荣誉博士学
位。"他是中国的哲学家、历史学家，继承了古老文明的成熟智
慧，以勇气和理解精神引领新时代。"颁奖词如此写道。

胡适接受的是古老的儒家教育。1911 年，他获得了庚子赔款奖
学金，先后就读于康奈尔大学和哥伦比亚大学。在纽约市的哥伦比
亚大学，受实用主义哲学家约翰·杜威（John Dewey）的影响，胡
适认识到，使用文言文阻碍了中国新思想的发展，而掌握文言文之
艰难，可以解释为什么中国文盲如此普遍。

回到中国后，他成为新文化运动的领袖。他的白话文作品的
出版和他对新文学形式的推广掀起了一场革命，为数亿中国人打
开了阅读的大门。正如费正清所说，因为胡适，"经典的暴政被

打破了”。

矗立在怀德纳图书馆和博伊尔斯顿楼之间的巨大的中国龙石碑是中国校友为纪念哈佛 300 周年校庆送的礼物。赑屃背上这尊雕刻精美的大理石碑重 20 多吨，来历可追溯到 1800 年左右的清朝。1909 年本科毕业生刘瑞恒博士和 1918 年毕业生施祖贤联合了 1 000 多名中国校友为这项壮举做出了贡献。国民政府总统蒋介石亲自批准了此事。

1913 年博士毕业的刘瑞恒是哈佛医学院首位中国毕业生。他是一名外科医生，为孙中山和其他知名人士做过手术，曾任国民政府卫生部首任部长，是哈佛南京俱乐部主席。施祖贤是一位银行家，曾任上海哈佛俱乐部主席。

纪念碑上以中英双语写着：

文化为国家之命脉。国家之所以兴也繇于文化。而文化之所以盛也实繇于学。深识远见之士，知立国之本必亟以兴学为先。

创始也艰，自是光大而扩充之，而其文化之宏，往往收效于数百年间而勿替。是说也，征之于美国哈佛大学滋益信矣！

哈佛·约翰先生于三百年前，由英之美，讲学于波士顿市。嗣在剑桥建设大学，即以哈佛名之。规制崇闳，学科美备，因而人才辈出，为世界有名之学府。与美国之国运争荣。哈佛先生之深识远见，其有造于国家之文化也大矣！

我国为东方文化古国，然世运推移，日新月异，志学之士复负笈海外，以求深造。近三十年来，就学于哈佛，学成归国服务于国家社会者，先后几达千人。可云极盛。

今届母校成立三百年纪念之期，同人等感念沾溉启迪之功，不能无所表献。自兹以往，当见两国文化愈益沟通，必更光大扩充之，使国家之兴盛得随学问之进境以增隆。斯则同人等之所馨香以祝，而永永纪念不忘者尔。

西历一九三六年九月哈佛中国留学生全体同人敬立

战鼓声起

东方传来令人不安的消息。1936 年 11 月，日本加入纳粹和意大利法西斯的行列，签署《反共产国际公约》，促进了他们的共同议程。

1937 年春季，费正清在哈佛大学开设了他第一门讲座课，名为"自 1793 年以来的远东历史"，课程编号"历史 83b"。白修德回忆说："他讽刺、刻薄、外科手术般地将神话从事实中剥离出来，把傅满洲博士和《阎将军的苦茶》①与中国的真实情况区分开。"第二年，白修德以记者而非学者的身份，获得哈佛燕京学社的奖学金前往中国。离开剑桥时，他带着封用白色硬质的哈佛信纸所写的信，上面有校长詹姆斯·科南特的亲笔签名，向全世界推荐哈佛人白修德。费正清送了他一台二手打字机。

费正清开创性地使用了地图、幻灯片和其他视觉辅助工具，为其讲座增添趣味，他的课立刻受到欢迎，吸引了 43 名学生。"我是新面孔，讲着一个活跃却备受忽视的话题。"他谦虚地谈到自己早期的成功，"由于战争使中国成为新闻热点，人们可以援引国家利

---

①　《阎将军的苦茶》（*The Bitter Tea of General Yen*）是一部 1933 年的好莱坞电影，由法兰克·卡普拉执导，表现了西方人想象中旧中国的落后和野蛮，遭到当时的国民政府抗议。

益，作为有必要了解东亚的理由。"1937 年 7 月 7 日，日本侵略军在卢沟桥发动"七七事变"，日本开始再次入侵亚洲大陆。

费正清远隔大洋，眼巴巴看着中国的大学被摧毁。在清华，日本人捣毁了实验室，把体育馆改作马厩。日本特警在北大地下室设立了审讯中心。10 月，山东大学停课。12 月，位于南京的国立中央大学因日军包围和轰炸而关闭。

学生和教授们成群结队地从北平步行约 2 000 英里（约 3 218 公里），到了西南部的昆明，那里的课堂是露天的。哈佛燕京学社的图书馆馆长裘开明走访了战火纷飞的地区，从私人藏家那里收购稀有书籍。这些收藏家正在躲避日本的炸弹，它们由美国出产的废铁制成，从美国公司提供燃料的飞机上投下。在剑桥，哈佛大学的主事者们同意承担由于中国汇款无法抵达而需要经济资助的中国学生的费用。

美国奉行不介入政策。到了 1938 年底，北平和南京都出现了傀儡政府。国民政府已经转移到重庆，长江的峡谷使日本坦克和地面部队难以到达。

第二年年初，费正清宣布了一项为处于昆明的国立西南联大筹集课本的活动。他说："我们现在有机会从事国际学术事业，反对侵略者暴虐的帝国主义。"哈佛大学运送来 1 000 本书和 4 800 种期刊。

白修德于 1939 年 4 月来到重庆。5 月 4 日的满月之夜，他经历了一次可怕的日本空袭，这场空袭造成 4 000 人死亡，创下了当时的记录。"天上有 27 架日本飞机，从这架飞机翼尖到另一架飞机的翼尖，排成一条直线，横越苍穹。"他在给身在剑桥的汉福德（Hanford）院长的信中这样写道，白修德在死亡和大破坏中找到了自己的声音，"空袭让成千上万的人在恐慌中逃离，成千上万的家庭被大火一个街区接一个街区地吞噬。无数的声音：女人尖叫，婴儿哭泣，火焰咆哮，水泼在燃烧着的木材上面噼啪噼啪，周围的墙壁坍塌，街道上有人恸哭，最可怕的是燃烧的身体从窗户或从房顶跳下的'砰'的一声……那是吹进你卧室的尸块、被抛到树上的尸块，四肢和五脏六腑，散落在大街上。"

费正清为政府效力

1941 年 8 月，费正清开始休假，搬到华盛顿，在信息协调员办公室研究与分析处的远东部门谋得一份工作。他回忆道："当然，我是资历很浅的讲师，只发表过几篇文章，但我代表了利用中文和日文资料研究中国和日本的理念。"他把了解政府机构中每一位与中国事务有关的工作人员当作自己的工作，并分发重要信息，包括地图、历史研究、经济报告和报纸文章等。

一个星期天，他和妻子费慰梅在胡适的官邸与其共进午餐——这座富丽堂皇的官邸位于一座草坪宽广、树木繁盛的山上，胡适现在已是中华民国驻美国大使。隔天，费正清见了蒋介石派往华盛顿的私人特使宋子文。宋子文当时正在寻找飞机来保护中国首都重庆不受日本轰炸。

富兰克林·罗斯福总统——哈佛大学 1903 年毕业生——赞成宋子文的想法，他还发布了一项行政命令，允许预备役军官转到新成立的美国志愿队（American Volunteer Group），雇佣兵飞行员在原美国陆军航空兵团（United States Army Air Corps）上校克莱尔·陈纳德（Claire Chennault）的指挥下飞往中国。宋子文建立了中国国防供应公司（China Defense Supplies），在华盛顿开设了办公室，负责管理美国援华租借物资。

珍珠港事件后，战略情报局的多诺万上校派遣费正清作为该局的外勤代表，前往重庆收集日军文件和出版物作为情报，这其中并无秘密行动。费正清还为美国国会图书馆收集中国的书籍和出版物。作为美国大使馆美国出版物处的负责人，他还将美国的科学和文化出版物以缩微胶卷的形式分发到中国。

这一次，他借道南美和非洲飞赴中国，飞机最终越过喜马拉雅山脉的缅甸"驼峰"，降落至昆明，在那里他找到了清华大学的朋友们，"那些从美国回来进入中国学术界的优秀学生"穿得破烂不堪，在身体和精神上都处于饥饿状态。他震惊于这种困境，便把尽其所能帮助他们生存作为他个人在战争中的目标。他主张美国通过学术交流和奖学金更多地参与到文化和知识领域中来。

在重庆，费正清会见了宋子文及其姐妹，即蒋介石的夫人和孙中山的遗孀。孙夫人是人道主义者，同情左派，她被认为是国民党政权的威胁，因而遭到软禁。新任外交部长宋子文巧妙地发展了与美国的关系，通过谈判获得巨额贷款以努力维持抗战。

费正清在当地的中国共产党那里寻找日本的文件和出版物，在抗日民族统一战线时期，共产党总部位于嘉陵江上一个摇摇欲坠的悬崖边的小巷中，居住着"代表弱者的孤立群体"，其中有英语说得很好的燕京和清华学生。费正清遇见了周恩来，他后来回忆道："这位英俊的、眼睛乌黑的贵族，与劳苦大众站在一起，少见的聪明，直觉敏锐，他为集体主义服务。周恩来的魅力立刻打动了我。"周恩来出生在一个富裕的官宦家庭，曾在天津的南开学校接受教育，并在日本和欧洲求学。

共产党已经为九千万中国农民提供了指导和组织，深入农村生活，而国民党的广大地区却饱受饥荒和忽视。在北方的共产党军队坚定地抵抗日本侵略者时，蒋介石却阻止了他的军队，甚至用它们来对付共产党人。

1943年8月，费正清在他的日记中写道，中国国民党是由"少数人组成的薄之又薄的表皮，却在维护现代化生活的整体肌理"。蒋介石的政权是"原始法西斯主义"，这个小小的政治集团攫取了所有的权力，使用审查、暗杀和折磨的手段。"它在情感上不能信任群众，而且也因为效率太低，无法在实际中帮助大多数人。"

费正清认识到一种古老的中国政治现象的运作，那便是天命的流转：旧王朝灭亡，新王朝诞生。然而，他的理解与民族主义宣传机器提供给西方的乐观图景存在冲突。1943年底，他回到华盛顿，领导战争情报局的中国部门。

在剑桥，曾于一九二〇年代在哈佛教授中文的语言学家和作曲家赵元任，再次回到哈佛园，负责陆军中文项目。准备在东亚服役的男女青年接受了8个月的口语强化训练，然后被送去战区。每天有6个小时的课，晚上有"社交"语言练习。每次有多达百名学生。

赵元任雇了6名助理，其中包括他的大女儿、二女儿以及2名来自麻省理工学院的男生，两人后来成了他的女婿。在这门课的基础上，赵写了《粤语入门》（1947年）和《国语入门》（1956年）。他的女儿赵如兰（后冠夫姓为"卞赵如兰"）1944年毕业于拉德克利夫学院，成为哈佛大学首批女教授之一。她是一位民族音乐专家和中国语言文学学者。

毕业于清华大学的湖北省①学生杨联陞也在赵元任的语言课程中提供了帮助。他们合作编写了《国语字典》，由哈佛大学出版社

① 应为河北省。

出版于 1947 年。杨联陞在哈佛大学获得了硕士和博士学位，并于 1947 年成为中国历史助理教授，是东亚语言系首位全职中国历史学家。杨联陞在 1980 年退休，一直是哈佛备受尊敬的教授。

宋子文于 1944 年 12 月出任国民政府行政院院长，1945 年 4 月至 5 月在旧金山代表中国参加了商议成立联合国的谈判。中国加入了美国、苏联、英国和法国的行列，成为拥有否决权的安理会常任理事国。张福运是代表团成员之一，代表中国参加其法律和经济委员会。

然而，随着日本侵略者失败后遭驱逐，共产党和国民党之间脆弱的联盟开始瓦解。中国共产党组建联合政府的意愿被拒绝。美国继续以金钱和武器赞助蒋介石的国民政府，并支持国民党军队在中国北方与共产党作战。

费正清认为阻止极左革命的唯一希望是支持一个自由主义中心，但蒋介石政府却逮捕并折磨学生和知识分子。

回到哈佛校园

1946 年秋天，哈佛校园里挤满了来自 47 个州、哥伦比亚特区、3 个美国领地和其他 52 个国家的学生。该校共有 322 名登记在册的外国学生，其中中国学生最多，有 78 名，加拿大学生 56 名，危地马拉学生 12 名。那些在最危险的时期离开象牙塔为国家服务的教授们回来了。

1947 年 1 月，杜鲁门总统做出了历史性的决定，将美国军队从中国撤出，让中国人民自行解决问题，这让费正清教授感到舒心。但美国政府继续向蒋介石提供经济援助。宋子文经手了数十亿美元，其中一些钱到达了与共产党作战的部队。据教授们说，宋子文被认为是世界上最富有的人之一，而在中国，有一官半职就意味着大发其财。

1947—1948 学年，作为新的通识教育计划的一部分，费正清和赖世和博士把他们的历史课程整合为"远东文明史"，赖世和教授1200 年前的中国历史、十九世纪前的朝鲜历史，以及全部日本史，费正清则教授自蒙元以来的中国史、全部东南亚史和现代朝鲜半岛史。

"社会科学 111"课程（人称"稻田"课）从一开始就受到 200 名学生的欢迎。其他新课程包括中国和日本艺术、东亚政府和政治以及东亚考古学。1948 年，费正清被任命为正教授。他的第一本书《美国与中国》（*The United States and China*）由哈佛大学出版社出版，成为畅销书。

1948 年 5 月 5 日，在写给《纽约时报》的信中，费正清指出，数千名武装暴徒，在国民党右派和官方的保护下，近来侵扰国立北京大学校园，抓捕并殴打学生，破坏建筑，还迫使这群中国最著名的教师宣布罢课。然而，美国媒体几乎没有报道这个新闻。为帮助理解，他指出："这大致相当于在我们这个国家，由司法部支持，民主党或共和党全国委员会领导的自诩爱国的武装力量，摧毁了哈佛大学或哥伦比亚大学的建筑。"

国民党比共产党更有钱，拥有更多士兵、更强火力、更庞大的公共关系，却输掉了所有的战役。"由于蒋介石的军队装备之强，超过了这支军队使用它的欲望，所以如今共产党拥有中国历史上最强大的武装力量，这正是美国提供的。"费正清在《报道者》（*The Reporter*）杂志的一篇文章中挖苦说。

解放军在 1948 年 12 月逼近北平，哈佛燕京学社的中国主任陈观胜前往香港。12 月 16 日，燕京大学解放。许多学生满怀热情和希望地迎接革命，也有人迅速离开了。

哈佛的中国共产党人

1948 年秋天，一位名叫冀朝铸的中国学生来到哈佛就读，他们一家人在 1937 年逃离被日本入侵的山西，于 1939 年抵达纽约。他的父母都是共产党的支持者，他的哥哥在周恩来还是学生时就是他的朋友。1940 年，冀朝铸的父亲在唐人街创办了《华侨日报》，帮助筹集资金为人民解放军购买物资。

冀朝铸曾就读于霍勒斯·曼-林肯高中，开始喜爱汉堡、奶昔和战争电影，忘了如何说自己的母语，但他仍觉得自己是中国人，希望回到中国。"我和我父亲一样，对中国的未来充满热情，"他在回忆录中写道，"我对政治很认真。大家都知道我在高中就成了共产党员……我的老师们对此只是耸耸肩。他们大多数也是左派，学校的文化就是鼓励通过自我表达来学习。"

浦山是哈佛大学经济系的博士生，他的父亲是上海一位富有的银行家。第一学期伊始，他就去看望冀朝铸，并邀请他参加一个半秘密的学生读书俱乐部，讨论毛泽东、马克思和列宁的著作。浦山和他的哥哥浦寿昌（他也在攻读经济学博士学位）都是中国共产党的老党员。他们英语流利，是中国共产党卓有功绩的说客，在海外华人中赢得支持，并说服美国政客相信国民党的腐败。

1949 年 1 月 21 日，蒋介石辞去了总统职务，带着从国库空运来的金条和银锭，以及从故宫运来的艺术珍品，撤退到台湾岛。第二天，解放军和平解放了北平。4 月，上海解放，然后是广州和南京。1949 年 10 月 1 日，毛泽东宣布中华人民共和国成立，他说："我们的国家不再任人侮辱。我们已经站起来了。"冀朝铸喜极而泣。

"我们读书会的成员一个接一个地消失了，因为像浦氏兄弟这样的知识分子被召回中国，在新政府中扮演重要角色。"冀朝铸回忆道。他继续留在大学里攻读化学学位，但他的心与同胞在一起。

费正清呼吁尽早承认中国共产党政权。"美国对中国共产党采取敌对和消极的态度，而不是建立合理的友好关系来保持我们与中国的经济和文化联系，这是愚蠢的，"他说，"长期的敌意将使中国更容易受到苏联的影响。（美对中的）这种认可不是出于道德，而是出于现实主义考量。但与此相反，美国承认台湾的蒋介石政府，而美国所送的礼物——国民党的飞机——在大陆城市投下美国制造的炸弹。"

在 1950 年 2 月的一次演讲中，威斯康星州参议员约瑟夫·麦卡锡把在中国的"损失"归咎于美国国务院。他声称，美国国务院遭到了数百名共产党特工的渗透。对费正清和其他知道中国与美国大不相同的东亚专家来说，这是一个非赢即输的可笑说法。

费正清谴责共和党利用中国作为国内政治武器的企图，称这是"宣扬我们在亚洲问题上智力如何之薄弱的广告"。美国人把亚洲人视为"被自己的恐惧吞噬的傻瓜"。但是，哈佛大学的教授们在国务院的走廊里不再受欢迎了，费正清这么做不是莽撞，就是太敢言。

哈佛和中华人民共和国

哈佛燕京学社于 1950 年终止了对中国内地（大陆）项目的支

持，转而关注日本、韩国以及中国港台地区的大学。新政府接管了燕京大学，宣布中国必须摆脱"美帝国主义文化"。从中国大陆到美国的学生流动完全停止了。这一切都让人联想到 1881 年清朝皇帝召回幼童出洋肄业局派往美国的学生。

根据哈佛大学外国学生办公室的一份报告，在剑桥的中国学生对在共产党统治下返回祖国的前景并没有感到特别不安。他们的普遍态度是："我们是中国人，中国是我们的家，我们为什么不能回到那里呢？"在这所大学登记在册的中国人只剩 50 人，比正常情况少 40 人，因为中国学生们很难出国。23 名学生获得了美国政府的经济资助，其中包括冀朝铸。11 人获得了哈佛奖学金。其中 4 人获得了世界卫生组织和洛克菲勒基金会的奖学金。其他的人则自食其力。

1950 年 6 月朝鲜战争爆发，杜鲁门总统决定派遣美国部队，以联合国的名义保护韩国，同时派遣美国第七舰队进入台湾海峡进行威慑，阻止中国共产党解放台湾的一切努力。

"如果美国在韩国和台湾维持傀儡政权，中国的门口就如同趴着一只假寐的狼。我和我的中文读书组的朋友们被这些事态发展激怒了。这种深深的个人危机占据了我醒着的每一刻。我很感激能有机会在哈佛学习，也很感激美国政府的资助。但是，俗话说，别人家的面包是难以下咽的。政治上的歇斯底里加剧了我的不安。"

冀朝铸决定从哈佛辍学，回到中国，并与朝鲜共产主义者一起作战。"你不明白，"他告诉他的美国朋友，"我说话听起来像美国人，但我是中国人。我爱我的国家，是时候回去了。"他在大三那年的 9 月从校园中消失了。回到北京后，他上了清华大学，以提高自己的中文水平。

1951 年 4 月 25 日，他在《深红报》上发表了一封信，信中写道："到现在为止，我在北京住了三个半月，还没见过一个乞丐。我特意询问了每一位三轮车车夫（三轮车代替了人力车）对当前政府的看法。无一例外，他们都高兴地回答说，现在好多了。主要原因是他们不再担心第二天挨饿，并且觉得自己挣来的钱是安全的。以前，他们早上挣的钱到了下午可能就一文不值了。那时也不知道国民党军官什么时候会突然出现，把他们抓去参军，让家人挨饿。

"到处都是卫生海报，和你们的广告一样多。我认为这些海报最好的地方是，它们告诉人们如何做事。例如，怎么建炉子用的烟囱，让家人不会一氧化碳中毒，为什么应该去厕所大小便，而不是拉到地上，为什么不应该随地吐痰，等等。在美国，许多卫生海报上写着一年看两次牙医，但是对于没有钱的人来说，看医生的海报没有用处。我们的海报告诉人们自己可以做什么。对于像结核病这样的疾病，我们会告诉患者症状是什么，以及去哪里治疗。"

冀朝铸想加入中国制造原子弹的爱国队伍。在清华，他住在一间狭窄的水泥房里，有4张双层床和8个打呼噜的男生。每张床上都有一张薄薄的稻草床垫。整个楼层只有一间蹲厕，供100多名学生使用。他的饮食是煮熟的谷物，如高粱、谷子、干地瓜粉，周日还能加上些腌菜和零星肉片。但是，冀朝铸认可这种牺牲，因为这是他作为革命者接受教育和学徒生涯的一部分。1952年4月，他接到了中国外交部的电话，要求他在朝鲜板门店举行的停战谈判上用英语做记录，他在哈佛的导师浦山，在那里等着他。

在那天，看着会议桌对面一张在哈佛大学熟悉的中国面孔时，冀朝铸感到很惊讶。"我记得刘孟达是国民党人，反对共产党，但他并不是特别有政治热情，"冀朝铸后来写道，"我从他的眼神里瞥见了一丝认出我来的意思，但我们俩都尽了最大的努力假装从未见过。我注意到他戴着上等兵的徽章，而我是一名准尉，对此我感到有些自豪。对于一个哈佛辍学生来说，这已经很不错了！"

"150X" 标签

1950 年 10 月，在共产主义中国加入朝鲜战争之后，杜鲁门总统根据《移民与国籍法》，以国家安全为由，禁止所有在美国学习或从事技术科学工作的中国人获得出境签证。这些人的官方分类是"150X"，国门对他们紧闭。至少有一名哈佛学生受到了新法律的影响。

黄维垣 1949 年进入哈佛大学，1951 年获得化学博士学位。由于他的学生签证即将到期，他申请了出境证件，但收到了不准离开美国的命令，并获得了工作许可，"直到有另行通知"，也就是说他被打上了"150X"的标志。他在香港的妻子获得了哈佛大学教育研究生院的入学许可，但美国拒绝了她的学生签证。

黄维垣在谢尔顿·埃默里、有机化学教授路易斯·F.弗洛瑟（Louis F. Floser）的实验室里从事类固醇研究，已经好几年没见过他的妻子和孩子了。他是大约 129 名因政治原因被临时扣留的中国学生中的一员，这些学生最终在 1955 年朝鲜战争结束两年后被允许回国。超过 4 000 名接受非技术培训的中国学生离开了美国。还有一些人寻求美国的永久居留权，在官员们放松了法律要求时，被诱惑留了下来。

猎赤者狙击费正清

费正清教授是古根海姆基金会的奖学金和社会科学研究委员会

旅行津贴的获得者，他计划在 1951 年至 1952 年赴日本休假一年，当时日本仍被美国占领。1951 年 4 月，他为自己、妻子和 2 岁的女儿向国务院和军方申请了护照和入境许可，这些官方文件需要由政府的五个机构进行安全检查。他另外提交了一份宣誓书，称自己从来不是共产主义者。在得到许可和护照后，费正清夫妻和孩子于 7 月中旬乘坐旅行车开始了前往旧金山的越野自驾旅行。

在华盛顿，参议员帕特·麦卡伦（Pat McCarran）的参议院司法委员会内部安全小组委员会就共产主义可能对太平洋地区关系研究所产生的颠覆性影响举行了听证会。1951 年 8 月 14 日，前共产党员兼前间谍组织成员伊丽莎白·本特利（Elizabeth Bentley）作证称，费正清曾在 1943 年安排将孙中山夫人的一封信转交给一个共产主义情报组织。8 月 17 日，美国陆军拒绝了费正清进入日本的军事许可，原因不明。

到达旧金山后，这位年轻的教授发现自己置身于一场风暴的中心，他立即给麦卡伦委员会发去电报，要求得到作证和回应指控的机会。他写道："在 1942—1943 年和 1945—1946 年的中国，我亲眼目睹了国民党的衰落和崩溃，我可以证明这不是——再重复一遍，不是——美国的阴谋。"但费正清被迫推迟休假。他回到哈佛大学继续教学，在第一堂课上，受到 350 名学生"热烈欢迎"。

1952 年 3 月，费正清在麦卡伦委员会作证，回答了针对他的具体指控。"本特利小姐说，我带了孙中山夫人（她称之为'中国共产党上层领导人'）给援华委员会（China Aid Council）的一封信。援华委员会是'美国援华联合会'（United China Relief）的成员，但本特利小姐称其为'间谍网络'。我的回答是，首先，在 1943 年，称职的观察者肯定不会把孙夫人当作共产主义者，我也不会。

"我明白孙夫人的信是关于她的医疗救援工作的一份非常恰当

的报告，援华委员会为此做出了贡献。我带回来几封信或包裹，连同孙夫人的信一起，就像战时中国的旅客通常做的那样，他们都通过了海关的例行检查……如果我认为它是共产主义的，我肯定不会携带它。"

他接着说："虽然没有人怀疑麦卡伦委员会打击共产主义的诚意，但我认为，它的一些方法存在危险的错误。它把我们美国人传统的交往自由变成了极权主义的'结社罪'。其结果是大规模、不分青红皂白地攻击美国的对华专家，这些专家的工作如果要发挥作用，在一定程度上就必须依赖于交往自由。换句话说，我们因为做了必须做的事情来服务我们的国家而受到攻击。我们都必须反对共产主义的颠覆。但是，为了维护我们的民主自由，我们需要准确地作战——要用瞄准器和步枪，而不是用大口径雷管；要用事实说话，而不是道听途说和猜疑；要有信心，不要害怕。"

随着 1952 年 4 月美国和日本签署和平条约，美国的占领结束了，军队不再自由进出这个国家。美国国务院在 8 月初签发了费正清的旅行证件，他和他的家人前往日本的时间比原计划晚了一年。但他的声誉受损，对政府的影响力也被破坏了。

《华盛顿邮报》的一篇社论称："美国的公职人员只要对蒋介石的利益稍有偏离，就会被中国游说团①的打手取消公职资格。"在接下来的十年里，费正清没有收到《纽约时报书评》等出版物任何撰稿邀请。

费正清坚定不移地致力于让美国公众了解中国，他对麦卡锡主义曾如此回应："要以理解之态度，而不是以战争或歇斯底里的行为，来回应中国的革命，这是我们国家的任务。"他的目标是建立

---

① 指 The Committee of One Million 之类代表国民党利益的游说团体。

一个训练有素的学者中心，能以其诚信和奉献增进对中国的认识和理解。

1955 年，哈佛大学成立了东亚研究中心，专门研究近现代中国的社会、外交、经济和政治变化。在费正清担任主任期间（1955—1973 年），该中心为大约 75 个机构培养了东亚学博士；学术书籍和出版物从该中心的出版社涌现；一个上层建筑被创建出来，用以支持美国各所大学和学院对东亚的研究。

研究生们常深情地回忆起每周四下午在温斯罗普街 41 号的黄色小房子里举行的例行茶会，在那里他们会见来访的教授，吃着小黄瓜三明治和巧克力蛋糕。

注　释

第一章　清教教会国家中的学院

[1] Edward Johnson, *Wonder-Working Providence of Sions Saviour in New England* (London,1654), excerpted in Benjamin Peirce, *A History of Harvard University* (Cambridge, Mass., 1833), App., 20; John Winthrop, *The History of New England* (Boston, 1825), I, 308 - 310; Cotton Mather, *Magnalia Christi Americana* (London, 1702), Book IV, The Introduction, Part 1, Section 2, 1853 ed., II, 10; Samuel Eliot Morison, *The Founding of Harvard College* (Cambridge, Mass., 1935), 228.

[2] Samuel Eliot Morison, *Harvard College in the Seventeenth Century* (Cambridge, Mass., 1936), I, 76; Morison, *Founding*, 249, 315.

[3] Jeremiah Chaplin, *Life of Henry Dunster* (Boston, 1872), 130 - 131, 173, 265; Mather, *Magnalia*, Book IV, The Introduction, Part 1, Section 5, 1853 ed., II, 13 - 14.

[4] Mather, *Magnalia*, Book III, Part 2, Chapter 23, 1853 ed., I, 466 - 468.

[5] Bradford quoted in Morison, *Harvard in the Seventeenth Century*, I, 322.

[6] Mather, *Magnalia*, Book III, Part 2, Chapter 23, 1853 ed., I, 467 - 470.

[7] Ibid., 474 - 476.

[8] Daniel Gookin in Peirce, *History of Harvard*, App., 39 - 40; Morison, *Harvard*

in the Seventeenth Century, I, 343; John Langdon Sibley, *Biographical Sketches of Graduates of Harvard University* (Boston, 1881), II, 201.

[9] *Publications of the Colonial Society of Massachusetts* (hereafter *PCSM*), XV, lxxxv; Mather, *Magnalia*, Book IV, The Introduction, Part 1, Section 5, 1853 ed., II, 15, 31; Sibley, *Biographical Sketches*, II, 443 – 444.

[10] *PSCM*, XV, lxxxvii; Morison, *Harvard in the Seventeenth Century*, II, 467; Sibley, *Biographical Sketches*, I, 417 – 419.

[11] Josiah Quincy, *The History of Harvard University* (Cambridge, Mass., 1840), I, 57.

[12] Sibley, *Biographical Sketches*, I, 419 – 420; Perry Miller, *The New England Mind: From Colony to Province* (Cambridge, Mass., 1953), 156.

[13] Miller, *New England Mind*, 170; Morison, *Harvard in the Seventeenth Century*, II, 487 – 488.

[14] Mather, *Magnalia*, 1853 ed., II, 588; Paul Boyer and Stephen Nissenbaum, eds., *Salem-Village Witchcraft: A Documentary Record of Local Conflictin Colonial New England* (Belmont, Calif., 1972), 179.

[15] Mary Beth Norton, *In the Devil's Snare* (New York, 2002), 15.

[16] Cotton Mather, *The Wonders of the Invisible World* (London, 1862), 12 – 13, 16; Miller, *New England Mind*, 182; Paul Boyer and Stephen Nissenbaum, eds., *The Salem Witchcraft Papers* (New York, 1977), I, 164; II, 405,423.

[17] Sibley, *Biographical Sketches*, II, 327; Boyer and Nissenbaum, eds., *Salem-Village Witchcraft*, 78.

[18] W. C. Ford, ed., *Diary of Cotton Mather* (Boston, 1911), I, 142.

[19] Mather, *Wonders*, 122, 125.

[20] M. Halsey Thomas, ed., *The Diary of Samuel Sewall* (NewYork, 1973), I, 294.

[21] Increase Mather, *Cases of Conscience Concerning Witchcraft*, in Mather, *Wonders*, 255, 283; Sibley, *Biographical Sketches*, II, 350.

[22] Ibid., 532; Quincy, *History of Harvard*, I, 499; Sibley, *Biographical Sketches*, II, 352; Thomas, ed., *Diary of Samuel Sewall*, I, 454 – 455; Morison, *Harvard in the Seventeenth Century*, II, 535.

[23] Norton, *In the Devil's Snare*, 216.

[24] Morison, *Harvard in the Seventeenth Century*, II, 551 – 552; Samuel Eliot

Morison, *Three Centuries of Harvard* (Cambridge, Mass., 1936), 60, 113;
Peirce, *History of Harvard*, 123; *PCSM*, XLIX, 278.

[25] Hollis to Colman, January 14, 1720, in *PCSM*, XLIX, 302 – 303; Peirce,
History of Harvard, 99; Quincy, *History of Harvard*, I, 237.

[26] Quincy, *History of Harvard*, I, 253 – 257.

[27] Peirce, *History of Harvard*, 220, 309 – 311; Clifford K. Shipton, "Ye Mystery of
Ye Ages Solved," in *Harvard Alumni Bulletin* (hereafter *HAB*), December 11,
1954, LVII, 258.

[28] *Boston Courant*, May 14, 1722.

[29] Sibley, *Biographical Sketches*, III, 22.

第二章　抑或是重生

[1] Benjamin H. Hall, *A Collection of College Words and Customs* (1850), 89 –92,
98 – 99; "A Colonial Commencement," by John Holmes, excerpted in Morison.

[2] *Three Centuries*, 123 – 128; Edmund Quincy, "Commencement Day," in F. O.
Vaille, *The Harvard Book* (Cambridge, Mass., 1875), 147 – 157.

[3] Peirce, *History of Harvard*, 169; Clifford K. Shipton, *Sibley's Harvard Graduates*
(Boston, 1873 – 1919), IV, 86.

[4] Shipton, *Harvard Graduates*, V, 271.

[5] Reverend Samuel Wigglesworth, quoted in Darrett B. Rutman, ed., *The Great
Awakening* (New York, 1970).

[6] Edward T. Dunn, *The Life of Tutor Henry Flynt* (1978), 104 – 109, manuscript
in Harvard University Archives (hereafter HUA).

[7] Chauncy in Shipton, *Harvard Graduates*, IV, 164; David Sewall, " Father
Flynt's Journey to Portsmouth," *Proceedings of the Massachusetts Historical
Society* (hereafter *PMHS*), XXVI, 10; Paine Wingate in Peirce, *History of
Harvard*, 263.

[8] *Henry Flynt's Diary*, 1714 – 1744, typescript by Edward T. Dunn of Canisius
College (1978), in HUA; Dunn, *Tutor Henry Flynt*, 340.

[9] Shipton, *Harvard Graduates*, V, 265, 268 – 277; Morison, *Three Centuries*, 105;
Flynt's Diary, 1064; Edwin S. Gaustad, *The Great Awakening in NewEngland*
(NewYork, 1957), 25; Joseph Tracy, *The Great Awakening: A History of the*

Revival of Religion (Boston, 1842), 90; Quincy, *History of Harvard*, II, 39 – 43.

[10] *Flynt's Diary*, 1452 – 1453.

[11] *Flynt's Diary*, II, Part 2, 1648; PCSM, L, 762. Flynt's Diary, 1457 – 1459.

[12] Appletonin Dunn, *Tutor Henry Flynt*, 484; Tracy, *Great Awakening*, 114 –120; Benjamin Brandon to his English cousin, February 4, 1741, *PMHS*, LIII, 209; Quincy, *History of Harvard*, II, 41 – 44; Gaustad, *Great Awakening*, 27, 30.

[13] Dunn, *Tutor Henry Flynt*, 477; Colman to Whitefield, *PMHS*, LIII, 197 –198; Willard to Whitefield, April 25, 1741, PMHS, LIII, 197.

[14] *Flynt's Diary*, 1462 – 1464.

[15] Shipton, *Harvard Graduates*, V, 272 – 274; Quincy, *History of Harvard*, II, 46 – 47; Tracy, Great Awakening, 352.

[16] *Flynt's Diary*, 1476; Dunn, *Tutor Henry Flynt*, 350.

[17] *PCSM*, XVI, 711.

[18] Tracy, *Great Awakening*, 159 – 162, 236; Gaustad, *Great Awakening*, 36 – 39; Shipton, *Harvard Graduates*, VIII, 390; *Flynt's Diary*, 1478 – 1479, 1484 – 1485.

[19] Quincy, *History of Harvard*, II, 62 – 65; *Flynt's Diary*, 1494 – 1496.

[20] Quotations from Testimony and Addendain Quincy, *History of Harvard*, II, 48 – 52, and Tracy, *Great Awakening*, 347 – 351.

[21] Alden Bradford, *Memoir of the Life and Writings of Rev. Jonathan Mayhew* (Boston, 1838), 12 – 20, 50, 468; Shipton, *Harvard Graduates*, VII, 442 – 444; XI, 440 – 448; Quincy, *History of Harvard*, II, 68.

[22] "How God Wills the Salvation of All Men," Nathaniel Appleton, 1753, in Shipton, *Harvard Graduates*, V, 601.

[23] Shipton, *Harvard Graduates*, IX, 248, 250: Stiles conversation, April 17,1756.

[24] Shipton, *Harvard Graduates*, XIII, 513; "A Harvard Examinationin 1757 [sic]," An Account by John Adams, *Harvard Graduates' Magazine* (hereafter HGM), IX, 348 – 349 (1901), also in 2 *PMHS*, XIV, 200 – 201 (1900).

[25] Adams, "Harvard Examination," 349; C. F. Adams, ed., *The Works of John Adams* (Boston, 1850 – 1856), X, 68; Shipton, *Harvard Graduates*, XIII, 514, 518.

[26] Adams, ed., *Works of John Adams*, I, 40 – 42; II, 5 – 7.

〔27〕 Shipton, *Harvard Graduates*, XIII, 514 – 515; Adams, ed., *Works of John Adams*, I, 35; II, 13, 30 – 31.

第三章　革命时代

〔 1 〕 Peirce, *History of Harvard*, 271 – 274; Records of the General Court, *PCSM*, XIV, 2.

〔 2 〕 "An Account of the burning of Harvard Hall," by Edward Holyoke, reprinted in Quincy, *History of Harvard*, II, 480.

〔 3 〕 Morison, *Three Centuries*, 96 – 97; Shipton, *Harvard Graduates*, X, 138.

〔 4 〕 Samuel F. Batchelder, *Bits of Harvard History* (Cambridge, Mass., 1924), 93, 100 – 101; Joseph Thaxter (1768) in a letter to Charles Lowell, February 13, 1826, quoted in Shipton, *Harvard Graduates*, XVI, 95.

〔 5 〕 Shipton, *Harvard Graduates*, XV, 458; Harvard College Faculty Records, III, 3 – 5, 7 – 9; William C. Lane, "The Rebellion of 1766 in Harvard College," *PCSM*, X, 50 – 54.

〔 6 〕 Faculty Records, III, 4, 11 – 12, 14 – 15; Lane, "The Rebellion of 1766 in Harvard College," *PCSM*, X, 44 – 45, 47 – 49.

〔 7 〕 Faculty Records, III, 18, 20 – 23; "Arguments in Defence of the Proceedings of the Scholars," *PCSM*, X, 52 – 54.

〔 8 〕 Shipton, *Harvard Graduates*, VIII, 178; X, 434, 446; Lawrence S. Mayo, ed., *The History of the Colony and Province of Massachusetts Bay, by Thomas Hutchinson* (Cambridge, Mass., 1936), III, xiv.

〔 9 〕 Bradford, *Life of Mayhew*, 372; Adams, ed., *Works of John Adams*, X, 288.

〔10〕 Shipton, *Harvard Graduates*, V, 277; XVI, 209; Sheldon S. Cohen, "The Turkish Tyranny," *New England Quarterly*, XLVII, 567.

〔11〕 Faculty Records, III, 75; Sheldon S. Cohen, "Harvard College on the Eve of the American Revolution," in *Sibley's Heir* (Charlottesville, 1982), *PCSM*, LIX, 181 – 182.

〔12〕 Faculty Records, III, 81 – 84; Shipton, *Harvard Graduates*, XVI, 117.

〔13〕 Morison, *Three Centuries*, 99.

〔14〕 Mayo, ed., *History of Massachusetts Bay*, III, 180, 182.

〔15〕 Andrew Eliot to Thomas Hollis, December 25, 1769, *Collections of the*

Massachusetts Historical Society (hereafter *CMHS*), Fourth Series, IV, 447.

[16] Faculty Records III, 67, 146 - 147, 152 - 154; Theodore Chase, "Harvard Student Disorders in 1770," *New England Quarterly*, LXI (1988); Shipton, *Harvard Graduates*, XIII, 620 - 627.

[17] Franklin Bowditch Dexter, ed., *The Literary Diary of Ezra Stiles* (NewYork, 1901), I, 389 - 390.

[18] Quincy, *History of Harvard*, II, 160; Shipton, *Harvard Graduates*, XIII, 623; *HGM*, March 1902, 380.

[19] "A Forensic Dispute on the Legality of Enslaving the African Held at the Public Commencement in Cambridge, New England, (Boston, 1773)," quoted in Werner Sollors, Caldwell Titcomb, and Thomas Underwood, eds., *Blacksat Harvard* (New York, 1993), xix, 11 - 13.

[20] Shipton, *Harvard Graduates*, XIII, 416 - 419, 429; Adams, ed., *Works of John Adams*, X, 259, 260.

[21] Shipton, *Harvard Graduates*, XIII, 625 - 626; Dexter, ed., *Literary Diary of Ezra Stiles*, I, 426.

[22] Shipton, *Harvard Graduates*, XIII, 336; Estelle Merrill, ed., *Cambridge Sketches by Cambridge Authors* (Cambridge, Mass., 1896), 25 - 31, 51.

[23] *Boston News-Letter*, September 8, 1774, quoted in Shipton, *Harvard Graduates*, XIII, 338 - 341.

[24] Shipton, *Harvard Graduates*, XIII, 340.

[25] John Eliot to Jeremy Belknap, November 18, 1774, *CMHS*, 6th Series, IV, 63; Shipton, *Harvard Graduates*, X, 520, 523; Faculty Records, IV, 4 - 5.

[26] Quincy, *History of Harvard*, II, 187 - 188; Shipton, *Harvard Graduates*, XIII, 429.

[27] Morison, *Three Centuries*, 147; Shipton, *Harvard Graduates*, XVI, 525.

[28] Shipton, *Harvard Graduates*, XII, 159 - 160.

[29] Ezra Stiles, *Literar yNotes*, I, 569, 575; Samuel Batchelder, "Barracks in Cambridge Commons, 1775," *HGM*, XXVIII, 599.

[30] Shipton, *Harvard Graduates*, XIV, 231.

[31] Morison, *Three Centuries*, 147; Adams, ed., *Works of John Adams*, X, 194 - 195.

[32] Shipton, *Harvard Graduates*, XII, 60 - 61.

[33] Shipton, *Harvard Graduates*, XII, 318, 502 – 503; X, 519; VII, 23.

[34] Shipton, *Harvard Graduates*, XIII, 438; Quincy, *History of Harvard*, II, 435.

[35] Batchelder, *Bits of Harvard History*, 127 – 129; Morison, *Three Centuries*, 151 – 152.

[36] John Eliot to Belknap, September 11, 1780, *CMHS*, IV, 194 – 195.

第四章　哈佛与新国家

[1] Shipton, *Harvard Graduates*, XVI, 253 – 265.

[2] Horace Binney, "The Harvard Faculty in 1793 – 97," *HGM*, December 1904, 238; Hall, *College Words and Customs*, 102; Sidney Willard, *Memories of Youth and Manhood* (Cambridge, Mass., 1855), I, 209; Shipton, *Harvard Graduates*, XVI, 259.

[3] Shipton, *Harvard Graduates*, XIII, 438 – 439; *PMHS*, 2nd Series, VIII, 63 – 64.

[4] Thomas Pemberton, "Topographical and Historical Description of Boston," 1794, *CMHS*, III, 245 – 247; Walter Muir Whitehill, *Boston: A Topographical History* (Cambridge, Mass., 1968), 48 – 52; Willard, *Memories of Youth*, I, 207.

[5] William Bentinck-Smith, ed., *The Harvard Book* (Cambridge, Mass., 1953), 334 – 337.

[6] Quincy, *History of Harvard*, II, 254, 256; Binney, "Harvard Faculty," 238 – 239; John Pierce, *PMHS*, June 1894, 145; Willard, *Memories of Youth*, I, 318.

[7] Willard, *Memories of Youth*, I, 179 – 184, 209, 262; John C. Fitzpatrick, ed., *Writings of George Washington* (Washington, D. C., 1931 – 1944), XXXVI, 33, 37, 39.

[8] William Henry Channing, *The Life of William Ellery Channing* (Boston, 1880), 22 – 23, 30, 35 – 36, 39; Adams, ed., *Works of John Adams*, IX, 211 – 212.

[9] Willard, *Memories of Youth*, II, 4.

[10] Henry Adams, *History of the United States of America* (NewYork, 1889 – 1891; Library of America ed., New York, 1986), 57 – 59.

[11] Dr. Waterhouse to Dr. James Tilton, March 24, 1815, *PMHS*, LIV, 160 – 161.

[12] Willard, *Memories of Youth*, I, 284; II, 102.

[13] Quincy, *History of Harvard*, II, 284 – 285; Peirce, *History of Harvard*, 99; Shipton, *Harvard Graduates*, XVIII, 290, 295; Willard, *Memories of Youth*, II, 177.

[14] Willard, *Memories of Youth*, I, 273; Binney, "Harvard Faculty," 239 – 240; John Pierce, "Notes on the Commencements at Harvard University," *PMHS*, 2nd Series, V, 170.

[15] Willard, *Memories of Youth*, II, 193, 197; Batchelder, *Bits of Harvard History*, 138.

[16] Alexander Young, *Eulogy*, May 3, 1840; Quincy, *History of Harvard*, II, 307, 334, 355.

[17] Shipton, *Harvard Graduates*, XVI, 104; Adams, *History of the United States*, 1117.

[18] Paul Revere Frothingham, *Edward Everett: Orator and Statesman* (Boston, 1925), 26, 34 – 35.

[19] Pierce, *PMHS*, June 1894, 145, 147; Morison, *Three Centuries*, 196 – 197; Young, *Eulogy*, 56.

[20] Josiah Quincy, Jr., *Figures of the Past* (Boston, 1883), 19 – 21.

[21] Frothingham, *Edward Everett*, 39, 44, 51, 71.

[22] Charles Warren (1889), "Cambridge and Harvard College in 1817," *HGM*, XVI, 641 – 642; Andrew Peabody, *Harvard Reminiscences* (Boston, 1888), 211.

[23] Barbara Miller Solomon, ed., *Travels in New England and New York*, by Timothy Dwight (Cambridge, Mass., 1969), 352; Quincy, *Figures of the Past*, 23, 26; Warren, "Cambridge and Harvard College," 643.

[24] Frothingham, *Edward Everett*, 63.

[25] Quincy, *Figures of the Past*, 39; Aida Di Pace Donald and David Donald, eds., *Diary of Charles Francis Adams* (Cambridge, Mass., 1964 – 1986), I, 113, 130, 136 – 138.

[26] Samuel Eliot Morison, "The Great Rebellion in Harvard College," *PCSM*, XXVII, 70 – 91.

[27] Quincy, *History of Harvard*, II, 358 – 360; Edmund Quincy, *The Life of Josiah Quincy of Massachusetts* (Boston, 1867), 431.

[28] Donald and Donald, eds., *Diary of Charles Francis Adams*, I, 21, 51－52, 63, 67; Frothingham, *Edward Everett*, 78－80.

[29] Donald and Donald, eds., *Diary of Charles Francis Adams*, I, 300－302; Quincy, *Figures of the Past*, 91; E. Quincy, *Josiah Quincy*, 405; Frothingham, *Edward Everett*, 63, 85, 86－87; James Spear Loring, *The Hundred Boston Orators* (Boston, 1852), 536, 545.

[30] Quincy, *History of Harvard*, II, 359－360; E. Quincy, *Josiah Quincy*, 431; Young, *Eulogy*, 55.

第五章　昆西校长会见杰克逊总统

[1] E. Quincy, *Josiah Quincy*, 397, 438; Robert McCaughey, *Josiah Quincy: The Last Federalist* (Cambridge, Mass., 1974), 156.

[2] Loring, *Boston Orators*, 261, 269; Adams, *History of the United States*, 1217－1218; E. Quincy, *Josiah Quincy*, 399.

[3] Mark A. De Wolfe Howe, ed., *The Articulate Sisters* (Cambridge, Mass., 1946), 176－179, 189.

[4] E. Quincy, *Josiah Quincy*, 464; McCaughey, *Josiah Quincy*, 24.

[5] E. Quincy, *Josiah Quincy*, 439; Thomas Cushing, "Undergraduate Life Sixty Years Ago," *HGM*, I, 548, 549, 555, 559; Eliza S. M. Quincy, *Memoir* (Boston, 1861), 223.

[6] Harvard University Corporate Records, UA III 5. 30. 2, 321－322.

[7] John Spencer Bassett, ed., *Correspondence of Andrew Jackson* (Washington, D. C., 1926－1935), V, 109.

[8] John Quincy Adams, *Memoirs* (Philadelphia, 1874－1877), VIII, 546.

[9] Quincy, *Figures of the Past*, 296－298.

[10] *Boston Atlas*, June 22, 1833, quoted in "Notes on Jackson's Visit to New England," by John Spencer Bassett, *PMHS*, LVI, 245; Andrew McFarland Davis, "Jackson's LL. D. : A Tempest in a Teapot," *PMHS*, 2nd Series, XX, 498－501.

[11] Quincy, *Figures of the Past*, 301－303.

[12] Howe, *Articulate Sisters*, 230.

[13] E. Quincy, *Josiah Quincy*, 454; Quincy, *Figures of the Past*, 303.

[14] Corporate Records, 323 – 325.

[15] Corporate Records, 326 – 327; E. Quincy, *Josiah Quincy*, 454.

[16] Quincy, *Figures of the Past*, 308 – 309.

[17] *Boston Atlas*, June27, 1833, quoted in Bassett, "Jackson'sVisit," 254; *New York Commercial Advertiser* and *National Intelligencer* quoted in *Boston Courier*, July 8, 1833.

[18] Davis, "Jackson's LL. D.," 503; Quincy, *Figures of the Past*, 307.

[19] Davis, "Jackson's LL. D.," 501, 505 – 510.

[20] Seba Smith, *The Lifeand Writings of Major Jack Downing* (Boston, 1834), 212.

[21] Andrew P. Peabody, *Harvard Reminiscences* (Boston, 1888), 33; James Walker, *Memoir of Josiah Quincy* (Cambridge, Mass., 1867), 59; E. Quincy, *Josiah Quincy*, 483.

[22] Faculty Statement signed by J. Quincy, June4, 1834, and Senior Class Circular, June11, 1834, HUA834. 73, box20; Ronald H. Janis, "It Happened at Harvard: The Story of a Freshman Named Maxwell," *Crimson*, April 28, 1969.

[23] Bentinck-Smith, ed., *Harvard Book*, 339; McCaughey, *Josiah Quincy*, 159, 161.

[24] Quincy, *History of Harvard*, II, 595; McCaughey, *Josiah Quincy*, 181.

[25] "A Harvard Undergraduate in the Thirties: From the Diary of Edward Everett Hale," *Harper's Monthly Magazine*, April 1916, 697.

[26] Morison, *Three Centuries*, 255, 259; J. Quincy to the Board of Overseers, February 25, 1845, 37 – 39, 47, HUA845. 6, box24; see John A. D. Gilmore, *Jacksonians and Whigsat Harvard: The Politics of Higher Education*, seniorthesis, Harvard College,1970.

[27] Frothingham, *Edward Everett*, 276; E. Quincy, *Josiah Quincy*, 42.

[28] From a letter dated October 21, 1845, addressed to Horace Davis (1849) by a classmate, "A Freshman in 1845," *HGM*, December 1900, 203 – 206.

第六章 哈佛和反奴隶制战争

[1] Frothingham, *Edward Everett*, 262 – 263, 266 – 268.

[2] Ibid., 270, 271, 279, 300.

[3] Ibid., 276 – 278.

[4] Ibid., 272－273.

[5] Frothingham, *Edward Everett*, 287－288.

[6] Joseph H. Choate, *HAB*, November 1915, 113.

[7] Frothingham, *Edward Everett*, 299; "From a Graduate's Window," *HGM*, June 1909, 615; see Beverly Williams biographical file, HUA.

[8] Frederick Merk, "Dissent in the Mexican War," in Samuel Eliot Morison, et al., *Dissentin Three American Wars* (Cambridge, Mass., 1970), 35, 40, 55; Henry David Thoreau, "Resistance to Civil Government," lecture, Concord Lyceum, January 26,1848.

[9] Edward Lurie, *Louis Agassiz: A Life in Science* (Chicago, 1960), 114, 120.

[10] Ibid., 123.

[11] Herbert B. Adams, *The Life and Writings of Jared Sparks* (Boston, 1893), II, 439, 455; George E. Ellis, *Memoir of Jared Sparks* (Cambridge, Mass., 1869), 80.

[12] Edward E. Hale, "A Group of Presidents," *HGM*, June 1896, 565; Choate, *HAB*, XVIII, 113; President's Report to the Overseers, 1849－1850, 11; Frank Otto Gatell, *John Gorham Palfrey and the New England Conscience* (Cambridge, Mass., 1963), 191.

[13] Adams, *Writings of Jared Sparks*, II, 455.

[14] Pierce, *Memoir and Letters of Charles Sumner* (Boston, 1877－1893), III, 213; Frothingham, *Edward Everett*, 316.

[15] Edwin Percy Whipple, *Recollections of Eminent Men* (Boston, 1887), 140－141; Samuel Longfellow, *Life of Henry Wadsworth Longfellow* (Boston, 1899), II, 194.

[16] Morison, *Three Centuries*, 287－289.

[17] Henry Adams, *The Education of Henry Adams* (Washington, D. C., 1907), 49.

[18] Adams, *Writings of Jared Sparks*, II, 464, 472; Ellis, *Memoir of Jared Sparks*, 87.

[19] Octavius Brooks Frothingham, "Memoir of Rev. James Walker," *PMHS*, May 1891, 447－448, 451; Charles W. Eliot, "President Eliot's Own Story," *HGM*, December 1926, 224－226, 230.

[20] Henry James III, *Charles W. Eliot* (Boston, 1930), I, 71; President's Annual Report, 1855－1856, 5.

[21] Adams, *Education*, see Chapter 4, "Harvard College. "

[22] George Batchelor, "More Reminiscences of '66," *HGM*, June 1919, 530; Lurie, *Louis Agassiz*, 83,231.

[23] Ibid., 269; Jane Loring Gray, ed., *The Letters of Asa Gray* (New York, 1973), II, 455.

[24] Dorothy Elia Howells, *A Century to Celebrate: Radcliffe College, 1879 – 1979* (Cambridge, Mass., 1978), 4.

[25] Thomas Wentworth Higginson, ed., *Harvard Memorial Biographies* (Cambridge, Mass., 1866), II, 191 – 192; John Spencer Clark, *The Life and Letters of John Fiske* (Boston, 1917), 201 – 202.

[26] William W. Goodwin, "Recollections of President Felton," *HGM*, June 1909, 652 – 654; Faculty Records, November 20 – 21, 1860, XVI, 31 – 33; Clark, *Letters of John Fiske*, 203 – 205; Hamilton Vaughn Bail, "The Death of Football and the Riot of 1860," *HAB*, October 6, 1933, 39, 42.

[27] Clark, *Letters of John Fiske*, 103, 231 – 234, 390; Faculty Records, October14, 1861, XVI, 118.

[28] President's Annual Report to the Overseers, 1859 – 1860, 32; Goodwin, "Recollections," 657, 659.

[29] John S. Goff, *Robert Todd Lincoln: A Manin His Own Right* (Norman, Okla., 1968), 26; Edward Everett Hale, *James Russell Lowell and Hi sFriends* (Boston, 1899), 200 – 201.

[30] Hale, *Lowell and His Friends*, 142 – 143; Batchelor, "More Reminiscences of '66," 532; Goff, *Robert Todd Lincoln*, 40, 43, 49, 61; Faculty Records, December 8, 1862.

[31] Higginson, ed., *Harvard Memorial Biographies*, II, 195.

[32] Ferris Greenslet, *The Lowells and Their Seven Worlds* (Boston, 1946), 289; Higginson, ed., *Harvard Memorial Biographies*, II, 203 – 204, 205, 208.

[33] Frank P. Stearns, *Cambridge Sketches* (Philadelphia, 1905), 26, 27.

[34] Frederick William Coburn, "From Stagecoach to Subway," *HGM*, December 1911, 241 – 244; Morison, *Three Centuries*, 313; Choate, *HAB*, XVIII, 114.

[35] Greenslet, *Lowells and Their Seven Worlds*, 289, 294; Higginson, ed., *Harvard Memorial Biographies*, I, 295, 297, 303; see Lowell's biofilein HUA.

[36] Stearns, *Cambridge Sketches*, 13 – 15.

[37] Eliot, "President Eliot's Own Story," 231－232; James, *Eliot*, I, 141.

[38] Morison, *Three Centuries*, 309, 326.

[39] Emory J. West, "Harvard's First Black Graduates," in Werner Sollors, Thomas A. Underwood, and Caldwell Titcomb, eds., *Varieties of Black Experience at Harvard* (Cambridge, Mass., 1986), 10－11.

[40] "Final Report of the Building Committee of the Harvard Memorial Fund," June 26, 1878, HUA.

第七章　埃利奥特校长的哈佛

[1] Charles Almy, "Harvard College in the Late Sixties," *HAB*, XXIV, 802－804.

[2] James, *Eliot* (1930), I, 193－194, 196.

[3] Eliot, "President Eliot's Own Story," 233－234.

[4] William Allan Neilson, ed., *Charles W. Eliot: The Man and His Beliefs* (New York, 1926), I, 1; James, *Eliot*, I, 309－310.

[5] Clark, *Letters of John Fiske*, 349.

[6] Report of the President for 1869－1870, 12, 16, 23; Bigelow quoted in Charles W. Eliot, *Harvard Memories* (Cambridge, Mass., 1923), 28.

[7] Adams, *Education*, 293－294, 305－307.

[8] Quoted in Linda Simon, ed., *William James Remembered* (Lincoln, Nebr., 1996), xii.

[9] Clarence Gordon, "In the Fifties II," *HGM*, XV, 230.

[10] Elting E. Morison, ed., *Letters of Theodore Roosevelt* (Cambridge, Mass., 1951－1954), I, 18, 24, 26.

[11] Donald G. Wilhelm, *Theodore Roosevelt as an Undergraduate* (Boston, 1910), 13, 35; Carleton Putnam, *Theodore Roosevelt: The Formative Years* (New York, 1958), 138, 140, 143; William Roscoe Thayer, *Theodore Roosevelt: An Intimate Biography* (Boston, 1919), 21.

[12] Morison, ed., *Letters of TR*, I, 18, 24, 35, 41－42; Putnam, *Theodore Roosevelt*, 179, 192, 195.

[13] Moses King, *Harvard and Its Surroundings* (Cambridge, Mass., 1880), 68－69.

[14] George Santayana, from *Persons and Places* (New York, 1944), in Bentinck-Smith, ed., *Harvard Book*, 62－66.

[15] Neilson, ed. , *Charles W. Eliot*, I, 22, 162.

[16] Barrett Wendell, "The Relations of Radcliffe College with Harvard," *Harvard Monthly*, October 1899.

[17] Francis G. Peabody, "Voluntary Worship," in Samuel Eliot Morison, ed. , *The Development of Harvard University Since the Inauguration of President Eliot, 1869 – 1929* (Cambridge, Mass. , 1930) , li – lii.

[18] Morison, *Three Centuries*, 363; President's Annual Report, 1886 – 1887, 13.

[19] President's Annual Report, 1881 – 1882, 19; 1883 – 1884, 32. See Kim Townsend, *Manhood at Harvard* (New York, 1996).

[20] James, *Eliot*, II, 69; TR to Henry Merwin, December 18, 1894, in Morison, ed. , *Letters of TR*, I, 412; TR to Henry Cabot Lodge, April 29, 1896, I, 535 – 536; Lodge comments, *HGM*, V ,67.

[21] W. E. B. Du Bois, "A Negro Student at Harvard at the End of the 19th Century," in Sollors, Underwood, and Titcomb, eds. , *Black Experience at Harvard*, 39 – 41, 43.

[22] Ibid. , 44 – 46; William James, "The True Harvard," *HGM*, September 1903.

[23] Du Bois, "A Negro Student at Harvard," *Varieties of Black Experience*, 43, 46, 49.

[24] W. E. B. Du Bois, *Writings* (New York, Library of America, 1986) , 811 – 813.

[25] Ibid. , 359, 364 – 365.

[26] Du Bois, "A Negro Student at Harvard," 43.

[27] James, "The True Harvard. "

[28] Neilson, ed. , *Charles W. Eliot*, I, 20 – 21.

[29] A. Lawrence Lowell, "Dormitories and College Life," *HGM*, June 1904, 527.

[30] TR to Lodge, April 29, 1896, in Morison, ed. , *Letters of TR*, I, 535.

[31] Charles Eliot Norton, June 7, 1898, to Men's Club of the Prospect Street Congregational Church, see *Letters of Charles Eliot Norton* (Boston, 1913).

[32] Theodore Roosevelt, "The Strenuous Life," Chicago, April 10, 1899.

[33] William James, *Boston Evening Transcript*, April 12, 1899, in *Essays, Comments, and Reviews* (Cambridge, Mass. , 1987) , 163 – 166.

[34] Letter quoted in James, *Charles W. Eliot*, II, 118; Kermit Vanderbilt, *Charles Eliot Norton: Apostle of Culture in a Democracy* (Cambridge, Mass. , 1959) , 217, 220; McKinley to C. W. E. , June 14, 1901, Eliot Papers, UA I 5. 150,

box 130, file 690.

[35] Elliott Roosevelt, ed., *F. D. R., His Personal Letters: Early Years* (NewYork, 1947), 428, 431.

[36] Frank Friedel, *Franklin D. Roosevelt: The Apprenticeship* (Boston, 1952), 59; *Crimson*, December 14, 1903, and *Washington Herald*, April1, 1914, quoted in Friedel, *FDR: Apprenticeship*, 63 – 64; Swinburne Hale, "The Social Question," *HGM*, April 1905, 427.

[37] James, *Charles W. Eliot*, II, 159.

[38] TR to CWE, September 29, 1905, Eliot Papers, UA I 5. 150, box 244; Joseph Bucklin Bishop, *Theodore Roosevelt's Letters to His Children* (NewYork, 1919), 136 – 138.

[39] TR to CWE, December 9, 1905, HUA; Annual Report for 1904 – 1905, 52; Morison, ed., *Letters of TR*, March7, 1906, V, 172.

[40] Sollors, Titcomb, and Underwood, eds., *Blacks at Harvard*, 129,136.

[41] Francis B. Thwing, "Radicalism at Harvard," *HGM*, December 1911, 260 – 263; Ronald Steel, *Walter Lippmann and the American Century* (Boston, 1980), 15 – 16, 25.

[42] Doris Kearns Goodwin, *The Fitzgeralds and the Kennedys* (NewYork, 1987), Chapter13, "Harvard College'12"; James G. Hershberg, *James B. Conant: Harvard to Hiroshima and the Making of the Nuclear Age* (NewYork, 1993), 31.

[43] Lowell, "Dormitories and College Life," 525 – 526.

[44] Inaugural address delivered on Wednesday forenoon, October 6, 1909, *HGM*, XVIII, 211, 220, 223.

第八章　哈佛与局外人

[1] Henry Aaron Yeomans, *Abbott Lawrence Lowell* (Cambridge, Mass., 1948), 83, 171; President's Annual Report to the Overseers for 1909 – 1910, 13.

[2] Report of the Dean of the College in the Annual Report for 1914 – 1915, 85; Yeomans, *Lowell*, 173,175.

[3] Yeomans, *Lowell*, 124,213.

[4] Phyllis Keller, *States of Belonging: German-American Intellectuals and the First World War* (Cambridge, Mass., 1979), 26, 57, 75.

[5] Morison, *Three Centuries*, 451; *Crimson*, March 15, 1915.

[6] Keller, *States of Belonging*, 99.

[7] John Dos Passos, *The Best Times* (New York, 1966), 23; *Crimson*, December 21 – 22, 1915.

[8] Margaret Müsterberg, *Hugo Müsterberg: His Life and Work* (New York, 1922), 302.

[9] Hershberg, *Conant*, 41 – 48; James B. Conant, *My Several Lives* (NewYork, 1970), 49 – 50.

[10] Lowell Papers, 1914 – 1917, letter to Stiles Jones, March 7, 1916, Brandeis File, #950, UA I5. 160.

[11] Starr interview in Nitza Rosovsky, *The Jewish Experience at Harvard and Radcliffe* (Cambridge, Mass., 1986), 84.

[12] Yeomans, *Lowell*, 316; President's Annual Report for 1916 – 1917, 17.

[13] "Secret Court Files, 1920," UA III5. 33; see Anit R. Paley (2004), "The Secret Court of 1920," in the *Crimson*'s weekly magazine, November 21, 2002.

[14] Richard Norton Smith, *The Harvard Century: The Making of a University to a Nation* (New York, 1986), 85.

[15] The Morgan-Lowell letters are in the Lowell Papers, 1919 – 1922, Byrne File, # 448, UA I 5. 160.

[16] Sollors, Titcomb, and Underwood, eds., *Blacks at Harvard*, 211 – 213; David Levering Lewis, *W. E. B. Du Bois* (New York, 2000), 88 – 89; Lowell Papers, 1919 – 1922, #981.

[17] Yeomans, *Lowell*, 166, 209; *New York Times*, June 2, 6 – 7, 1922.

[18] Yeomans, *Lowell*, 213; Lippmann to Arthur Holcombe, June 14, 1922; to Lawrence Henderson, October 27, 1922, in John Morton Blum, ed., *Public Philosopher: Selected Letters of Walter Lippmann* (NewYork, 1985), 148, 150.

[19] *New York Times*, January 16, 1923; *Boston Herald*, January 16, 1923.

[20] W. E. B. Du Bois, "Americanization," *The Crisis*, August 1922, 154.

[21] The Lowell-Bruce correspondence was printed in the *New York Times*, January 12, 1923, and in *HAB*, January 18, 1923, XXV, 456 – 457.

[22] Greene to Lowell, January 12, 1923; Lowell to Greene, January 15, 1923, Greene Papers, HUG 4436. 14, box 1; Yeomans, *Lowell*, 176 – 177.

[23] *HAB*, January 25, 1923, 469; CWE to Greene, January 25, 1923, Greene

Papers, HUG 4436. 14, box 4; Sollors, Titcomb, and Underwood, eds., *Blacks at Harvard*, 219.

[24] *HAB*, April 12, 1923, XXV, 826 – 827, 830.

[25] Nell Painter, "Jim Crow at Harvard: 1923," *New England Quarterly*, December 1971, XLIV, 634; Marcia Graham Synnott, *The Half-Opened Door* (Westport, Conn., 1979), 110.

[26] G. Louis Joughin and Edmund M. Morgan, *The Legacy of Sacco and Vanzetti* (New York, 1948), 302.

[27] Melvin Landsberg, *Dos Passos' Path to U. S. A.* (Boulder, Colo., 1972), 142.

[28] File, "Radcliffe-Harvard Relations, 1928," in Radcliffe Archives, Schlesinger Library; Howells, *Century to Celebrate*, 22; Bernice Brown Cronkhite, Oral History, by Mary Manson, in Radcliffe Archives.

[29] Edward Weeks, "Drinking in College," *HGM*, November 1933, 168 – 169.

[30] Yeomans, *Lowell*, 369.

[31] Yeomans, *Lowell*, 531 – 533.

[32] Conant, *My Several Lives*, 89 – 90.

[33] Conant's Address on the Birthday of CWE, March 20, 1936; JBC to Marjorie (Mrs. Harold) Bush-Brown, May 17, 1933, in Hershberg, *Conant*, 67 – 68.

第九章　哈佛反对极权主义者

[1] Conant, *My Several Lives*, 24, 52.

[2] William McCullough Tuttle, Jr., *James Bryant Conant, Pressure Groups, and the National Defense, 1933 – 45*, Ph. D. thesis, University of Wisconsin, 1967, 17, 23.

[3] President's Annual Report for 1932 – 1933, 8; Annual Report for 1934 – 1935, 8.

[4] Theodore H. White, *In Search of History* (New York, 1978), 43.

[5] President's Annual Report for 1932 – 1933, 6 – 7; *Crimson*, June 5, 1935.

[6] See Ernst Hanfstaengl, *Unheard Witness* (Philadelphia, 1957); Tuttle, *Conant*, 55; Conant, *My Several Lives*, 142; *Crimson*, June 13, 1934; *New York Times*, June19, 1934.

[7] *New York Times*, June 21, 1934.

[8] Hanfstaengl, "My Leader," *Collier's*, August 4, 1934, 9; Conant, *My Several*

Lives, 144.

[9] *New York Times*, September 19, 1936.

[10] *Roosevelt and Frankfurter: Their Correspondence* (Boston, 1968), 322 – 324.

[11] *New York Times*, September 19, 1936.

[12] *Crimson*, May 5, 1937; November 22, 1983; Nigel Hamilton, *JFK: Reckless Youth* (New York, 1992), 825.

[13] Goodwin, *Fitzgeralds and Kennedys*, 619 – 620, 657, 676.

[14] Reprint of Stenographic Transcript, Hearing Before Committee on Un-American Activities, House of Representatives, 83rd Congress, First Session, Washington, D. C., February 25 – 26, 1953, by the Harvard Corporation, 74 – 75, 83.

[15] Ibid., 26, 47; Granville Hicks, *Part of the Truth* (New York, 1965), 163 – 164.

[16] HUAC transcript, 11, 152.

[17] Conant to MacLeish, September 7, 1939, Conant Papers, box 159, UA I 5. 168; Conant open letter to Alf Landon, September 28, 1939, quoted in *HAB*, May 1940, 1134.

[18] *Crimson*, October 9, 1939; November 11, 1939; Hamilton, *JFK*, 290.

[19] *Crimson*, May 29, 1940.

[20] William Allen White was the Kansas editor of the *Emporia Gazette*. Hershberg, *Conant*, 119; Conant radio address, *HAB*, June 1940, 1134 – 1135.

[21] *Crimson*, May 31, 1940; June 5, 1940; June 20, 1940.

[22] *Crimson*, June 9, 1940; Joe Sr. to Jack, August 2, 1940.

[23] Conant, *My Several Lives*, 210, 217.

[24] Conant, *My Several Lives*, 221, 222; *HAB*, November 1940, 270; *Crimson*, November 22, 1940; November 30, 1940.

[25] Conant, *My Several Lives*, 254, 261, 267; Hershberg, *Conant*, 134,146.

[26] Conant, *My Several Lives*, 279.

[27] *Crimson*, December 8, 1941; December 9, 1941.

[28] *Crimson*, December 17, 1941.

[29] President's Annual Report for 1941 – 1942, 15 – 18.

[30] George Kistiakowsky, " James Bryant Conant, Chemist and Statesman of Science," in Derek Bok, ed., *James Bryant Conant: A Remembrance* (Cambridge, England, 1978), 19,21.

[31] Conant, "Notes on the 'Trinity' Test," written on July 17, 1945, 4:30 p. m., in Hershberg, *Conant*, 758−760.

[32] Hershberg, *Conant*, 178, 194, 808; Conant, *My Several Lives*, 298, 299,363.

[33] Paul H. Buck, Columbia University Oral History, quoted in Hershberg, *Conant*, 172−173; Conant, *My Several Lives*, 374,379−380.

[34] Alison Lurie, "Their Harvard," in Diana Dubois, ed., *My Harvard, My Yale* (New York, 1982), 34−35.

[35] Conant, *My Several Lives*, 373.

[36] John Kenneth Galbraith, *A Life in Our Times* (Boston,1981), 274; Conant, *My Several Lives*, 437.

[37] President's Annual Report, 1951−1952.

[38] Conant, *My Several Lives*, 457−458; *Crimson*, June 9, 1949.

[39] *Crimson*, June 15, 1949; June 23, 1949; *HAB*, June 25, 1949, 720.

[40] Hershberg, *Conant*, 471,483.

[41] *Crimson*, October 17, 1952.

[42] *Crimson*, October 27, 1952.

[43] Hershberg, *Conant*, 647, 651; *Crimson*, January 22, 1953.

[44] *Crimson*, February 26, 1953; February 27, 1953.

[45] "Statement by the Harvard Corporation," May 19, 1953, reprinted in *Crimson*, May 20, 1953; Furry interview with J. Anthony Lukas, *Crimson*, February 3, 1954.

[46] Kai Bird, *The Color of Truth: McGeorge Bundy and William Bundy, Brothersin Arms* (New York, 1998), 123.

[47] *Crimson*, November 6 and 10, 1953; *HAB*, November 28, 1953, 204; Bird, *Color of Truth*, 119, 124, 422.

[48] *Crimson*, January 18, 1953; *New York Times*, January 16, 1953; J. Anthony Lukas, "The Other Side of the Charles," in Dubois, ed., *My Harvard, My Yale*, 91.

第十章　最后的"大反抗"

[1] Nathan M. Pusey, "A Faith for These Times," in *The Age of the Scholar* (Cambridge, Mass., 1963), 3−6.

[2] President's Annual Report for 1954 - 1955, 15.

[3] President's Annual Report for 1959 - 1960, 19.

[4] Bird, *Color of Truth*, 134 - 135.

[5] *Crimson*, April 12, 1958; April 15, 1958; April 19, 1958.

[6] *Crimson*, April 23, 1958.

[7] Howells, *A Century to Celebrate*, 29.

[8] Daniel J. Boorstin, "Veritas or Mishmash?" *New York Herald Tribune Book Week*, November 3, 1963.

[9] Timothy Leary, *Flashbacks: An Autobiography* (LosAngeles, 1983), 16 - 18, 20.

[10] Timothy Leary, "The Religious Experience: Its Production and Interpretation," in Gunther Weil, et al., eds., *The Psychedelic Reader* (New Hyde Park, N. Y., 1965), 191; Robert Forte, ed., *Timothy Leary: Outside Looking In* (Rochester, Vt., 1999), 156.

[11] Baba Ram Dass, from "Success" and "Dissatisfaction" in *Be Here Now, Remember* (San Cristobal, N. M., 1971); Leary, *Flashbacks*, 75 - 76; Forte, ed., *Timothy Leary*, 54, 58.

[12] Forte, ed., *Timothy Leary*, 164.

[13] The President's Annual Report for 1959 - 1960, 8; Arthur M. Schlesinger, *A Thousand Days* (Boston, 1965), 162.

[14] Milton MacKaye, "Bundy of the White House," *Saturday Evening Post*, March 10, 1962, 84.

[15] *Crimson*, April 29, 1961.

[16] *Crimson*, May 4, 1961; May 12, 1961; May 23, 1961.

[17] Timothy Leary, "How to Change Behavior," in David Solomon, ed., *LSD: The Consciousness-Expanding Drug* (NewYork, 1964), 105, 107; Forte, ed., *Timothy Leary*, 174, 175; *Crimson*, April 25, 1983.

[18] Andrew Weil, "The Strange Case of the Harvard Drug Scandal," *Look*, November 1963, 44.

[19] Andrew Weil interview in Forte, ed., *Timothy Leary*, 308, 309, 315.

[20] *Crimson*, March 15, 1963; March 21, 1962; March 22, 1962; April 16, 1962.

[21] Leary, *Flashbacks*, 158; Weil, "Strange Case," 46.

[22] *Crimson*, November 27, 1962; December 13, 1962.

[23] Weil, "Strange Case," 48; *Crimson*, May 28, 1963.

[24] *Crimson*, October 21, 1963.

[25] Archie C. Epps III, Letter to the Editor, *Crimson*, May 9, 1963; Hendrik Hertzberg, "Baldwin Will Lecture Here for AAAAS," *Crimson*, January 7, 1964.

[26] *Crimson*, May 15, 1964; May 18, 1964.

[27] Ellen Lake, "SDS Marks Change in Campus 'Left,'" *Crimson*, October 3, 1964.

[28] Richard D. Paisner, "How the University Invests Its Billion," *Crimson*, April 1967.

[29] Ben W. Heineman, Jr., "Bundy Defends Johnson's Policies," *Crimson*, June15, 1965.

[30] Linda G. McVeigh, "Kennedy Family Attends Institute Ceremonies," *Crimson*, October 18, 1966.

[31] Stephen D. Lerner, "McNamara Mobbed, Jeered by 800," *Crimson*, November 8, 1966; Steven Kelman, *Push Comes to Shove* (Boston, 1970), 60 – 61.

[32] Herbert W. Nickens, "Travels with Charlie: In Search of Afro-America," from *Harvard Yearbook* 1969, in Sollors, Titcomb, and Underwood, eds., *Blacks at Harvard*, 411.

[33] James K. Glassman, "Use of Drugs in Yard Is Increasing," *Crimson*, March 29, 1967; Glassman, "Increased Use of Marijuana at Harvard Brings Response from Administrative Board," *Crimson*, 1967 Commencement Issue.

[34] W. Bruce Springer, "300 Stage Sit-in at Mallinckrodt Hall to Halt Dow Chemical," *Crimson*, October26, 1967; President's Annual Report for 1966 – 1967, 21, 22.

[35] Nickens, "Travels with Charlie," 414. Nickens became an M. D. and a psychiatrist.

[36] Lawrence Eichel, Kenneth Jost, Robert Luskin, and Richard Neustadt, *The Harvard Strike* (Boston, 1970), 70; Robert M. Krim, "Pusey at SFAC," *Crimson*, April 9, 1969.

[37] William R. Galeota, "300 Storm Pusey's House After Anti-ROTC Meeting," *Crimson*, April 9, 1969; Kelman, *Push Comes to Shove*, 262; Eichel, et al., *Harvard Strike*, 80 – 82.

[38] "The Occupation," *HAB*, April 28, 1969, 22.

[39] James M. Fallows, "Occupiers Remain in University Hall," *Crimson*, April 10, 1969; Eichel, et al., *Harvard Strike*, 356.

[40] Eichel, et al., *Harvard Strike*, 126 – 131; Michael E. Kinsley, "Verdict Is Expected Today in University Hall Trial," *Crimson*, May 1, 1969.

[41] Rosovsky Report excerpts, *Crimson*, February 4, 1969.

[42] Martin Kilson, Jr., "Harvard and the Small-Towner," in Sollors, Titcomb, and Underwood, eds., *Blacks at Harvard*, 495 – 496.

[43] President's Annual Report for 1968 – 1969, 5; "Fifteen's Report on the Crisis," *Crimson*, June 11, 1969.

[44] Eichel, et al., *Harvard Strike*, 320 – 321, 324; *Crimson*, "SDS Member Talks at Ceremonies," June 12, 1969.

[45] "University Strike," *HAB*, May 25, 1970.

[46] President's Annual Report for 1969 – 1970, 5.

[47] Sylvester Monroe, "Guestina Strange House: A Black at Harvard," *Saturday Review of Education*, February 1973, 45 – 48.

[48] Cornel West, "Black Intellectualism," *Crimson*, April 17, 1973.

第十一章　种族和性别的大转变

[1] Archie C. Epps III, "A Small Step Forward," *Crimson*, May 16, 1977.

[2] Robert O. Boorstin, "The Graying of Derek Bok," *Crimson*, April 14, 1980.

[3] Garrett Epps, "A Parting Shot," *Crimson*, February 7, 1972.

[4] Robert Decherd, "Bok Receives Mixed Reviews in His First Year as President," *Crimson*, May 31, 1972.

[5] "Trading in '60s Liberalism for Laissez Faire," *Crimson*, June 17, 1976; Drew Gilpin Faust, "Mingling Promiscuity: A History of Women and Men at Harvard," Radcliffe Institute lecture, 2001, 8.

[6] "Too Serious to Ignore," *Crimson*, October 25, 1983; "Don't Stop Now," *Crimson*, April 21, 1984; letter to *Crimson* from eleven women and one man, April 13, 1984.

[7] Benjamin H. Schatz, "But I'm Not Gay. . ." *Crimson*, April 10, 1980.

[8] Lew Lasher (1978), "More of the Facts," Letter to the Editor, *Crimson*, April 19, 1980; Susan C. Faludi, "Gay Rights: The Emergence of a Student

Movement," *Crimson*, June 4, 1981.

[9] "Gays, Lesbians," *Crimson*, October 11, 1980.

[10] Maggie S. Tucker, "Rudenstine at Harvard (The First Time)," *Crimson*, June 6, 1991.

[11] Ira Stoll, "Rudenstine Discusses Race," *Crimson*, June 27, 1992; The President's Report, 1991 – 1993, 2; "Why Rudenstine Wantsa Provost," *Crimson*, June 6, 1991.

[12] Joe Mathews, "Minister Reflects on Attention," *Crimson*, June 4, 1992.

[13] Peter J. Gomes, "A Guest Commentary: Why Are They So Scared," *Crimson*, November 18, 1991.

[14] Ira E. Stoll, "President Defends Gomes from Attack," *Crimson*, February 21, 1992.

[15] Joe Mathews, "Deans Call Flyer ' Insensitive,' " *Crimson*, April 22, 1992; Elie Kaunfer, "Minority Group Distributes Flyer Charging Injustices," *Crimson*, April 23, 1992.

[16] Gady Epstein, "Tough Times for Rudenstine," *Crimson*, April 27, 1992.

[17] "Rudenstine Takes Leave," *Crimson*, November 29, 1994.

[18] Diana L. Eck, *A New Religious America: How a "Christian Country" Has Become the World's Most Religiously Diverse Nation* (SanFrancisco, 2001), 13 – 14.

[19] See Diana L. Eck, *Banaras: City of Light* (NewYork, 1982); Eck, *Encountering God: A Spiritual Journey from Bozeman to Banaras* (Boston, 1993), 186; and Eck, *New Religious America*, 17, 46, 80.

[20] Archie C. Epps, "Dean's Letter on Final Clubs," *Crimson*, February 20, 1997.

[21] See Greg Halpern, *Harvard Works Because We Do* (New York, 2003).

[22] Daniela Lamas, "Group Declares Victory upon Exit," *Crimson*, May 9, 2001.

[23] Address at Morning Prayers, Memorial Church, September 17, 2002, www.president.harvard.edu/speeches.

[24] Lauren A. E. Schuker, "Summers Feted at 50th Birthday," *Crimson*, November 30, 2004; Cornel West, "West Returns to Harvard, Joins Afro-Am Dream Team," *Crimson*, June 8, 1999.

[25] West's comments at Dartmouth College, October 4, 2002, see *Boston Globe*, October 5, 2002.

[26] Elizabeth S. Theodore, "Summers Speech Earns Ovation," *Crimson*, October 6,

2003.

[27] William Marra, "Af-Am Stars Heading to Stanford," *Crimson*, September 20, 2004.

[28] See "Harvard Announces New Initiative Aimed at Economic Barriers to College," *Harvard Gazette*, February 29, 2004. Summers's speech to American Council of Education in Miami on February 29, 2004: www.president.harvard.edu/speeches/2004.

第十二章　未来的哈佛大学

[1] Remarks of President Summers, Harvard Stem Cell Institute Inaugural Symposia, April 23, 2004: www.president.harvard.edu/speeches.

[2] President Summers, Grandberg Lecture in Primary Care, November 29, 2001: www.president.harvard.edu/speeches.

[3] Remarks of President Summers, Harvard Alumni Association reception, Santiago, Chile, March 30, 2004: www.president.harvard.edu/speeches.

[4] Stephen M. Marks, "Tech Transfers on the Rise," *Crimson*, April 15, 2003.

[5] Elisabeth S. Theodore, "Law School Will Allow Official Recruiting Visits by Military," *Crimson*, August 26, 2002.

[6] Daniel J. Hemel, "Government Pushes Solomon Amendment," *Crimson*, February 20, 2004.

关于文献来源的说明

　　感兴趣的读者可自行研究这一话题，这要感谢哈佛大学在互联网上提供的丰富历史资源（http://www.harvard.edu），包括哈佛大学从 1825 年到 1995 年的年度报告和拉德克利夫学院从 1879 年到 1988 年的年度报告、1996 年由预算和财务规划办公室出版的《哈佛大学概况》，以及《哈佛大学公报》和《哈佛》杂志。哈佛和拉德克利夫的线上历史参考书架（http://hul.harvard.edu/huarc/refshelf）是很好的研究起点。

　　1876 年以来的《深红报》档案可在线上查阅（http://www.thecrimson.com/archives.aspx）。哈佛图书馆的霍利斯目录（http://lib.harvard.edu/catalogs/hollis.html）为超过 1 400 万件的书籍、期刊、手稿、政府文件、地图、缩微胶卷、乐谱、录音和视觉材料，提供了 900 万条记录。如果需要个人帮助，知识渊博的哈佛大学档案馆的工作人员是非常乐于助人的。

索 引[1]

---

[1] 索引页码为原书页码，即本书页边码。

Andrew Schlesinger

VERITAS：Harvard College and the American Experience

图字：09－2018－1264 号

图书在版编目（CIP）数据

真理：哈佛大学与美国经验 /（美）安德鲁·施莱
辛格（Andrew Schlesinger）著；谢秉强译.—上海：
上海译文出版社,2023.4
书名原文：VERITAS：Harvard College and the
American Experience
ISBN 978－7－5327－9152－1

Ⅰ.①真… Ⅱ.①安… ②谢… Ⅲ.①哈佛大学—校
史 Ⅳ.①G649.712.8

中国国家版本馆 CIP 数据核字（2023）第 062046 号

真理：哈佛大学与美国经验　　Andrew Schlesinger

VERITAS: Harvard College　　［美］安德鲁·施莱辛格　著
and the American Experience　　谢秉强　译

出版统筹　赵武平
策划编辑　陈飞雪
责任编辑　邹 滢　许俊杰
装帧设计　周安迪

上海译文出版社有限公司出版、发行
网址：www. yiwen. com. cn
201101　上海市闵行区号景路 159 弄 B 座
浙江新华数码印务有限公司印刷

开本 890×1240　1/32　印张 11.5　插页 2　字数 258,000
2023 年 6 月第 1 版　2023 年 6 月第 1 次印刷

ISBN 978－7－5327－9152－1/G·243
定价：85.00 元